사슴을 이끄는
사자의 리더십

모두 주목! 규칙은 딱 하나뿐이다

LEADING WITH THE HEART

사슴을 이끄는
사자의
리더십

마이크 슈셉스키 지음 | 유지훈 옮김

사자가 이끄는 사슴 무리가
사슴이 이끄는 사자 무리를 이긴다

추천사
LEADING WITH THE HEART

고등학교 농구선수로 활약하던 나는 대학 진학을 위해 여러 대학교를 열심히 탐문하고 연구하러 다녔다. 주전 선수 자리를 보장해 주고 얼마동안 경기에 투입하겠다며 나를 안심시키는 곳이 있는가 하면, 출세를 약속하는 감독들도 상당수 있었다. 하지만 듀크대학교의 슈셉스키 감독님은 그런 감독들과 많이 달랐다.

"네가 듀크대에 입학해서 열심히 노력한 만큼 얻어 갈 수 있을 테니 너에게 아무것도 약속하지 않을 것이다."

이 말을 듣는 순간 나는 감독님에게 완전히 빠져들었고 부모님도 감명을 받으셨다. 감독님과 함께 열심히 뛰다 보면 멋진 선수가 될뿐 아니라 한층 성숙한 사람이 될 수 있을 거란 믿음이 생겼다.

얼마 후, 시즌이 끝날 때마다 개최되는 연례졸업행사에 고등학생 신분으로 초대 손님이 되어 참석했다. 분위기가 너무 좋아서 마치 가족이 재회라도 한 것처럼 서먹하지가 않았다. 나는 졸업을 앞둔 퀸 스나이더 선배의 연설에 깊은 감동을 받았다. 감독님이 가르쳐 준 가치관(헌신, 강인함, 정직, 인테그리티integrity, 공동책임, 자부심, 사랑 그리고 우정)을 선배가 열거하자 모두가 숙연해졌다. 이 감동적인 장면에 조금도 주저하지 않고 듀크대를 선택했다.

1990년 가을에 가졌던 첫 모임은 평생 잊을 수가 없다. 모임 장소에 입장하는 감독님의 모습에서 흥분, 걱정, 긴장감이 고스란히 전해졌기 때문이다. 감독님은 우리를 집중시키기 위해 잠시 동작을 멈추고 입을 열었다. "올해 우리는 내셔널 챔피언십에서 우승한다." 감독님의 첫마디였다.

감독님이 첫 모임에서 우승을 언급한 것이 처음이라는 사실을 뒤늦게야 알았다. 감독님은 같은 말을 되풀이하지 않는다. 주전 선수로 활약하던 3명이 빠져나갔고, 지난 챔피언십 땐 라스베이거스에게 30점 차로 지는 수모를 겪었기 때문에 우승이란 말을 꺼낸다는 것 자체가 놀라웠다.

감독님의 의중이 궁금해지기 시작했다. 그러나 품었던 의혹은 모임이 끝나 갈 때쯤 우승할 수 있다는 믿음으로 변했다. 그게 바로 슈셉스키 감독님의 특기다. 감독님에겐 스스로 모범이 됨으로써 믿음을 주는 신비로운 마력이 존재한다.

결과적으로 우리는 감독님의 말처럼 듀크대 역사상 처음으로 챔피언십 우승을 거머쥐었다. 그리고 그 이듬해에도 우승을 차지했다. 감독님과 4년을 함께 지내면서 4강에 네 번, 결승전엔 세 번이나 진출했다.

하지만 나는 그 영광보다 감독님에게 배웠던 인생과 리더십을 가장 소중히 여긴다. 예를 들면 이런 것들이다. '원하는 분야에서 최고가 되기 위해 목표를 높이 설정하기', '신뢰를 바탕으로 친밀한 인간 관계를 도모하기', '공동의 목표를 세우기', '희생정신을 발휘하며 헌신하기', '굴욕적으로 승리하기보다는 품위 있게 지는 편을 선택하기', '부정적인 생각을 버리고 긍정적으로 생각하기', '보다 큰 조직의 일원이 되도록 노력하기', '인생의 여정을 즐기기'.

나는 대학 생활 동안 그저 농구팀 소속 선수가 아니라 팀원으로서 후대에 물려줄 유산을 만들었다. 그런데 슈셉스키 감독님은 25년 동안 훨씬 더 탁월한 업적을 남겼다. NCAA 토너먼트 15회 진출에 NCAA 역사상 최고의 승률을 기록했을 뿐 아니라, 14년간 4강에는 8회나 진출했고, 25년 동안 내셔널 챔피언십에서 최초로 연속 2회 우승이라는 쾌거를 이룩했다. 또한 6년간 '올해의 감독'으로 이름을 올렸고, ACC로부터도 5년간 '올해의 감독'으로 선정되었다. 게다가 승률 71.7퍼센트에 스포츠계에선 정직하고 인테그리티를 갖춘 감독으로 정평이 났고, 팬들도 수천 명에 달한다.

감독님은 재능이 많든 적든 누구나 승리할 수 있다는 것을 몸소 보여 주었다. 전국을 순회하면서 개성과 환경과 문화가 다른 선수들을 영입하고, 최선의 결과를 이끌어 내기 위해 서로의 차이를 극복하라고 가르쳤다. 또한 선수들이 협력하면서 팀워크를 발휘하고, 서로를 존중하고 배려하는 방법을 배울 수 있도록 도와주었다. 그 선수들 중에 나도 포함된다.

'뽕잎이 인내를 만나면 비단옷이 나온다'는 말이 있다. 나는 새내기 시절에 자기확신이 없었기 때문에 늘 내 실력에 의문을 갖고 있었다. 그러나 감독님은 잘하고 있다고 끊임없이 격려해 주고 언제나 내게 특별한 존재라고 말했다. 내가 그 사실을 믿기까지는 상당한 시간이 걸렸지만 그래도 감독님은 날 끝까지 믿고 기다렸다. 그동안 농구 기술을 터득할 수 있도록 도우며 NBA에 진출하는 데 필요한 자신감을 심어 주었다.

그러나 무엇보다 중요한 사실은 평생 좌우명으로 삼아야 할 '원칙'과 '가치관'을 가르쳐 주었다는 것이다. 그것이야말로 농구계를 변화시키는 원동력이며 사업가나 성직자, 혹은 스포츠 감독 등 분야를 막론하고 모든 사람들에게 적용되는 성공전략이다.

아버지는 사자가 이끄는 사슴의 무리가 사슴이 이끄는 사자의 무리를 이긴다고 말씀하셨다. 슈셉스키 감독님은 듀크대에서 우리를 이끄는 사자였다. 감독님은 우리의 친구이자 멘토이며, 감독이자 리더였다. 나는 몇 년 전에 듀크대학교를 졸업했으나 지금도 대학 다닐 때 못지않게 감독님과 가깝게 지내고 있다. 감독님과 내가 친구라는 사실이 자랑스럽다. 감독님이 배출한 많은 선수들도 나와 같을 것이다.

되돌아보면 듀크대에서 감독님을 만난 건 내 인생에 있어서 최고의 행운이다. 그때는 잘 느끼지 못했지만 세월이 지난 지금은 감독님께 감사하고 있다.

다시 그 시절로 돌아가고 싶다. 라커룸에서 첫 모임을 하던 신입생으로 돌아가 다시 한 번 내 눈을 바라보며 "그랜트, 너는 특별하다."라고 말하는 감독님의 목소리를 듣고 싶다.

그랜트 힐

감사의 글

LEADING WITH THE HEART

탈고하기까지 많은 격려와 도움을 주신 워너 북스사의 래리 커쉬바움, 릭 울프와 더불어 아이디어를 책으로 펴낼 수 있도록 도운 봅 바넷과 롭 어바에게 감사드립니다.

바쁜 와중에도 집필에 참여했던 게리 브라운, 조니 도킨스, 데이빗 핸더슨, 그랜트 힐, 스티브 보에치에코브스키, 퀸 스나이더, 토미 아메이커 그리고 제이 빌라스 모두에게 감사의 마음을 전합니다.

특히 미키 슈셉스키와 마이크 크래그는 집필과 편집 과정에 직접 참여했고 조언을 아끼지 않았습니다. 독자들은 잘 모르겠지만 그들은 책이 세상에 나오기 전까지 정말 많은 시간과 정성을 쏟았습니다. 이분들의 노고에 다시금 고마움을 전합니다.

마이크 슈셉스키
돈 필립스

코트용어

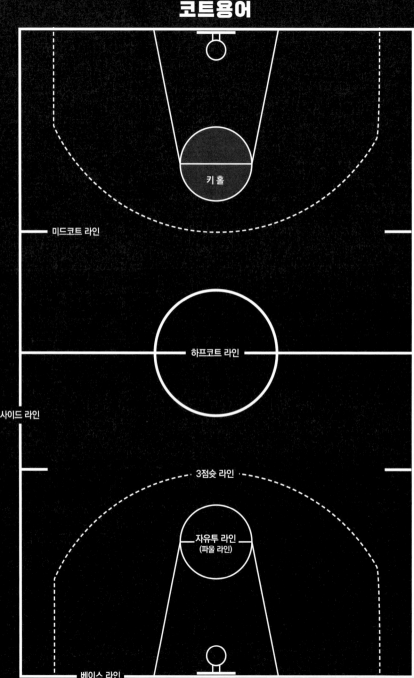

키 홀

미드코트 라인

하프코트 라인

사이드 라인

3점슛 라인

자유투 라인
(파울 라인)

베이스 라인

PRESI

프리시즌

프리시즌의 목표는 선수 개개인과 그들의 역량을 파악하는 것이다.
따라서 선수들의 정체성과 팀원으로서의 성품을 개발하는 데 온 힘을 쏟아야 한다.
— Coach K

EASON

조직 편성

Getting Organized

지나치게 많은 규칙은 리더십을 발휘하는 데 걸림돌이 된다.
리더를 틀 안에 가두어 버리기 때문이다. 사람들은 순간적인 판단을 피하려고 규칙을 만든다.

일단 악수를 하면 계약을 한 것과 다름없다. 계약했다는 것은 곧 '뒷말'이 없다는 뜻이다.

—— *Coach K* ——

"모두 주목! 규칙은 딱 하나뿐이다. 자신에게 해로운 일은 하지 않는다는 것. 그건 팀에도, 듀크대에도 해가 될 수 있기 때문이다."

선수들이 처음 라커룸에 모이면 나는 이렇게 딱 한 가지 규칙만을 빠르게 전달한다. 그 순간을 망치지 않기 위해 뜸 들이지 않고 말한다.

몇 개월이나 애타게 기다렸던 특별한 날이다. 공기 중에 하늘을 찌르는 흥분이 가득하며 사람들의 발걸음에서조차 열정이 느껴진다.

9월 1일, 프리시즌이 개막하고 새로운 팀이 태어나는 이날은 마치 따스한 봄날 같다. 새싹처럼 파릇파릇하고 싱싱한 선수들이 때 묻지 않은 본연의 모습으로 첫 미팅에 모인다. 아직 순수하고, 성장할 꿈에 부풀어 있다.

앞에 있는 앳된 얼굴들을 보니 30년은 젊어진 것 같다. 1969년에 있었던 일이 문득 생각났다.

"이야기를 하나 들려주겠다. 내가 어떻게 농구 감독이 되었는지에 관한 이야기지. 1969년, 나는 웨스트포인트West Point, 미 육군사관학교를 졸업하자마자 콜로라도 주의 육군초소 포트 카슨에 배치되었다. 당시 근무가 없는 날이면 주둔 부대 농구팀과 경기를 했다. 그런데 직속상관인 대령이 부르더니 농구할 군번이냐고 묻더군. 사병들과 친하게 지내는 것이 탐탁지가 않았던 거야. 대령은 이렇게 말씀하셨다. '내 밑에 있는 장교가 농구로 시간을 허비하면 안 되지. 할 일이 산더미 아닌가?'

이 사건이 있은 지 얼마 지나지 않아서 새로 부임한 사령관인 버나드 로저스 소장의 전화를 받았다. 웨스트포인트의 교장으로 있다가 우리 부대로 발령을 받은 분인데, 내가 웨스트포인트에서 대표팀 주장이었다는 사실을 알고 계셨지. 주둔 부대의 농구 경기를 보고는 내가 팀에서 빠진 이유를 묻기 위해 전화를 거신 거다.

'직속상관은 제가 농구하는 것을 좋아하지 않습니다. 장교가 할 일이 아니라고 생각하기 때문입니다.' 내가 말하자 소장은 대령에게 가서 '슈셉스키 소위가 왜 농구를 그만두었나?' 하며 캐물었고, 대령은 '장교가 하기엔 모양새가 좋지 않다'고 대답했다. 그랬더니 로저스 소장이 이렇게 말했다.

'대령, 나는 지금 슈셉스키 소위가 우리 팀에서 농구를 해야 하지 않겠느냐고 묻는 게 아닐세. 우리에게 팀이 있어야 한다면 그 팀은 최고가 되어야 하지 않겠냐고 묻는 걸세.'

결국 대령은 주둔 부대에 최고의 농구팀이 있어야 한다는 데 동의했고, 소장은 이렇게 말씀하셨다는군. '소위가 농구를 계속하겠다면 감독을 맡기는 게 어떻겠나?'

그렇게 해서 나는 처음으로 감독을 맡게 되었다. 우리는 첫해 제5차 군대 챔피언십에서 우승을 차지했어. 곧 로저스 장군은 군대 참모장이 되었고, 나중엔 유럽 최고 연합 사령관이 되었다.

내가 왜 이 이야기를 하는지 이해하겠나? 결론을 말하자면, 듀크대에 농구팀이 결성된 이상 우리는 최고의 팀이 되어야 한다. 그게 여러분이 지금 여기에 와 있는 이유야. 여러분은 특별한 목표를 이루기 위해 선발되었다. 그러니 자신이 특별한 사람이라는 사실을 절대 잊지 말길 바란다."

처음으로 실시하는 공식 연습은 6주나 남아 있지만 선수들과 나 사이의 서먹한 감정은 사라진 지 오래다. 선수들을 선발하는 데 꽤 많은 시간을 보내며 정성을 들였다. 미국 전역을 샅샅이 뒤졌다.

듀크대는 좋은 성품을 가진 선수들을 선발한다. 농구에 천부적인 재능이 있어야 한다는 조건은 없다. 기꺼이 팀원이 되려는 의지가 있고 말귀를 알아들을 만한 선수면 충분하다.

그렇게 발탁되어 1년이나 2년 혹은 3년을 함께 지낸 학생들과 새내기 대학생들이 내 눈 앞에 있다. 나는 선수들의 성격을 파악하려고 부단히 노력한다. 비록 그들의 됨됨이를 내가 전부 알 수는 없지만 적어도 어떤 사람인지는 파악할 수 있다. 나는 그들을 선수로서도,

사람으로서도 좋아한다.

보통 첫 모임 장소는 라커룸이다. 앞으로 오랫동안 정을 나눌 곳이기 때문이다. 선수뿐만 아니라 트레이너, 주치의, 매니저, 행정 보조원, 부감독 세 명도 참석하는데, 이때 명심해야 할 중요한 사항이 하나 있다. 바로 인칭대명사를 쓸 땐 단수가 아니라 복수로 말해야 한다는 것이다. 그러니까, '나' 대신 '우리'라고 말해야 한다. 선수들이 듀크대 농구팀을 '나의 팀'이나 '코치K 팀'이 아니라 '우리 팀'으로 생각하길 바라기 때문이다.

'각자가 맡은 역할 하나하나가 모두 중요하다'라는 원칙은 행동으로 증명되어야 한다. 그래서 농구 미팅뿐만 아니라 다른 모임에서라도 감독 혼자만 떠들지 않는다. 다른 구성원들도 선수들에게 조언을 해 준다. 예를 들어 트레이너는 체력 단련 일정을 이야기하고, 매니저는 선수들의 생활과 앞으로 기대하는 바를 일러둔다. 모든 조언이 끝나면 보통은 내가 나서서 이렇게 말한다.

"매니저도 팀원이라는 사실을 명심하도록! 여기 있는 사람은 모두 팀원이다. 팀원 모두가 한 식구란 사실을 꼭 기억하길 바란다."

시간 관리

첫 모임에서는 메모 노트와 휴대용 달력 등 다양한 물품들을 선수들에게 나눠주고 경기 일정을 비롯하여 연습 첫날이나 새내기들의 시내 가는 날, 가정의 특별 행사일 등을 포함한 새 학기 일정을 검토한다. 여기에다 가을 휴가는 언제인지, 크리스마스 휴가를 언제 떠나는 것이 좋을지도 이야기한다. 이를 바탕으로 비행기나 기차표 등을 미리 예약하면 비용을 절약할 수 있으니 계획을 짜라고 꼭 일러둔다.

선수들은 '우리'에게 시간 관리법을 배운다. 시간 관리는 개개인에게뿐만 아니라 팀 전체에 매우 중요하다. 함께 일정을 검토하며 선수들은 자기 자신을 책임지는 것을 넘어 팀에 대한 책임감을 가져야한다는 사실을 깨닫는다.

학업

우리는 선수들에게 계획을 세우고 시간을 효율적으로 활용하며 학업에도 열중할 것을 강조한다. 또한 경기 일정 때문에 결석이 불가피할 경우에는 담당 교수에게 미리 알리고 강의 자료를 부탁해 두라고 이른다.

듀크대에서는 농구선수도 열심히 공부해야 한다. 나는 감독으로 부임한 첫 다섯 해 동안 스무 명을 영입했는데, 그중에서 두 명만 졸업했다는 오명을 남기고 싶지는 않았다. 그래서 선발된 선수 모두에게 꼭 졸업할 것이라 믿는다는 말을 해 주었다.

우리는 선수들이 여느 학생들과 같이 대학 생활을 하면서 추억을 만들어 가길 바란다. 그래서 듀크대에는 선수 전용 기숙사가 없다. 선수 전용 기숙사가 있다면 선수들이 일반 학생들과 어울릴 수 있는 기회가 없어질 것이다. 나는 대학 교육에서 가장 중요한 가치가 조화라고 생각한다.

선수들이 졸업을 하느냐 못 하느냐는 개인의 실력에 따라 결정되겠지만, 그들이 학업에 매진할 수 있도록 긍정적인 분위기를 조성하는 것은 학교의 의무다. 그래서 우리는 일 년 동안 선수들의 성적을 유심히 지켜본다. 강의 시간표가 정해지면 선수들은 강의 계획표를 받아서 과제 제출 기한이나 시험 일정을 습득해 두며, 나는 일정이 굵직굵직하게 표시된 주간 계획표를 받아서 계획을 검토한다.

첫 모임 때는 선수들에게 학업을 등한시 말라고 당부한다.

"학생 때 겪을 수 있는 최악의 사태는 뭘까?"

"당연히 F학점이죠."

"아니야, 그건 최악은 아니지. 죽어라 공부해도 F학점을 받을 수 있어. 진짜 최악의 사태는 여러분이 커닝할 때 벌어진다. 커닝이 뭔지는 알고 있겠지? 옆 사람의 시험지를 베끼거나 바꿔치기하거나 커닝페이퍼를 보는 건 그리 어려운 일은 아닐 거야. 그러나 듀크대 농구팀에선 부정행위를 결코 용납지 않는다."

그러고는 덧붙인다.

"왜 커닝을 할까? 왜 수고하지 않고 편법을 쓸까? 아마도 여러분은 시간이 없었다고 변명을 하겠지. 그래서 우리는 시간을 효율적으로 관리하는 법을 가르쳐 주려고 한다. 이를테면 과제 제출 기한을 중간에 다시 언급해 주면 그걸 잊어버리거나 과제를 미루는 일은 없을 거야. 여러분이 커닝을 해야 하는 상황까지는 가지 않기를 바란다. 그건 듀크대 농구선수들이 죽었다 깨어나도 삼가야 할 일이야. 만약 그런 일이 생긴다면 학교 측에서는 중징계를 내릴 테고, 여러분이 어떤 처벌을 받든지 간에 나는 학교의 조치에 동의할 것이다. 그 지경까지는 가지 말자. 공부를 하면서 힘든 일이 생기면 털어놓고 함께 해결책을 찾아볼 수 있을 거야. 우리는 서로 돕는 법뿐만 아니라 자기 자신을 돌보는 법도 배워야 한다."

규칙

첫 모임에서 나는 "자신에게 해가 되는 일은 하지 말라"는 한 가지 규칙만을 제시한다. 여기엔 많은 의미가 담겨 있다. 새벽 2시까지 술을 마시거나, 마약을 복용하거나, 시험을 치를 때 커닝하는 것을 경계하라는 말이다. 그중 특히 '커닝'에 대한 것을 강조한다. 하지만 세세히 따지고 들지는 않는다. 그건 선배들이 할 일이기 때문이다. 그렇게 하면서 팀원들은 각자의 리더십을 길러 나간다. 어떤 팀이든 리더십은 한 사람이 아닌 여럿이 발휘해야 하는 것이다.

지나치게 많은 규칙은 리더십을 발휘하는 데 걸림돌이 된다. 리더를 틀 안에 가두어 버리기 때문이다. 재량권 행사하길 좋아하는 리더는 결국엔 스스로 만들어 놓은 규칙에 얽매이게 된다.

규칙을 길게 늘어놓으며 자신의 뜻을 관철시키려는 리더도 있다. "오! 이런. 자넨 3조 1항에 명시해 놓은 규정을 위반했네. 딱 걸렸어." 나는 '허물을 들춰내려는' 팀을 만들고 싶은 생각은 추호도 없다. "나한테 딱 걸렸어."란 말은 '우리'보다는 '나'를 앞세우는 행태이며 규칙을 많이 만들어 내는 리더는 팀을 '우리 팀'이 아닌 '나의 팀'으로 여기고 있다는 인상을 준다.

대부분의 사람들은 상황에 따라 판단하는 게 귀찮아서 규칙을 만들어 낸다. 하지만 나는 관리자나 지배자보다는 리더다운 리더가 되고 싶다. 상황에 따라 일관성 있게 적용하며, 유동적이고 역동적인 리더십을 발휘하는 리더가 참된 리더다. 그러면서도 리더는 신중해야 한다.

규칙을 위반했다 해도 정상참작이 가능할 때가 있는 법이다. 어떤 학생이 연습에 늦었다는 상황을 가정해 보자. 4년 동안 매사에 모범을 보여 온 졸업반 선수 토미 아메이커가 농구부 셔틀버스를 놓친다거나 팀 모임에 늦게 온다면, 나는 2분은 더 기다려 줄 것이다. 그는 여태까지 시간을 철저하게 지킴으로써 나에게 믿음을 준 선수다. 아마 그는 잠시 뒤에 도착해서 내 눈을 보며 늦은 까닭을 밝힐 것이다. "감독님, 차가 고장 나서 늦었는데, 휴대폰이 없어서 연락을 미처 못했습니다. 그래서 달려왔습니다." 아니면 이렇게 말할 수도 있겠다. "감독님, 제 잘못입니다. 구태여 변명하진 않겠습니다."

그러나 아직 믿음이 가지 않는 새내기 선수가 그런다면 좀 더 엄격하게 대할 것이다. 조니 도킨스와 마크 엘라리가 신입생이었을 시절 팀 셔틀버스 시간에 늦었던 날이 생각난다. 아무런 연락도 없었고, 제시간에 버스를 탄 다른 팀원들 중 아무도 그들이 어디서 뭘하는지 몰랐다. 그냥 떠나려는데 두 사람이 멀리서 버스를 쫓아오는 게 보였다. 머리통을 한 대씩 쥐어박아 줄 생각이었지만 늦잠을 잤다는 말을 듣고는 잊어버렸다. 팀원들 중 아무도 그들에게 전화를 해 주지 않았다는 사실이 더 크게 와 닿았기 때문이다. 그래서 팀 전원에게 '버디시스템buddy system'을 만들어서 서로를 챙겨 주자고 제안했다. 그러면서 이렇게 말했다. "한 사람이 늦으면 우리 전체가 늦은 것이다."

만약 내가 그때 조니와 마크를 꾸짖는 것으로 그쳤다면 문제의 핵심을 간파하지 못하고 상황이 종료되었을 것이다. 이 사례에서도 '철칙'이 없었기 때문에 융통성이 발휘되고, 리더의 지도 범위가 분명히 구분되었다. 뿐만 아니라 리더가 팀원 모두에게 관심을 가지고 공정하게 일을 처리한다는 인상도 줄 수 있었다.

조니와 마크가 내 눈을 똑바로 보면서 자초지종을 말했을 때 나는 그들의 마음이 정직하고 진실하다는 것을 느꼈다. 그렇게 시즌 내내 선수들의 눈을 보면서 감정 상태나 자신감을 읽어 내다 보면 신뢰감이 쌓여 가고 핑계를 늘어놓는 선수들이 거의 없어진다. 눈에 드러나는 감정을 숨길 수는 없다. 그래서 팀원들에게 상대방의 눈을 보며 이야기하라고 가르친다.

아내인 미키와 이야기할 때도 눈을 보면 사실을 말하고 있다는 것을 알 수 있다. 내 딸 데비와 린디, 제이미에게도 그렇게 "서로의 눈을 똑바로 쳐다보면서 진실을 말하고 조금도 숨기지 말라"고 가르친다. 아이들이 성장하면서 우리는 마음이 통하는 친구가 되었다. 아이들은 나와 미키에게 뭐라고 말하더라도 우리가 그들을 심하게 질책하지 않을 거라는 사실을 잘 알고 있다. 그리고 우리가 함께 있어 주리라 굳게 믿고 있다.

서포트시스템

나의 고향을 간단하게 소개해야겠다. 시카고에는 폴란드계 사람들이 거주하는 지역이 있는데 집을 나가면 항상 꽃들이 나를 반겼고, 사람들은 집 앞 길을 쓸고 있었다. 우린 무엇이든 잘 보살폈다. 동네 사람들은 아이들이 잘 자랄 수 있도록 온 힘을 기울여 보살폈다. 이것만으로도 아이들은 부모보다 더 많은 것을 가졌다고 말할 수 있다.

그중에서도 형과 나는 특히 행운아였다. 아버지는 시카고 시내에 있는 윌로비 타워에서 엘리베이터 기사로 일하셨고, 어머니는 시카고 체육관에서 청소 일을 하셨다. 아버지는 하루 종일 일하셨기 때문에 서로 이야기를 나눈 적이 거의 없었다. 당시 소수민족의 가족은 보통 그랬다. 하지만 어머니는 항상 내 곁에 계셨다.

부모님은 물질적으로 풍족하진 못했다. 어머니의 옷장에는 고작 정장 두 벌만이 걸려 있었다. 깨끗하게 손질되어 있었고 맵시도 좋았지만 어쨌든 두 벌뿐이었다. 부모님은 가진 것이 없었지만 집안에 사랑과 자부심이 넘쳐흘렀기 때문에 어떻게 보면 모든 것을 가진 것이나 마찬가지였다.

항상 주변에서 보살핌을 받은 탓에 나는 고생이 뭔지 모르고 자랐다. 그런데 나이가 들면서 부모님과 형, 그리고 친구 밀린스키가 왜 내가 하는 일이면 "다 괜찮다"고 하는지 의문이 들기 시작했다.

그건 그들이 내게 일어난 일을 모두 자기 일처럼 여겼기 때문이었다. 적절한 예를 생각하자니 역시 스포츠와 관련된 에피소드가 떠오른다. 나는 가톨릭계 예비학교인 웨버 고등학교에 입학하여 포인트 가드로 활약하고 있었다. 부모님은 나를 그 학교에 보내기 위해 돈을 더 쓰셨다. 친구인 밀린스키는 라이벌인 고든 공업고등학교에 입학했는데, 내가 고든 공고와 경기를 할 때도 언제나 나를 응원했다.

언젠가 명승부를 만들었을 때는 내게 다가와서 "이봐, 믹Mick(내 별명), 정말 대단한 경기였어."라고 칭찬했다. 밀린스키의 눈을 보니 정말 행복해 보여서 그 말에 담긴 진심을 느낄 수 있었다. 그는 경기가 끝난 후에 나를 집까지 태워다 주었다. 친구 중에서는 밀린스키만 차를 가지고 있었다. 밀린스키는 집에 오는 내내 경기하는 내 모습이 정말 멋졌다고 극찬을 아끼지 않았다.

집에 도착하자 어머니가 기다리고 계셨다. 어디 갔었는지를 확인하려던 건 아니었고 잠시 이야기를 하고 싶으셨던 모양이다. 어쩌면 경기를 지켜보고 계셨을지도 모를 일이다. 가끔 어머니가 내게 말하지 않고 경기를 보러 오면 나는 어머니가 관중석에 앉아 있다는 것을 알아채지 못했다.

어머니는 경기가 아주 훌륭했다고 칭찬하며, "네가 정말 자랑스럽구나."라고 몇 번이고 말씀하셨다. 그러고는 내 기분이 어떠냐고 물으셨다. 어머니가 나를 기다리셨고, 시간을 내 주셨다는 사실이 몇 마디 대화보다 더 의미 있게 느껴졌다.

내가 좋아하는 것은 부모님도 마음에 들어 하셨다. 내가 무엇을 하든 지원을 아끼지 않으셨다. 그 덕분에 성인이 되어서도 자신감을 가질 수 있었다. 어떤 이유로든 나는 지는 것을 두려워하지 않는다. 그때도 그랬고 지금도 여전히 두렵지 않다.

듀크대 농구선수들을 보면 어머니의 마음을 조금이나마 헤아릴 수 있다. 어머니가 내게 하셨던 것처럼 팀에 모든 지원을 아끼지 않는다면 매니저나 부감독들의 마음도 든든해질 것이다. 또한 선후배 사이의 우정도 상당히 돈독해지리라 믿는다. 그러면 훨씬 강력한 팀으로 뭉칠 수 있다.

그 뿐만이 아니다. 순수한 열정과 훌륭한 서포트시스템이 받쳐 준다면 '질투예방접종'을 한 것과 다름없는 효과를 볼 수 있을 것이다. 문화야 어떻든 질투의 여지를 남겨선 안 된다. 가정이 잘되려면 질투심부터 없애야 한다. 진정한 사랑과 보살핌이 있고, 서로의 공로를 인정하며 질투가 없는 가족이야말로 훌륭한 가족이다.

그래서 우리는 첫 모임 때 신입생들에게 단순한 농구팀이 아닌, '농구가족'에 입단했음을 강조한다. 그리고 선수들과 부감독을 포함한 모든 팀원들의 전화번호가 기록된 카드를 나눠준다.

"카드는 항상 휴대하고 일이 생기면 꼭 전화하도록! 새벽 2시에 문제가 생겨도 카드에 적힌 사람에게 연락하면 도와줄 것이다. 잘못을 했어도 우린 한 가족임을 잊지 마라. 혼자가 아니라는 사실을 명심하길 바란다. 너희 한 사람에게 일이 생기면 모두에게 일이 생긴 것과 마찬가지다. 알겠나?"

'가족서포트시스템'은 안전망 구실을 톡톡히 할 것이다. 이 시스템은 수년 전에 부모님이 가르쳐 주셨던 것을 그대로 팀에 전수하는 것이지 새로운 개념은 아니다.

악수 계약

나는 첫 모임이 있기 전, 선수를 영입할 때 우리 팀이 된 모든 선수들 각각과 악수를 함으로써 계약을 체결한다.

"난 자네에게 최선을 다할 테고, 100퍼센트 지원해 주겠다. 대신 자네는 학교를 졸업해야 한다. 농구 그 이상을 위해 이 학교에 입학했으리라 생각한다. 수긍하기 싫다면 다른 학교로 가라. 농구에 열정을 쏟길 바라지만 그렇다고 학업을 등한시해선 안 된다."

선수들과 한 약속들은 보통 무난히 지켜지지만 가끔은 신입생이 주전으로 뛰게 해 달라거나 매 경기마다 뛸 수 있는 시간을 보장해 달라고 요구하는 경우가 있다. 물론 해 달라는 대로 다 해 주진 않으며, 정직하고 공정하게 대우할 거라는 약속만을 한다. 좋은 대우를 받는 것은 선수들 하기 나름이기 때문이다. 바로 이것이 '공평하지만 그렇다고 평등하지는 않게'라는 방침이다.

무슨 일이든 공평하게 다루지만 코트에서 뛰는 시간까지도 평등하게 편성하진 않는다는 뜻이다. 모두에게 똑같은 시간을 배분한다면 팀 전체에게도, 각 팀원에게도 공평하지 못하기 때문이다. 그런 탓에 조니 도킨스에겐 30분을, 토미 아메이커에겐 10분만 허락하는 것이 더 효율적이다. 개인기도 뛰어나고 매사에 열심인 도킨스에겐 30분이라는 플레이타임이 아깝지가 않다. 응당 그 정도는 뛰어야 한다. 그리고 남보다 열심히 하려는 사람은 그에 걸맞은 대접을 받아야 한다.

악수를 통해 맺은 계약은 공정하고 정직한 것이다. 따라서 뒷말이 없다. 모두가 보는 데서 이루어지므로 나중에 다른 말이 나오는 일도 없다. 라커룸에서 했던 말을 잘 기억해 보면 주전으로 뛰게 해 준다고 약속한 적이 없다는 사실을 금방 알 수 있다. 악수는 곧 약속과도 같다. 일단 약속을 했으면 뒷말은 없는 것이다.

특히 팀원들의 목표가 일치한다면 서로에게 헌신하는 마음은 실패의 두려움을 극복하는 데 도움이 된다. 헌신은 솔직하고 허심탄회한 대화의 장을 열기도 한다. 프리시즌 초기엔 선수들 중 한 명과 종종 사적인 이야기를 나눈다. 서로에게 헌신하는 마음이 자리 잡은 탓에 편하게 이야기할 수 있다. 그는 내가 자기편이라는 것과 항상 옆에 있을 거라는 사실을 믿고 있다.

비즈니스도 마찬가지다. 관리자가 부하직원에게 사적인 이야기를 꺼낸다면 그가 관심을 갖고 있을 뿐만 아니라 부하직원의 생활을 약간이나마 알고 있다는 인상을 줄 것이다. 이는 상대방에게 소속감을 느끼게 하는 방법이기도 하다. 리더라면 올해가 가기 전에 팀원에 대한 관심을 표출할 수 있는 시간을 마련해야 한다. 원활한 커뮤니케이션은 악수 이상의 효과가 있기 때문이다.

첫 모임을 시작할 때면 항상 마음이 설렌다. 팀과 함께 있어 느낄 수 있는 쾌감은 모임이 끝날 무렵에 더욱 고조된다. 한 시간 가량을 개인이 아닌 팀으로서 그들과 마음을 나누기 때문이다.

그러나 모든 만남에는 헤어짐이 있다. 그래서 다가오는 한 해를 어떻게 보낼지 조언하며 모임을 마무리한다. 이를테면 6개월 동안은 몸 컨디션에 집중해서 10월 중순, 첫 연습이 있기 전에 미리 신체단련을 하라고 주문한다. 또한 공부해야 할 때를 알려 주기도 한다.

"9월이다. 공부도 첫 단추를 잘 끼우는 게 중요하다. 일단 연습이 시작되면 눈코 뜰 새 없이 바빠질 수도 있지만 베테랑 선수가 되려면 공부를 게을리 해선 안 된다. 알겠지?"

그랜트 힐은 듀크에 있던 4년 동안 팀이 바뀔 때마다 지도방식도 달라졌다고 말했다. 팀에 따라 다르게 지도한 건 사실이다. 매년 팀도, 사람도 바뀌는데 성격과 재능이 각각 다르니 그럴 수밖에 없다. 구성원의 역량을 최대한 끄집어내려면 지난번 팀과는 다른 방식으로 지도해야 한다.

경쟁력은 팀마다 다르다. 그래서 첫 모임 때 앞으로의 향방을 대충 살피면서 마무리하는데, 그때 라커룸에 앉아서 내 말을 듣고 있는 선수들에 따라 그 해의 결과가 좌우된다. 재미있는 한 해가 될 것이며 팀다운 팀으로 부상할 것이라고 말하거나, 정말 멋진 팀이 될 기회가 생겼다고 말하기도 한다. 전미 챔피언십에서 우승을 거머쥘 거라고 호언장담할 때도 있다. 그 내용이 무엇이든 실현 가능할 거라고 굳게 믿기 때문에 입 밖으로 내뱉는 것이다.

각 시즌 첫 팀미팅을 시작할 때면 정말 흥분된다. 시즌이 어떻게 돌아갈지 몰라서 더욱 스릴이 넘친다. 앞으로의 일정을 생각하면 온 몸에 전율이 느껴지면서 팔다리에 소름이 돋는다. 선수들도 종종 그 모습을 목격하곤 한다. 제이 빌라스는 내가 자기나 다른 선수들에게 열정을 가지고 말하고 있다는 데 의문을 품은 적이 없다고 했다.

"감독님의 팔에 소름이 돋으면 열광적인 분위기에 취해 아무렇게나 하시는 말씀이 아니라는 것을 알 수 있죠. 인공적으로 소름을 돋게 할 순 없으니까요."

선수들이 내게 주목하면 서로의 눈을 똑바로 볼 수 있게 된다. 그때 "올해 여러분의 감독이 되기를 얼마나 학수고대했는지 모른다."고 말하면서 모임을 끝낸다. 그 마음은 끝까지 변치 않을 것이다.

TIPS

· 팀원이 되려는 의지가 있고 말귀를 알아듣는 사람을 채용하라.

· 복수 대명사로 바꿔 말하는 게 중요한데 '나의 팀' 대신 '우리 팀'을, '나' 대신 '우리'를 쓴다. 어떤 팀이든 리더십은 한 사람이 아닌 여럿이 발휘해야 하는 것이다.

· '각자의 역할은 모두 중요하다'는 원칙은 곧 행동으로 증명되어야 한다. 따라서 회의 때 독불장군이 되어서는 안 된다.

· 시간을 관리하는 법을 가르치라. 시간 관리란 개인에게도 중요하지만 팀 전체에도 매우 중요하다.

· 매사에 명예를 강조하라.

· '허물을 들춰내는' 팀을 만들어서는 안 되며 규칙이 너무 많으면 리더십을 제대로 발휘할 수 없다.

· 일정한 범위 내에서 리더십을 발휘해야 한다.

· '가족서포트시스템'을 구축하면 '질투예방접종' 효과가 나타난다.

· 팀원들의 전화번호가 기록된 카드를 나눠주고 일이 생기면 즉시 연락하라고 일러두라.

· 악수의 위력을 믿으라.

· 서로에게 헌신하는 마음은 실패의 두려움을 극복하는 데 도움이 된다.

· 팀마다 경쟁방식은 제각기 다르다.

팀 조직
Building Your Team

사람들이 모였다고 해서 팀이 되는 것은 아니다. 그건 사람들의 모임에 지나지 않는다.

리더는 팀의 열정을 찾아내야 한다.
열정이 있다면 타인의 잠재력까지도 최대한 끄집어낼 수 있기 때문이다.

패자가 진정한 승자가 될 때도 가끔은 있다.

—— *Coach K* ——

나는 시카고에서 살 때부터 팀을 만들었다. 팀을 조직하는 것은 지금도 가장 희열을 느끼는 일이자 내 본분이기도 하다.

여덟 살인가 아홉 살 때의 일이다. 해마다 여름이 찾아오면 동네 아이들은 아침에 집을 나와 날이 어둑어둑할 때쯤에야 귀가했다. 점심때 끼니를 해결하기 위해서 집에 잠깐 들른 적도 간혹 있었지만 그 외의 일로 집에 들어간 적은 거의 없었다.

"마이크, 너 어디 가니?"

집을 나서려고 하면 어머니가 어김없이 물으셨다.

"학교 운동장에요."

"그래."

누구와 놀 건지, 언제 들어올 건지는 말씀드리지 않아도 괜찮았다. 이미 알고 계셨기 때문이다. 때 묻지 않은 그 시절이 참 좋았다. 친구로는 밀린스키와 포키, 트윔스, 셸이 있었고, 그 밖에도 열 명 정도가 더 있었다. 팀 이름은 '콜롬보스The Columbos'라고 지었는데 우리가 놀던 콜롬버스Columbus 학교를 본뜬 것이다. 우린 요즘 생각하는 그런 '노는 애들'은 아니었다. 그저 오거스타와 리비트 거리에 모여서 어울리던 아이들일 뿐이었다. 학교는 집에서 한 블록 정도 떨어져 있어서 안전했다. 운동장 한편은 포장이 된 데 반해 다른 한편은 울퉁불퉁한 자갈밭이었다. 한쪽 끝에는 농구 골대가 있었고 반대편은 야구를 할 수 있을 만큼 공간이 넉넉했다.

1950년대 중반 우리 동네에는 아직 스포츠 팀이 결성되지 않았지만 그건 그다지 문젯거리가 아니었다. '우리'가 모두 코치와 선수를 겸했기 때문이다. 여덟 명이 모이면 네 명씩 편을 갈라 야구를 했고, 둘만 있을 땐 운동장 담벼락에 사각형을 그려 놓고 고무공으로 투구연습을 했다. 보통은 여덟 내지 열두 명이 모였는데 편을 나누는 역할은 보통 내가 도맡아서 했다. 나는 주변에 서 있질 않고 "좋아! 5대 5로 하는 거야!"라며 앞장섰다.

세인트헬레나 학교에 다닐 땐 아이들을 모아서 농구팀을 만들었던 기억이 생생하다. 초등학교 5학년 코흘리개였던 내가 난생 처음으로 남들이 알아주는 코치가 된 것이다. 우리 팀은 정기적으로 모여서 연습을 했고, 마침내 출정준비가 끝났을 때 나는 교장 선생님을 찾아갔다. 물론 수녀님이었다.

"가톨릭 청소년 연맹에 나가려고 농구팀을 만들었어요. 우리 학교가 가톨릭 청소년 연맹에 가입하면 안 될까요?"

그러나 가톨릭 청소년 연맹에 가입할 생각이 없었던 교장 선생님은 "그건 안 되지."라며 일언지하에 거절하셨다. 나는 바로 맞받아쳤다.

"이해를 못 하시는 것 같은데요. 우린 최고라고요!"

그때는 "안 돼."라는 말을 잘 받아들이지 못했던 것 같다.

팀이 가톨릭 청소년 연맹에 들어가진 못했지만 그렇다고 해서 우리가 농구를 그만둔 것은 아니었다. 나는 친구들을 불러 모아 다른 팀과 게임을 했다. 부모님도 말리진 않았다. "토요일 두 시까지 커머셜 파크에서 모인다. 알았지?" 내가 이렇게 친구들을 부추기면 모두들 군말 없이 나왔다.

한 시즌에 여덟 번에서 열 번 경기를 했는데 대체로 우리가 이겼다. 그러나 당시엔 챔피언십 경기는 있지도 않았고, 순위는 고사하고 리그엔 껴 보지도 못했다. 그래도 농구는 계속 되어야 했다. 항상 이기려고 노력하긴 했지만 사실 이기는 건 그다지 중요하지 않았다. 그저 재미가 있어서 했을 뿐 승부욕은 없었다.

재능

사람들이 모였다고 해서 팀이 되는 것은 아니다. 그건 사람들의 모임에 지나지 않는다. 어느 그룹이건 마찬가지다. '재능이 당신을 결정한다.'라는 말에는 일리가 있다. 재능 없이 챔피언십에서 우승할 수 없다는 건 누구나 다 아는 사실이다. 따라서 재능이 출중한 사람들을 팀에 영입한다면 큰 축복을 받은 것과 같다. 뿐만 아니라 재능은 팀원으로서의 역할을 소화해 낼 수 있도록 사람들의 동기를 자극하는 수단이 되기도 한다.

팀에 들어오고 싶어 하는 사람들 중에서 농구도 잘하고 머리도 좋은 선수를 선발하려고 노력한다. 무조건 내 말에 복종하려는 사람을 곁에 두고 싶진 않다. 선수들이 좋든 싫든 자신의 소신을 분명히 밝히길 원한다. 나는 보통 측근으로 여섯 명을 기용하는데, 부감독 세 명, 작전담당과 학습코치는 각각 한 명씩, 그리고 행정보조 한 명을 둔다. 성격이 원만하다고 알려진 사람들을 측근에 두려고 한다. 특정 포지션에 필요한 기술을 모두 습득한 사람이 아니어도 된다.

핵심 부감독 세 명은 듀크대 선수 출신으로 구성하는 걸 선호한다. 이미 4년을 나와 함께 지내면서 매우 돈독한 사이가 된 이들이기 때문이다. 그들은 나의 코칭방식을 잘 알고 있으며 학생들의 성향도 꿰뚫고 있다. 또한 기숙사에서 생활하면서 아침부터 저녁까지 농구선수의 일과를 관리해 본 경험도 있다. 뿐만 아니라 선수생활을 해본 적이 있으므로 현역들의 고충을 충분히 이해할 것이다. 내게 있어선 15년 차 감독의 전문적인 기술보다 더 중요한 능력이다. '머리'가 있다면 선수들이 해야 할 일과 하지 말아야 할 일 정도는 어렵지 않게 구분할 수 있겠지만 선수들의 생활을 아는 사람은 그리 많지가 않기 때문이다.

토미 아메이커는 선수 출신으로서 처음으로 감독에 발탁된 사람이다. 1988-89년 그리고 2, 3년 후에도 챔피언십에서 연속 우승이라는 놀라운 쾌거를 일궈 낸 일등공신이 바로 토미였다.

팀이 승승장구하다 보니 선수들과 내 사이가 조금씩 멀어졌다. 나는 다른 곳에 시간을 쏟을 일이 더 많아졌고 신입생들은 나를 농구계의 '전설'이라고 치켜세우기까지 했다. 그러다 보니 거리감이 생길 수밖에 없었다. 나이가 들면서 대학시절의 경험이 가물가물해지니 세월도 무시할 수 없는 것 같다. 십 년이 흐르면 강산도 변한다고 했던가. 그때의 대학 생활은 내가 다닐 때와 너무 달라서 격세지감을 느꼈다.

전미 챔피언십에서 만족스런 결과를 계속해서 얻으려면 뭔가를 바꿔야 한다고 생각했다. 그래서 나 자신을 보완할 수 있는 묘책을 찾기 시작했다. 리더라면 누구나 그래야 한다. 결국 현역선수들과 비슷한 또래의 부감독을 기용하는 것이 좋겠다는 결론에 도달했는데, 옳은 판단이었다. 매년 최강팀의 자리를 지키는 데 아주 큰 도움이 되었다.

성공적인 프로그램은 만들기보다 유지하기가 더 어려울 수 있다. 이를테면 중소기업의 초창기시절에는 핵심 멤버들 간에 인적교류가 원활히 이루어져 자연히 빠르게 성장한다. 그러나 동일기업이 여섯 개의 도시에 지점을 세운다면 어떻게 될까? 일찍이 성공을 가능케 했던 '끈끈한 정'은 유지하기가 힘들어지고 성장이 느려진다. 내가 그 기업체의 사장이라면 평소에 가깝게 지내던 사람을 지점장으로 채용할 것이다. 내 경우에는 아메이커나 밥 벤더, 피트 고데, 척 스웬슨, 마이크 데멘트, 팀 오툴, 마이크 브레이, 제이 빌라스, 퀸 스나이더, 조니 도킨스, 데이빗 헨더슨 그리고 스티브 보에치에코브스키를 부감독으로 발탁했다.

이들 중 다수는 감독으로 성장했다. 부감독이라면 감독이 되겠다는 큰 포부를 가지고 있어야 한다. 그래야 성장하고 싶은 동기가 생기기 때문이다. 그 결과 2, 3년마다 코칭스태프에는 공석이 생겼고, 새로운 사람을 뽑아서 이를 메워야 했다. 그러나 신규직원을 기존업무의 틀 속에 가두는 것은 어리석은 일이다. 사실 난 업무내역서가 왜 있어야 하는지 모르겠다. '업무'라는 허울 안에 사람을 가두고 본인의 잠재력을 꼭꼭 눌러 막아 버리기 때문이다. 이보다는 팀을 재평가하여 개인의 역량에 따라 프로그램을 조정하는 게 더 낫다. 그러면 강점이 약점에 눌리는 일은 없다.

예를 들어 퀸 스나이더가 미주리대학 감독으로 발탁되었던 1999년에는 공석을 메우기 위해 스티브 보에치에코브스키를 영입한 후, 스태프들과 내년도 계획을 논의했다. 실력과 기술, 개인적 관심사에 따라 업무를 편성했고 수석 부코치는 조니 도킨스에게로 돌아갔다. 그전년도에는 퀸 스나이더가 수석 부코치로 있었으나 도킨스의 직책과는 약간 달랐다. 퀸은 주로 선수를 채용하는 일을 담당했는데, 우리는 자기계발기술이 탁월한 조니가 그 일을 맡지 않아 다행이라고 생각했다. 퀸이 하던 업무는 보조(보에치에코브스키)에게 맡겼더니 적성에 딱 맞았다. 이런 방식으로 각 스태프에게 업무를 지정한다.

인사이동이 없다 하더라도 매년 변화를 준다는 사실은 코칭스태프들도 알고 있다. 이는 스태프진을 개별적으로 평가하는 과정이기도 하다. 이때 장점과 앞으로 보완해야 할 점, 어떤 일을 맡기는 게 좋을지 등 지금까지 눈치채지 못한 과제수행능력을 알아본다. 평가 결과에 따라 역할이 달라지기도 하는데 이런 절차는 일 년 내내 이루어진다. 상황과 필요에 따라 계속해서 조정해 가는 것이다.

지금은 감독이 된 토미 아메이커는 이런 과정이 자존감과 자신감을 높이고 다방면의 경험을 쌓는 데 도움이 되었다며 이렇게 말했다.

"시야를 넓히는 계기가 되기도 했고, 코칭스태프에게 필요한 산 경험을 얻을 수 있었습니다. 또한 앞으로 성장할 수 있는 입지를 굳힐 수 있게 해 주었죠."

젊은 부감독들을 기용하자 엄청난 에너지와 열정이 솟아났다. 그들을 곁에 두니 마음이 덩달아 흐뭇해졌다. 몇 해 전에 내가 구상했던 전략을 기억했다가 적절한 때에 떠올려 줄 수 있는 사람들이라 더 좋다. 스태프들은 가끔 미팅에서 내가 감독을 시작했을 때의 이야기를 꺼내곤 한다. 둘도 없는 친구들이나 마찬가지인 그들과 함께하면 기분이 좋아지고 젊음이 샘솟는다.

팀이라는 마차 바퀴

다양한 색깔을 가진 선수들이 모이기 때문에 매해마다 팀의 색깔도 다양하다. 그게 바로 코칭의 묘미이며 내가 각 팀에 애정을 갖는 이유 중 하나이기도 하다.

리더십은 대체로 인간관계에 따라 성패가 좌우된다. 따라서 어떤 팀이든 서로의 신뢰도가 높으면 협력수준도 높아지기 마련이다. 리더의 역할을 충실히 할 수 있는 유일한 방법은 사람을 이해하는 것이며, 사람을 이해하려면 서로를 잘 알아야만 한다. 나는 팀원들과 허물없이 지낼 수 있기를 희망한다.

프리시즌에는 성품과 인격을 기르는 데 주안점을 둔다. 그래서 선수들과 코칭스태프를 집에 초대해서 식사도 하고 즉흥적인 대화를 나누며 거리를 활보하기도 한다. 그들의 반응과 리더로서 갖춰야 할 자질을 살피는 것이다. 그러면서 그들 또한 나를 잘 알게 된다.

리더는 인간관계를 위해 기꺼이 시간을 투자해야 한다. 성공가도를 달릴수록 더 많은 시간이 필요하다는 것은 말할 필요도 없다. 따라서 인간관계 덕분에 성공할 수 있었다면 관계를 지속할 새로운 방법을 끊임없이 모색해야 한다. 이쯤에서 스태프의 도움이 절실히 요구된다.

리더와 팀원이 단순히 관계 맺는 것만으로는 거침없는 성공을 이루기 어렵다. 즉 선수와 선수, 매니저와 선수, 행정보조원과 감독, 감독과 선수, 감독과 부감독, 부감독과 부감독, 4학년과 신입생, 2학년과 3학년 등 멤버 전원 간에 유대감이 형성되어야만 한다. 각 팀원이 서로서로 신뢰할 수 있는 사이가 되어야 한다는 말이다.

팀 전체를 마차 바퀴에 비유하자면, 리더는 바퀴의 축이다. 그리고 바퀴의 가장자리를 연결하는 바퀴살은 리더가 맺고자 하는 사람들과의 관계라고 가정할 수 있다. 이때 축이 없어진다면 바퀴 전체가 해체될 것이다. 마찬가지로 리더를 잃는다면 팀은 붕괴된다.

한때 그런 사태가 벌어진 적이 있었는데 바로 그때 이 교훈을 뼈저리게 느끼게 되었다. 축에 무슨 일이 벌어지더라도 바퀴가 잘 굴러가려면 리더십의 뼈대가 굳게 세워져야만 한다. 서로가 신뢰하는 관계를 만들어 나가야 가능한 일이다. 팀은 계속되어야 한다. 리더가 자격정지를 당하거나 부상을 입는 등 어떤 이유로 자리를 비우더라도 팀은 늘 승리해야 한다.

서로의 역할에 대해 감사하게 생각할 때 팀은 생존과 번영을 누리게 된다. 팀이 강한 유대감으로 똘똘 뭉쳐 하나가 된다면 어떤 역경이 와도 극복할 수 있으며, 승리 그 이상을 맛보게 될 것이다.

이기려는 태도

팀을 조직할 때마다 '결국엔 승리할 것이며, 우리의 종착역은 우승이다.'라는 신념을 심어 주려고 노력한다. 전미 챔피언십에서 우승하자는 의미라기보다는 꾸준히 발전하여 잠재력을 최대한으로 끌어올리자는 뜻에 가깝다.

농구 경기는 이기거나 지거나 둘 중 하나다. 물론 이길 때도 있고 질 때도 있다. 하지만 아쉽게도 대다수의 사람들은 결과에만 주목하여 승패를 판단의 잣대로 삼는다. 나는 다른 곳으로 눈을 돌리고 싶다. 경기에 이겼다고 해서 매사가 잘 풀리는 것은 아니며, 졌다고 해서 하늘이 무너지는 것도 아니다. 패자가 진정한 '승자'가 될 때도 가끔은 있다.

젖 먹던 힘까지 짜내어 뛰었지만 아쉽게도 진 팀을 패자라 할 수 있는가? 나는 그렇게 생각하지 않는다. 최선을 다했다면 모두가 승리한 것이다. 팀의 성과를 가늠하기 위해 승패기록을 뒤적인다면 잣대가 바르지 못한 사람이라고 말하고 싶다.

이기려는 태도란 곧 우수성의 기준이 되는 것으로서 해마다, 팀마다 달라진다. 보편적으로는 자기 자리에서 최고가 되거나 최선을 다하려는 태도를 일컫는다.

좋은 예가 하나 있다. 대니 페리는 3학년을 마치고서 프로팀에 입단할 생각을 갖고 있었다. 대니는 팀을 전미 1위로 만들었을 뿐만 아니라 그해 애틀랜틱 코스트 컨퍼런스의 최우수 선수로 선정되었다. 나는 그에게 NBA로 바로 뛰어들지 않고 듀크대에 남는다면 훨씬 나아질 거라고 말했다.

"자네에게는 성장할 여지가 있고, 나도 실력을 좀 더 키우라고 요구할 거야. 그것이 자네가 듀크대에 남기를 바라는 이유일세."

결국 대니는 팀에 남아 더 훌륭한 선수가 되었다. 4학년 시절 잠재력을 더욱 발휘하여 우수성을 향상시킨 것이다.

우수성의 개념은 개인뿐만 아니라 팀에도 동일하게 적용된다. 사전적인 의미로 '지난해보다 더 나은 팀'이란 '지난해보다 더 좋은 결과를 얻은 팀'을 뜻한다. 그러나 더 나은 팀은 우수성의 기준도 더 높게 잡아야 한다. 여기에 리더가 개입하는 것이다. 리더는 팀의 자질을 평가하고 우수성의 기준을 정하며 기준에 도달하도록, 혹은 자기 자리에서 최고가 되도록 팀과 함께 뛰어야 한다.

그것이 내가 하는 일이다. 나는 선수들을 지켜보고 서로를 알아갈 뿐만 아니라 관계를 쌓는 과정에서 그들의 최대 역량이 어느 정도인지도 파악한다. 이때 현실적인 안목으로 팀을 평가하며, 최종결과에 감정의 기복이 엎치락뒤치락하지 않도록 애를 쓴다. 시즌 내내 팀원들과 호흡을 맞추며 잠재력을 최대한 끌어올릴 수 있도록 돕는다.

'이긴다'는 말을 이런 식으로 생각해 본다면 팀의 성과나 팀원들이 자기 자리에서 최선을 다했는지에 대한 궁극적인 책임은 결국 리더에게 있음이 분명해진다. 이는 스트레스가 아니라 객관적인 현실이며 힘겨운 도전과제라고 해도 무방하다. 우수하고 성적 좋은 팀에 팀을 위해 전력투구하는 리더가 있다면 승리는 따 놓은 당상이다.

이기는 팀을 조직할 때 팀원들이 완벽하지 않아도 된다는 사실을 기억해야 한다. 자신의 역량을 끝까지 최대한 발휘하면 그만이다. 바로 이것이 내가 말하는 '이기려는 태도'다.

열정을 찾아라

항상 더 나은 선수가 되기 위해 자기 자리에서 최고가 되려고 노력했던 선수 3인방을 소개하겠다. 바비 헐리, 스티브 보에치에코브스키, 트레이전 랜돈이 그 3인방인데 서로 닮은 데라곤 하나도 없었지만 코트를 뛸 때마다 나름대로 엄청난 영향력을 행사한다는 공통점이 있었다.

바비 헐리는 포인트가드로서 저지 시의 세인트 앤토니 가톨릭 고교를 졸업하고 듀크대에 입학했다. 바비를 기용할 때 나는 그 어린 학생에게서 뭔가 남다른 점을 발견했다. 그는 무척 용감했다. 어려운 상황에 처했을 때 물러서기보다는 앞으로 나아갔다. 말 그대로 '겁 없이' 코트 위를 누비며 본능에 충실한 플레이를 선보였다. 그게 마음에 들었다. 나도 고등학교 시절엔 겁 없다는 소리깨나 들었지만 바비에게는 어림도 없었다.

그래서 부친에게 포인트가드로는 바비만 선발하겠다고 말했다. 이 선수를 지도하고 싶은 마음이 강했고, 4년 동안 늘 함께할 수 있어서 기분이 좋았다. 그는 내가 베푼 것보다 훨씬 많은 것으로 보답했을 뿐 아니라 두 차례에 걸친 전미 챔피언십에서 다른 팀원들에게 귀감이 되기도 했다.

스티브 보에치에코브스키 역시 포인트가드로서 메릴랜드 주 볼티모어에 있는 기번스 추기경 가톨릭 고등학교 출신이다. 그는 무척 감정적인 리더였고 범상치 않은 열정도 있었다. 그러나 3학년이 되기 전까진 선발로 뛰지 않았고 예비 선수로 남아 있었다. 2학년 말 우리가 나눈 대화는 그의 인생에 커다란 획을 그었다. 나는 그에게 예비 선수로서 최선을 다하는 길은 '예비' 딱지를 떼는 것이라고 말했다.

"선발로 뛰려면 이를 악물고 노력해야 해."

그리고 체중도 줄여야 한다고 덧붙였다. 생각해 보면 '최고의 예비선수'로 만들고 싶은 마음으로 말했던 것 같다. 정말로 이를 악물고 선발에 도전하리라고는 꿈에도 생각하지 못했다. 그러니 선발로 뛰게 할 수밖에 없었다.

여름휴가가 끝났을 때 그는 약 7킬로를 감량하여 화려하게 컴백했고, 연습 첫날부터 몰라보게 달라진 리더십을 보여 주었다. 나는 프리시즌 연습 동안 팀원들에게 누구를 선발로 내보낼지 물었다. '저마다 자기를 시켜 달라고 했겠지.'라고 생각하는 사람들이 있을지 모른다. 그러나 모두가 이구동성으로 보에치에코브스키를 꼽았다.

프리시즌에 보에치에코브스키는 막강 체력인 트레이전 랜돈과 핵심 포인트가드 포지션을 놓고 한바탕 겨루었다. 그러면서 차츰 둘은 단짝이 되었다. 누구를 선발로 내보낼지 나도 헷갈릴 지경이 되었으나 그 두 사람만은 다섯 명의 주전 선수 안에 들 것이라고 확신할 수 있었다. 트레이전은 남다른 재능을, 보조는 남다른 열정을 지녔기 때문이다. 이 두 선수가 얼마나 열심히 노력했는지를 모르는 사람이 없을 정도였다.

그러다 보니 자연히 모든 선수들의 의욕에도 불이 붙기 시작했다. 보조가 3학년일 때 가드 포지션에 넷을, 포워드엔 신장 183cm인 선수를 내보내어 리그에서 우승까지 차지했다.

보조가 그랬듯이 감정을 모두 분출할 필요는 없다. 트레이전 랜돈은 알래스카 앵커리지 출신답게 진지했다. 그러나 차분하면서도 매우 감정적인 면이 있었다. 열정이 대단했지만 보조와는 조금 달랐다. 강직하면서도 요동치지 않는 마음이라고 하는 게 좋을 것 같다. 어떤 환경에도 흔들리지 않았던 트레이전의 의지는 모두가 높이 평가했다. 무슨 일이 닥쳐도 제자리를 벗어나는 법이 없다. 토네이도가 몰아친다 해도 트레이전은 꿈쩍도 하지 않을 것이다.

마음이란 정의하기란 쉽지도 않을 뿐더러 그 실체를 눈으로 확인할 수도 없으나 헐리의 용기는 쉽게 눈에 띈다. 보조의 대담함도 그렇다. 그러나 '과묵한 열정'은 눈에 보이거나 머리로 이해되지 않을 때가 종종 있다. 감독은 선수들에게서 감정을 끌어내려 애쓰지만 코트 위의 선수들은 이미 언제나 어떤 감정을 느끼고 있다.

열정을 구성하는 요소는 다양하고 정도도 사람마다 다르다. 예를 들면 보조에게는 대담성이, 트레이전에게는 열의가 두드러지게 나타난다. 다른 선수들이 가진 열정도 전부 가지각색일 것이다. 헐리와 팀원들도 그렇다. 어쨌든, 바비 헐리의 열정이 표출될 때면 우리 모두의 열정도 고양되었고, 특히 나의 열정도 샘솟았다.

사람들은 속내를 털어놓을 자유를 누려야 하는데, 이는 리더에게 달렸다. 친밀한 인간관계와 '한 식구'라는 공감대가 형성되어야 가능한 얘기다. 팀이 정말 가족 같다면 팀원들도 자신의 마음을 드러내고 싶어 할 것이다.

리더는 팀의 열정을 찾아내야 한다. 열정이 있다면 타인의 잠재력까지도 최대한 끄집어낼 수 있기 때문이다. 강렬한 열정을 표출하는 사람이 한 명이라도 있다면, 그로 인해 리더를 포함한 모든 팀원들의 실력도 한층 성장한다.

강렬한 열정을 가진 사람은 팀 전체에 귀감이 된다. 이를 화학반응으로 설명하면, 그를 물에 첨가하는 나트륨에 비유할 수 있겠다. 나트륨은 물과 반응하여 폭발반응을 일으킨다.

정말로 그렇다. 바비 힐리를 영입했을 때 나는 팀 전원과 눈을 마주보며 "바비는 나를 더 훌륭한 감독으로 만들어 줄 것이다."라고 말했다. 그를 보면 의욕이 솟구친다. 또한 소신을 밀고 나갈 수 있도록 내게 자신감을 심어 주어 나를 더욱 강하게 만들기도 한다.

종착지를 향해 가는 도중 음침한 골짜기를 지나야 한다면 혼자 갈 필요는 없다. 열정을 지닌 '그 팀원'이 나와 함께 갈 것이다. 그의 대담함과 열정, 혹은 '과묵한 용기'를 끄집어낸다면 그도 역시 나와 팀원 모두의 용기와 열정을 끌어낼 것이라 확신한다. 나는 항상 열정을 찾고 있으며, 열정적인 선수의 리더가 되고 싶다. 프리시즌이 되면 어김없이 자문해 본다.

'열정적인 팀원이 어디에 있을까?'

TIPS

· 부감독이라면 감독이 되겠다는 큰 포부가 있어야 한다. 그래야 성장하고 싶은 동기가 생기기 때문이다. 이는 열정과 연관된다.

· 기존 업무의 틀 속에 가두는 것은 현명하지 못한 처사다. 업무 내역서는 미리 짜여선 안 되며 팀원들에 맞게 재단되어야 한다.

· 강점이 약점에 눌리게 해선 안 된다.

· 매년 평가회를 갖고 교대로 돌아가며 역할을 바꾸라.

· 어떤 팀이든 서로의 신뢰도가 높으면 협력수준도 높아진다.

· 팀 전원에 유대감이 형성되어야 한다. 또한 중심축에 어떤 일이 발생하더라도 바퀴가 잘 굴러 가려면 리더십의 뼈대가 굳게 세워져야 한다.

· 이기는 태도란 곧 우수성을 가늠하는 척도로서 매년 다르다. 이는 자기 자리에서 최고가 되거나 최선을 다하려는 태도를 일컫는다.

· 마음을 털어놓을 수 있는 여유가 있어야 한다.

· 리더는 팀의 열정을 찾아내야 한다. 열정이 있다면 리더뿐만 아니라 타인의 잠재력까지도 최대한 끄집어낼 수 있기 때문이다.

· 해마다 '열정적인 팀원이 어디에 있을까?' 하고 자문해 보라.

기강 확립

Establishing Discipline

매 순간마다 팀의 기량을 최대한 발휘하지 못한다면 결국엔 패배할 것이다.

규율이란 자신의 본분을 최대한 적절한 때에, 최대한 올바른 방식으로 이행하는 것을 뜻한다.

규율은 "나는 너를 아끼고 있어."나 "손을 잡고 함께 건너자." 같은 방식으로 작동할 수도 있고,
"일어나, 어서 다시 해.", "도대체 뭘 하고 있는 거야?" 혹은 "왜 수업에 불참했지?"
같은 방식으로 이루어지기도 한다.

—— *Coach K* ——

고등학교 4학년, 열여덟이 되던 해에 웨스트포인트 농구팀의 밥 나이트 감독이 내게 미 육군사관학교에 입학할 것을 제안했다. 개인적으로 대단한 영광이기도 했고 사관학교 감독 밑에서 농구를 할 기회를 얻었단 사실에 기분이 들떴다.

그러나 가고 싶은 생각은 없었다. 군인이 되고 싶지 않았기 때문이었다. 교사나 감독이 되고 싶었다. 그래서 감독의 제안을 거절하고 다른 진로를 선택하겠다고 부모님께 말씀드렸다. 부모님은 나의 결

정에 실망하셨다.

어느 날 거실에서 책을 읽고 있을 때 부모님은 부엌에서 '짜고' 말씀을 나누셨다. '짰다'는 말은 지금 돌이켜 보면 미리 계획을 세웠던 게 분명했다는 뜻이다. 부모님은 폴란드어를 써 가며 열띤 대화를 나누셨다. 알아들을 수는 없었지만 분명 화두는 나였다. 중요한 일을 나 모르게 상의하고 싶을 땐 항상 폴란드어를 구사하셨기 때문에 가벼운 대화는 아니었다는 것을 알 수 있었다. 가끔 '웨스트포인트'나 '마이크… 어리석어!' 같은 말들이 들리기도 했다.

부모님은 나보다 나를 더 잘 아셨다. 나이가 들면서 부모님의 대응방법에 감사하게 되었다. 내가 돌아와서 부모님 때문에 억지로 들어갔다고 하는 소린 듣고 싶지 않아서라기보다는 아이에게 가장 좋은 것이 무엇인지 아시고 이를 말씀하실 생각이셨던 것이다. 그래서 부모님이 택한 방식이 바로 '부엌 대화'였다.

그렇게 얼마 후 부모님과 나는 얼굴을 맞대고 단도직입적으로 이야기를 나누었다.

"웨스트포인트에 가는 게 좋겠다."

"거긴 가고 싶지 않아요."

"가는 게 좋을 거야. 네가 정식교육을 받았으면 좋겠구나. 그런 기회는 여태 없었잖니? 호박이 넝쿨째 굴러 들어온 거야."

"그래도 가기 싫어요."

"우리는 학비를 대 줄 형편이 못 되잖니. 웨스트포인트에 입학할 수 있다면 그리로 가는 게 낫지 않겠어?"

나는 결국 웨스트포인트에 갔다. 그냥 가기로 했다. 부모님의 설득에 못 이겨 간 것 같기도 하지만, 그분들을 믿었다. 그릇된 것을 가르쳐 주신 적은 한 번도 없었기 때문이다.

괜찮은 팀에 소속되었음에도 그때는 거기에 감사함을 느끼지 못했다. 입학을 한 뒤로 학교를 그만두고 싶을 때가 많았다. 그러나 부모님을 실망시키기는 싫었다. 나는 상관없었지만 부모님의 뜻을 저버릴 수 없었기에 꾹 참고 견뎠다.

권위 존중

부모님이 그렇게 단호한 어조로 말씀하실 때는 달갑게 들리지 않아도 그분들을 존중했다. 내게 피해를 주는 일이나 상처가 되는 일은 시키신 적이 없기 때문이다. 그러니 결국은 언제나 어머니를 믿어 보게 된다.

나는 우리 선수들에게도 이런 권위에 대한 신뢰와 존중을 바란다. 그러나 사실 대학에 입학할 때 어느 정도 자세가 갖추어져 있지 않다면 추후에 그런 태도를 배울 수 있을 가능성은 미지수다.

그래서 나는 존중하는 태도가 보이는 학생들을 택하려고 노력한다. 가령 초반 미팅에서, 부모가 이야기를 할 때 아이들의 반응과 얼굴 표정을 주의 깊게 살핀다. 어머니가 묻는데 딴 곳을 본다면 일단 장학금을 주고 싶은 마음은 없어질 것이다. 부모를 존경하는 학생을 찾는 까닭은 그런 학생이 내 말을 경청할 가능성도 더 높기 때문이다.

감독의 말이라면 즉시 믿고 따른다는 규율이 있어야 한다. 또한 감독도 선수들의 말이라면 즉시 믿고 신뢰할 수 있어야 한다. 팀이나 감독에겐 항상 시간적인 제약이 따르게 마련이다. 예를 들면 열띤 경합을 벌일 땐 앉아서 필요한 조치를 일일이 따져 볼 수 있는 여유가 없다. 매 순간마다 팀의 역량을 최대한 발휘하지 못한다면 결국엔 패배할 것이다.

그러나 권위를 존중하는 자세가 형성되려면 시간이 필요하다는 사실을 리더는 반드시 기억해야 한다. 신뢰를 쌓는 일도 마찬가지다. 신뢰란 순식간에 만들어지는 것이 아니라 시간을 두고 습득해야 하는 것이다. 그와 다르게 서로를 배려하는 태도는 당장이라도 가질 수 있다. 부모님이 내게 그러셨듯이, 나는 무슨 일이 일어나든 팀원 모두에게 관심을 쏟을 것이다.

관심을 갖는 태도와 더불어 권위를 존중하는 태도는 원활한 커뮤니케이션 속에서 진실한 마음을 가지고 단도직입적인 어조로 가르쳐야 한다. 놀라운 사실은 이 모든 노하우가 육사 교육과정에도 포함되어 있다는 것이다.

진실만을 말한다

웨스트포인트 생활은 무척 힘들었다. 신입생 땐 특히 그랬다. 그러나 사관학교는 분명 매력 있는 곳이기도 하다. 그 이유 중 하나가 그곳에선 사람들의 입장을 분명히 알 수 있다는 점이다. 또 웨스트포인트 명예규약("사관생도는 거짓말이나 부정행위, 혹은 절도를 일삼지 않으며, 이를 저지른 사람은 용서하지 않는다.")에 따라 거짓말이 금지되어 있기 때문에 누구도 거짓말을 하지 않는다. 명예규약은 육사 4년의 핵심이었다. 나는 '정직'이란 이 문화가 마음에 든다.

정직하다면 상황에 신속하게 대처할 수 있다. 조직에 '정직'이 뿌

리내린 상태라면 누군가가 어떤 문제를 안고 있을 때 이미 모두가 그 문제를 알고 있을 것이다. 신속한 대응력은 전쟁 상황에서 없어서는 안 될 중요한 능력이다. 스포츠나 비즈니스, 혹은 그 외의 경쟁부문에서도 마찬가지다.

사관학교에서 생활하다 보니 '진실만을 말한다'는 규율이 몸에 배었다. 농구팀에도 동일한 문화를 심으려고 노력한다. 농구경기에선 상황에 따라 발 빠르게 움직여야 한다. 따라서 허위사실에 대응하는 건 시간낭비일 뿐이다. 나는 팀원들에게 이렇게 말하곤 한다.

"상대방에게 항상 정중하게 말할 순 없다. 평소보다 좀 더 직선적으로 말해야 할 때도 있다. 물론 제3자가 보기엔 우리가 주고받는 말이 폭력적이라고 생각할 수도 있겠지. 그래서 진실을 말하고 서로를 신뢰하며 상대방에게 상처를 주지 않으려고 노력한다는 점을 모두가 알고 있어야만 가능한 일이다."

경기가 무르익어 갈 때도 권위를 존중하고 상황에 즉시 대처할 수 있어야 한다. 서로에 대한 '즉각적인 믿음'이 있어야 한다는 게 내가 하고 싶은 말이다. 팀원들이 내가 던지는 말을 '진실'이라 믿길 바란다. 그리고 모두 도움이 되라고 하는 말임을 알아야 한다. 이보다 더 중요한 문제가 있다고는 생각지 않는다. 사람들은 자기에게 정직한 사람을 존중하고 그의 진가를 판단한다.

개인적 책임

1965년 7월, 시카고를 떠나 뉴욕의 웨스트포인트로 향했다. 사관학교 안내책자에서는 초기 교육 기간을 '여름 오리엔테이션'이라 소개했다. 멋있는 이름이었다. 그런데 막상 가 보니 선배들 사이에서는 다른 이름으로 불리고 있었다. '짐승 가두는 막사_{Beast Barracks}'였다.

두 달 동안 그곳은 우리의 개성을 모두 빼앗아 버렸다. 말 그대로 지옥 같았다. 우리는 어떤 질문을 받아도 "예, 그렇습니다.", "아닙니다.", "할 말 없습니다."로만 대답해야 했다. 내가 사관학교를 졸업했을 땐 "잘 모르겠습니다."가 추가되었다고 한다. 우리 때도 있었다면 나는 이 말을 입에 달고 살았을 것이다.

죽을 때까지 잊을 수 없을 법한, 아니, 무덤 속까지 들고 갈 만한 이야기가 하나 있다. 구령에 맞춰 룸메이트와 연병장을 걷고 있었다. 우린 군복을 입고 몸을 꼿꼿이 세운 채 앞으로만 가야 했다. 그러다 룸메이트가 실수로 물이 고인 도랑을 밟았고 내 군화에 흙탕물이 약간 튀었다. 그렇게 계속 걷고 있는데 신입생이라면 가장 듣고 싶지 않은 말이 들려 왔다.

"동작 그만!"

상급생 하나가 다가오며 외쳤다.

한숨이 절로 나왔다. '요즘 교육 받기 힘들지 않느냐고 묻진 않겠지?' 나는 속으로 중얼댔다.

선배는 룸메이트를 보고는 "좋아, 통과."라고 했다. 그러고 나서 내 얼굴을 보더니 명찰로 눈을 돌렸다.

"이름을 어떻게 읽으라는 거야?"

"슈셉스키입니다!"

"뭔 이름이 그 모양이야!"

나는 아무런 대꾸도 하지 않았다.

"어쨌든 아무개 신병, 이름이 뭐든 상관없다. 그런데 군화가 더럽

군. 군기가 빠졌어. 어떻게 된 거지?"

'현실세계'의 '보통 사람들'이었다면 이유를 설명하려 했을 것이다. 나는 이렇게 말하고 싶었다.

"저희 둘이 연병장을 걷고 있었는데, 룸메이트가 도랑을 밟는 바람에 군화에 흙탕물이 튀었습니다. 제 잘못이 아닙니다."

그러나 웨스트포인트에서는 그런 대답이 허용되지 않는다. 그래서 나는 이렇게 말했다.

"할 말 없습니다!"

"좋다! 할 말이 없다고? 역시 군기가 빠졌어."

선배들은 룸메이트를 보냈고 나는 몇 분 동안 벌을 받았다. 그러고 나서 한 명이 내 이름을 적어 갔다. 군화가 지저분하다는 이유로 감점을 당한 것이다. 나는 기숙사로 돌아가 룸메이트에게 화를 내며 말했다.

"어떻게 그럴 수가 있어? 내 군화가 왜 이렇게 됐는지 아냐고!"

그 후로 2주가 흐르고 나서야 나는 그때 당했던 일을 다른 시각으로 보게 되었다. 룸메이트가 도랑을 밟아서 흙탕물이 튀었을 때 나는 계속 걸어가야 할지, 돌아가서 구두를 바꿔 신어야 할지를 선택해야 했다. 룸메이트의 행동을 내가 제어할 수는 없었지만, 어떻게 대처할지는 결정할 수 있었다. 흙탕물이 튄 군화가 내 것이었으므로 책임은 나에게 있었다. 그런데도 나는 걸음을 멈추지 않고 선배에게 걸리지 않기만을 바랐던 것이다. 막사로 돌아올 수도 있었으나 그렇게 하지 않았다. 어쨌든 내가 선택한 것이다. 사실 룸메이트에게 화를 낼 자격은 없었다. 나 자신을 탓했어야 했다. 이를 깨닫게 되자 스스로에게 화가 났다. 이 사건은 내게 큰 교훈을 주었다.

감독이자 리더로서 이 교훈을 어떻게 적용할 수 있을까? 하늘이 두 쪽으로 갈라져도 듀크대 농구팀의 책임은 내게 있다. 변명할 여지가 없다. 책임이 내게 있다는 생각으로 행동하면 된다.

팀원들, 특히 코트 위를 뛰는 선수들도 같은 생각을 가지고 행동해야 한다. 가령, 중요한 경기에서 상대선수가 수비벽을 뚫고 들어와 득점 골로 연결시켰다고 가정하자. 그런 일이 다시는 발생하지 않기를 바라는 마음에 나는 타임아웃을 요청할 것이고, 짧은 시간이지만 최선을 다해서 약점을 보완하려 할 것이다. 대화는 이렇게 흐를 것이다.

"누가 52번 선수를 수비하고 있었지?"

"접니다."

"왜 막지 못했나?"

그는 대답이 없다.

"다음엔 잘할 수 있겠지?"

"물론입니다."

"이번에도 못 막으면 동료 선수들이 실망할 거야. 무슨 말인지 알지?"

"예, 알겠습니다."

"우릴 실망시키지 말게. 알았지?"

"예, 감독님."

이보다 더 길게 이야기할 수 없고 혹시 상처를 주진 않았을지 걱정할 여유도 없다. 52번을 막지 못했던 선수 또한 사사로운 감정을 가지고 내 말을 받아들이진 않을 것이다. 서로를 신뢰하고, 권위를 존중하며, 자기 행동에 대한 책임은 자신에게 있다는 중요한 원칙을 이미 알고 있기 때문이다.

"공을 중앙이 아닌 외곽으로 패스했다면 크리스가 여기서 굳이 투입되지 않아도 됐겠지. 그러면 52번 수비 포지션에서 벗어나지 않아도 됐고 말이야. 그러니까 모두들 제 몫을 하지 못했다는 뜻이다. 우리 중 한 사람이 실수하면 모두가 실수한 것과 같다는 걸 명심해라."

우리는 누구 한 사람에게 책임을 추궁하지 않는다. 대신 각자의 책임을 통감하며 서로를 포용한다.

'짐승 막사'에서 배웠던 교훈 두 가지가 더 생각난다. 실패는 곧 성공의 일부라는 것, 그리고 서로를 의지하면 불가능한 일도 이룰 수 있다는 것이다.

우리 소대엔 약 30명의 생도가 있었는데 세 명이 한 방을 사용했다. 어느 날 우리가 작업복 차림으로 막사 밖에 있을 때 명령이 떨어졌다. "생도들은 2분 내로 제복으로 갈아입고 막사 밖으로 재집결한다." 그러나 군복을 2분 만에 갈아입기란 말도 안 되는 일이었다. 말 그대로 '불가능'했다.

그래도 우리는 분대장의 "헤쳐!" 소리에 방으로 뛰어가 정신없이 옷을 갈아입었다. 한 명이 재빨리 차려입고 먼저 밖으로 나갔고 그 다음으로 내가 여전히 환복 중인 다른 동료를 두고 문을 박차고 나갔다. 늦게 나온 사람은 '지각자 줄'에 서야 했는데, 우리는 모두 늦어 나란히 선 채 한 사람씩 복장검사를 받았다.

"왜 늦었나?"

"할 말 없습니다."

"그래, 할 말 없을 거다."

질문이 이어졌다.

"다른 소대원은 왜 같이 오지 않았나? 왜 혼자만 달랑 왔지?"

"할 말 없습니다."

"너희 중 하나가 늦으면 모두가 늦은 것이다. 알아듣겠나? 제시간에 나오라는 게 아니다. 소대원 모두가 제시간에 나오라는 거다! 협동한다면 해낼 수 있을 것이다. 그러니 서로 돕는 법을 배우도록!"

그때부터 우리는 협동하기 시작했다. 함께 나가기 전에는 방을 뜨지 않았다. 결과가 예상되는가? 우리는 2분 동안 군복을 신속히 갈아입고 연병장에 집합할 수 있었다. 함께 일하는 법을 터득했기 때문에 결국 '불가능'한 일을 해내고야 만 것이다. 우린 함께 해냈고 꼴찌는 한 명도 없었다. 기분이 좋았다. 정말 좋았다. 해산명령과 함께 방에 돌아와서 하이파이브를 주고받았다. 그때만 떠올리면 전율이 느껴진다. 소대원 모두가 일생일대의 교훈을 얻은 셈이다. 서로를 의지하는 법을 배우자 각자의 역량도 점점 좋아졌다.

이 경험을 통해 실패는 성공의 일부란 사실을 알게 되었다. 넘어지면 일어나고, 실패하면 다시 도전하라. 천막이 쓰러지면 다시 세우면 된다.

주변 동료들의 재능에 감사하는 법도 배웠다. 나는 시카고 도심에서 자라 수영이나 천막 치는 법을 배운 적이 없다. 그래서 보이스카우트 출신인 동료가 내게 천막 치는 법을 가르쳐 주었다. 수영하는 법은 또 다른 동기생에게 배웠다. 상대방을 의지하고 감사하는 법을 배우니 서로의 관계도 좋아졌다. 조직력이 강해진 것이다. 각자가 집단 전체에 갖는 책임감도 저절로 뒤따랐다.

리더가 자기 행동이나 실수에 책임을 지는 것은 팀원들에게 모범이 될 뿐 아니라 그들을 존중한다는 사실을 보여 주기도 한다. 1학년

한 해를 팀 매니저로 보냈던 저스틴 칼드벡과의 에피소드가 하나 생각난다. 그는 나중에 농구팀에 들어왔고, 1999년 4강에 도전할 땐 4학년이었다. 1996년, 매니저였던 그는 농구캠프에서 팀원들에게 맥주를 나눠주고 있었다. 그가 나에게 맥주를 한 잔 건네주고 자리를 옮기는데, 내가 실수로 컵을 바닥에 떨어뜨리고 말았다. 그러자 저스틴은 재빨리 수건을 챙겨 들고 내게 달려왔다.

"감독님, 여기 있습니다. 제가 닦아 드리겠습니다."

나는 그에게 수건을 달라고 했다.

"내가 하겠네. 회사의 CEO 자리에 오른 사람일지라도, 자기가 엎지른 것은 자기가 치워야 한다는 사실을 기억해 줬으면 좋겠어."

나는 몸을 낮춰 손, 무릎, 그리고 바닥을 닦았다.

규율의 재정의

어떤 사람들은 '규율discipline(기강)'이란 단어에서 불쾌감을 느끼곤 한다. 하지만 그럴 필요가 없다. 실제로 규율이란 자신의 본분을 최대한 적절한 때에, 최대한 올바른 방식으로 이행하는 것을 뜻한다. 그러니 나쁜 말은 아니다. 규율은 "나는 너를 아끼고 있어."나 "손을 잡고 함께 건너자." 같은 방식으로 작동할 수도 있고, "일어나, 어서 다시 해.", "도대체 뭘 하고 있는 거야?" 혹은 "왜 수업에 불참했지?" 같은 방식으로 이루어지기도 한다.

우리가 이곳에 모인 까닭이 있다. 우린 공부도 하고, 농구도 하려고 모였다. 내가 팀에 엄격할 것 같은가? 그렇다. 훈련일정이나 대학, 혹은 서로를 존중하지 않는다면, 그때 나는 팀 위에 군림할 것이다.

겁을 주어 억지로 의욕을 끌어내고 싶은 것은 아니다. 그러나 팀이 잘못을 저지른다면 문책을 할 것이다. 대충대충 연습한다면 이를 용납하지 않을 것이며 최선을 다하지 않는다면 가르칠 생각이 없다. 그래서 우리 팀은 각자의 일에서도 매사에 규율을 지켜야 한다.

팀원들은 기본 체력단련 시간에도 꼭 참여해야 한다. 체력이 받쳐 주지 않으면 쉽게 피로해지고 피로가 쌓이다 보면 꼭 실수를 저지르기 때문이다. 신체적 습관에 관한 규율도 엄격히 지켜야 한다. 우리는 농구의 일부 기본을 반복적인 연습을 통해 배운다. "볼이 오면 헬프사이드에 있어야 하고 바로 공수를 전환해야 한다. 상대가 접근하면 그를 막아야 한다." 이것이 핵심이다. 팀 전체가 하나처럼 움직이는 습관을 길들여야 한다는 규율 또한 중요하다.

스포츠맨십이나 인내, 열정, 의욕에 관한 규율도 있다. 코트를 박차고 나와서 수건을 던지거나, 벤치에서 화를 참지 못하거나 이성을 잃는 모습은 정말 보고 싶지 않다. 물론 권위를 존중하고, 자신의 책임을 감당할 뿐만 아니라 정직해야 한다는 규율도 심어 주어야 한다.

나는 감독과 리더, 인간으로서 갖추어야 할 자질 대부분을 웨스트포인트에서 습득했다. 사관학교에 입학하기 전, 나는 전부를 안다고 생각했다. 아주 작은 우물 안에서 살았던 것이다. 부모님은 내게 권위를 존중하는 법과 무언가를 배우는 능력을 알려 주셨다. 그러나 웨스트포인트는 아예 다른 차원의 것을 내게 선사했다. 그곳에서 정직과 명예, 규율을 몸소 배운 것을 행운이라고 생각한다.

지금 내 양쪽 손에는 결혼반지와 사관학교 졸업 기념반지가 하나씩 끼워져 있다. 졸업반지의 가운데 박힌 검은 보석에 금이 가서 서

랍에 넣어 두었는데, 크리스마스 선물로 아내가 듀크대가 새겨진 감청색 보석을 박아 주었다.

이 반지는 내가 우리 선수들에게 바라는 것을 상징한다. 웨스트포인트가 조직과 규율 그리고 권위를 존중하는 법을 가르친 '기초'라면 중앙 안쪽에 박힌 듀크대는 '열정'과 '마음'을 상징한다. 단단한 기초 위에서 열정과 진실한 마음을 갖고 자기 일을 한다고 생각해 보라. 인생이 즐거워질 것이다. 난 그걸 성공이라고 부른다.

COACH K TIPS

· 권위를 존중하는 태도는 관심을 갖는 태도와 아울러 단도직입적인 어조로, 원활한 커뮤니케이션과 진실한 마음을 가지고 가르쳐야 한다.

· 진실을 있는 그대로 말하라고 가르치라. 진실이 아닌 말에 시간을 낭비해선 안 된다.

· 서로에 대한 '즉각적인 믿음'이 있어야 한다는 게 나의 지론이다.

· 당신의 말은 다 도움이 되라고 하는 말임을 사람들이 알아야 한다.

· 각자의 책임을 통감하며 서로를 포용하라.

· 실패도 성공의 일부다.

· 규율이란 적당한 때에 최선을 다해 자신의 본분을 이행하는 것을 뜻한다.

· 스포츠맨십이나 인내 그리고 열정과 에너지를 샘솟게 하는 법을 가르치라.

· 팀 전체가 신체단련을 해야 한다.

· 단단한 기초 위에서 열정과 진실한 마음을 갖고 자기 일을 한다고 생각해 보라. 인생이 즐거워질 것이다.

역동적인 리더십

Dynamic Leadership

> 리더가 현재를 어떻게 보내느냐에 따라 앞으로의 향방이 결정된다.
> 언제까지 현 위치에 머물 수는 없다.
>
> 나의 목표에는 팀의 열정을 일으킬 만한 가치가 있어야 한다.
>
> 매 시즌은 마치 평생의 여행과도 같다.

— *Coach K* —

듀크대 농구팀은 매년 새로운 문화를 창출한다. 새내기 선수가 들어오면 1년, 2년 혹은 3년차 선배들과 함께 생활한다. 선배들은 신입생들의 멘토가 된다. 또 프로그램을 재평가하면서 역할을 다수 바꾸기도 한다.

우리는 고유한 문화 속에서 일정 기간 함께 부딪치는 공동체다. 문화의 보존과 발전, 원활한 커뮤니케이션, 그리고 타인을 배려하는 마음이 공동체에 있어 가장 중요한 가치다.

프리시즌의 팀은 비가 많이 내리지 않는 중서부지대 같다. 엄청난 비가 쏟아져도 대지가 비를 흡수하지 못하기 때문에 지면 위로 물이 흐를 수밖에 없다. 그러나 토양은 오랫동안 하루도 빠짐없이 수분을 유지해야 한다. 그래야 토질이 개선되며 온갖 폭풍이 몰아쳐도 한층 강력해진 토양 덕분에 더 많은 물을 흡수할 수 있다.

사람도 마찬가지다. 문화를 적절히 일구고 양분과 관심 그리고 수분을 매일 공급한다면 경기 중에 강한 메시지로 상대의 가슴에 못질을 해야 할 때도 팀원 모두가 아무 불화 없이 불편한 상황을 받아들일 수 있다. 뿐만 아니라 팀 전체가 더욱 강력해지며 팀원 개개인이 혼자일 때의 모습보다 더 훌륭하게 보일 것이다.

우리의 일 년은 사계절과 매우 흡사하다. 프리시즌은 봄철과도 같아서 시작의 기운이 감돈다. 정규시즌은 모든 것이 만발한 여름이고, 포스트시즌은 가을이라 할 수 있다. 가을은 아름답긴 하지만 해가 짧아지고 있다는 사실을 상기시켜 준다. 경기 성적이 좋으면 포스트시즌이 길어지는 것처럼, 거주 지역에 따라서 가을이 좀 더 길어질 수도 있다. 오프시즌은 겨울이다. 체육관이 썰렁하긴 하지만, 봄은 곧 온다. 이를 알기에 우리는 봄을 준비하기 시작한다.

주기는 늘 반복된다. 그래서 항상 적극적인 자세를 가지고 기획하고, 움직이며 행동해야 한다. 리더십이란 바로 이런 것이라 생각한다. 절대 멈추지 않는 '현재진행형'이라고나 할까. 이처럼 리더십은 역동성을 띤다.

듀크대 농구팀은 리더십에 좌우된다. 리더십을 발휘하는 것은 즐거운 일이며, 어릴 적 시카고의 어느 학교 운동장에서 팀을 조직한 이후로 줄곧 내가 해 온 일이기도 하다. 지금의 나는 감독이고, 코칭이 곧 리더십을 발휘하는 일이다.

자신만의 성공철학

보통 사람들이 성공하려고 계획을 세울 때는 한 해를 미리 내다보며 최종목표를 설정한다. 나 같은 농구감독들의 경우에는 대부분 전미 챔피언십 우승을 최종목표로 삼는다. 그러나 그건 성공에 대한 다소 협소한 관점이 아닌가 싶다. 챔피언십 우승은 딱 한 팀에게만 돌아가기 때문이다.

만약 모두의 목표가 그렇다면 대부분의 팀은 실패한 해를 보내게 될 것이다. 물론 우승을 목표로 하는 사람들이 많이 있으리라 생각한다. 팬들이나 매스컴이 챔피언십 우승을 성공의 유일한 잣대로 여기기 때문이다.

하지만 타인이 규정한 목표를 달성하려고 애쓰다 보면 항상 좌절감에 시달리지 않을까? 챔피언십 경기가 매달 열리는 것도 아니고, 우승팀이 여럿이 될 수도 없는 노릇이다. 비록 운이 좋아서 우승을 했다 하더라도 '1위'란 숫자에 불과하다. 남들이 '멋진 팀'이라고, 혹은 '성공했다'고 아무리 비행기를 태워도 결국엔 허탈감이 밀려올 것이다.

그런 절망적인 결말을 맞지 않으려면 자신만의 성공철학이 있어야 한다. 열매가 풍성해지기 전인 프리시즌 때부터 이를 정의해야 하며, 그것은 '전미 챔피언십 우승'보다는 좀 더 깊이 있는 것이어야 한다. 마음 깊숙한 곳에서 열정이 이끄는 대로 따라가다 보면 자신만의 성공철학을 만날 수 있을 것이다.

나에겐 감독으로서 기량을 최대한 발휘해야겠다는 열정이 있다. 또한 팀이 매일 달라지길 바란다. 그럴 수만 있다면 나머지는 자연히 해결될 것이다. 내게는 일관성 있게 완벽을 추구한다는 아주 개인적인 목표가 있다.

나는 선수들이 코트 위에 설 때마다 '걸작'이란 말이 아깝지 않을 완벽한 게임을 주문한다. 우리 팀이 그 목표를 이룰 수 있도록 팀과 함께 노력한다. 그러나 매 경기가 걸작이 되어야 한다고 주문하지는 않는다. 그건 나만의 목표이기 때문이다. 만일 선수들에게 요구한다면 쓸데없는 부담과 모든 것을 완벽하게 해야 한다는 강박만 안겨줄지도 모른다. 그래서 나는 선수들에게 가급적 스트레스는 주지 않으려고 노력한다. 그저 그들이 경기를 사랑하기를 바랄 뿐이다. 일단 코트 위에 들어서면 자신의 역량과 명철한 이성이 이끄는 대로 대담하게 플레이하길 기대한다. 또한 팀원 모두가 '할 수 있다!'라는 자신감을 갖기를 바란다.

훌륭한 리더는 팀 구성원의 현재 역할 이상을 볼 수 있어야 한다. 그렇지 않으면 커다란 문제를 나중에 가서야 알아차릴지도 모른다. 현재를 어떻게 보내느냐에 따라 리더의 향방이 결정되는 것이다. 그리고 이 '향방'이란 개념은 나의 상황뿐 아니라 언제나, 어디에나 존재한다.

기획과 준비

리더는 전 시즌에 걸쳐 앞일을 내다볼 수 있어야 한다. 그리고 일정을 기획하며 준비하고 계획대로 일이 진행되지 않을 때는 융통성을 발휘해야 한다. 장기적인 전략은 경우에 따라 수정될 수 있으며 팀원은 이에 대비해야 한다.

듀크대의 경우, 선수가 부상당할 때나 성적이 부진하거나 기대 이상으로 좋을 때를 포함한 온갖 상황에 따른 대처 방법을 미리 고려해 본다. 이를 통해 모션 오펜스(선수들이 계속해서 움직이면서 패스, 커팅, 스크린 등을 이용해 슛 기회를 만들며 공격하는 전술) 운영에 대한 대처능력을 향상시킬 수 있다. 우리는 짜여진 각본 없이 코트 위를 누비며 '이렇게 해 보면 어떨까?', '지금 공격해도 될까?'라고 자문함으로써 상황을 점검해 본다. 장기적인 전략도 매우 중요하지만 그 자체에 얽매여선 안 된다.

"우승하고 싶은 사람은 많다. 그러나 철저히 준비한 사람만이 우승한다."라는 격언을 들었을 때 밥 나이트 감독이 떠올랐다. 나는 육군사관학교 시절 그의 밑에서 4년을 지냈다. 그리고 내가 졸업하자 그는 나를 인디애나주립대학의 조교와 듀크대의 감독으로 추천했다.

내가 4학년이던 1969년, 아버지가 급성 뇌출혈로 세상을 떠났을 때 감독이 나를 배려해 주었던 일은 절대 잊을 수 없을 것이다. 해군 팀을 상대로 승리를 거두고 나서 게임 볼을 받은 직후 형으로부터 소식을 들었다. 마른하늘에 날벼락을 맞은 기분이었다. 나는 아버지가 한동안 병을 앓았다는 사실도 몰랐다. 학교생활에 피해를 줄까 봐 내겐 알리지 않았던 것이다.

밥 나이트 감독은 이른 아침 나를 공항까지 바래다주었다. 그리고 같은 날 저녁 비행기를 타고 우리 집에 찾아와 이틀을 함께 보냈다. 그는 나와 어머니께 큰 힘이 되어 주었다. 정말 고맙고 지금도 가슴이 뭉클하다.

당시 나는 콜게이트, 로체스터와의 경기가 아직 남아 있다는 생각에 걱정을 떨칠 수가 없었다. 두 팀을 잡는다면 우리 팀은 NIT전미 인비테이션 토너먼트에 진출할 자격을 얻을 수 있었다. 그리고 나는 팀의 주장이자 에이스였다. 그럼에도 밥 감독은 경기보다 나를 더 걱정해 주었다.

"푹 쉬어라, 마이크. 마음을 다 추스르고 나서 돌아오도록."

나는 금방 팀으로 복귀해서 경기에 참여했고, 앞서 말한 두 팀을 꺾고 NIT에 진출했다. 당시 사관학교 동기들은 우리 어머니를 토너먼트 4강 경기에 모셔 오기 위해 모금운동을 벌이기도 했다. 그러나 어머니께는 다소 무리한 여정이어서, 동기들이 돈을 모아 '웨스트포인트 흔들의자'를 사 드리는 것으로 일단락되었다. 어머니는 의자를 평생 소중하게 간직하셨다.

밥 나이트 감독에게 받은 영향은 실로 엄청나다. 그는 명석하고 군계일학 같은 감독이었다. 시즌 내내 사용하는 농구의 기본전략 중 대부분은 그로부터 배운 것이다. 그는 농구엔 마술지팡이가 없다고 가르쳤다. 팀이 한데 뭉쳐 노력해야만 성공할 수 있다는 뜻이었다. 밥 감독 밑에서 조직과 준비에 관한 지식도 많이 배웠다.

이기고 싶다고 해서 다 성공하는 것은 아니다. 승리에는 철저한 준비가 뒤따른다는 사실을 아는 것이 훨씬 더 중요하다. 두 가지가 모두 갖춰져 있다면 일을 제대로 하고 있는 셈이다. 그러나 그중에서도 이기기 위한 준비가 향후 성공여부를 판가름하는 핵심 요소라 할 수 있다.

우리는 경기를 치르면서 팀의 사기나 체력을 유지하려고 노력한다. 그래야 시즌 막판까지 최선을 다할 수 있다. 최강팀이 돼야겠다는 마음이 누군들 없을까마는 3월에는 애초부터 힘을 다 빼지 않도록 항상 주의한다. 1km를 달리는데 처음부터 100m 경주를 하듯 빨리 달리면 안 되는 것과 같은 이치다.

나는 매년 1년 전체의 그림을 그려 본다. 신중한 계획과 그에 대한 적절한 대응이 동반되어야 한다. 1년을 시간별로 나누어 경기 일정을 계획하는데, 아무래도 시즌 첫 달, 팀은 힘든 시기를 겪게 될 것이다. 토너먼트 경기에서 몇 안 되는 강팀과 맞붙어야 할지도 모른다. 그리고 추수감사절이 찾아오면 고향길이 고생길이 된다. 12월 말 시험기간에는 지금까지 한 공부를 정리하고 시험을 잘 치를 수 있는 법을 모색할 것이다. 그러고 나서 앞으로 다가올 시즌을 기대하며 그때그때의 상황에 대처해 나간다.

한 시즌은 굉장히 길다. 따라서 도달하고 싶은 일련의 목표를 정해 두어야 한다. 경기 시리즈에 관한 것이든 무엇이든 목표로서 설정할 수 있을 만한 것은 모두 정해야 한다. 나는 이를 '에너지 사이클energy cycle'이라고 부른다. 팀의 열정을 장기간 지속시키려면 짧은 시간이나마 에너지를 발산할 계기를 마련해야 하는 것이다.

1999년의 일이다. 1월 말에 메디슨 스퀘어 가든 소재 세인트존스 대학과의 경기 스케줄을 잡은 적이 있다. 우리의 라이벌인 노스캐롤라이나와 맞붙기 3일 전이었다. 다른 스케줄을 미루고 팀원들에게 3일 동안 충분한 휴식과 준비할 시간을 줄 수도 있었다. 그러나 나는 NCAA 토너먼트를 염두에 두고 상황을 판단했다. 그래서 팀원들에게 세인트존스와 노스캐롤라이나의 경기가 연속되는 4일은 우리가 3월에 부딪쳐야 할 상황과 매우 비슷하다고 말했다.

세인트존스와의 대결은 3월에 열리는 ERC동부지역 선수권 대회와 닮은 점이 많았다. 거대한 경기장에 수천 명의 팬들이 관전하러 온다는 것과 그리 만만한 상대가 아니라는 것이 특히 비슷했다. 세인트존스는 전국 10위권에 들던 강팀이었으므로 우리에겐 커다란 시험대가 될 무대였다. 그리고 나면 또 다른 최강팀 노스캐롤라이나가 우릴 기다리고 있었는데 이는 ERC 4강과도 맞먹을 경기였다. 선수들에게 말했다.

"전미 챔피언십에서 우승하려면 앞으로 이런 난관을 극복해야 한다. 먼저 상황이 어떻게 전개될지 마음속으로 그려 보는 게 중요할 거야."

예닐곱 살 때 친구들과 운동장에서 공놀이를 하던 시절이 문득 뇌리를 스친다.

"좋아, 오늘 난 시카고 컵스Chicago Cubs팀이야. 14번 어니 뱅크스 선수 타석에 섭니다. 9회말 동점인 상황, 쳤습니다! 구장을 넘어갑니다. 야호!"

그냥 해 보는 상상이다. 그래도 재밌다. 상상력은 어렸을 때나 지금이나 많은 도움이 된다.

어쨌든 그해 3월 우리는 ERC 결승에서 템플대학과 겨루어 승리함으로써 NCAA 토너먼트 4강에 진출했다. 나는 1월에 세인트존스와 연장전까지 가는 접전 끝에 승리했던 일과 며칠 후 노스캐롤라이나를 꺾을 수 있었던 상황을 선수들에게 상기시켰다.

"비슷한 상황이라는 생각이 드는 까닭은 곧 현실이 될 것임을 알기 때문이다."

목표 공유하기

리더십을 발휘하는 데 목표는 매우 중요하다. 목표는 현실적이고 실행가능하며 팀원 모두가 공유하는 것이어야 한다. 혹자는 '공동common의 목표'라고 하지만 나는 '목표 공유하기shared'가 더 마음에 든다. 공유한다는 말이 좀 더 깊은 의미를 가지고 있다. '상대방과 협동하는 가운데 유대감이 형성된다'는 뜻이 내포되어 있기 때문이다. 유대감이 강해지면 팀원들은 서로가 동등한 위치에서 상부상조하게 된다. 물론 리더도 팀원에게 일방적일 필요가 없어진다.

프리시즌에는 팀의 유대감을 높이겠다는 나만의 목표를 달성하고자 팀원들에게 제안한다. 이를테면 4학년 크리스 캐러웰에게는 신입생 포인트가드 제이슨 윌리엄스와 가까이 지내라고 말한다. 제이슨은 코트 위에선 맥을 못 추니 크리스라면 그를 도울 수 있을 것이다. 물론 사이가 가까워야 가능한 얘기다.

1990년 초, 바비 헐리와 크리스찬 레이트너 그리고 그랜트 힐에게 이같이 요구한 적이 있었다. 당시 그랜트는 신입생이었다. 나는 바비와 크리스찬을 불러 그랜트가 특별한 재주꾼이라고 말했다.

"정말 멋진 친구야. 선배들에게 깍듯하게 대할 것이고, 줄도 잘 서리라 믿는다. 윗사람을 공경할 줄 알거든. 요즘 줄을 똑바로 서는 선수들은 흔치 않은데 말이야. 그랜트는 너희 둘을 보면서 '저건 선배들 팀'이라고 생각하겠지. 하지만 너희가 그랜트를 잘 챙기면서 그가 '이건 내 팀이기도 하다'라고 생각할 수 있도록 소속감을 심어 주도록 해라."

헐리와 레이트너를 투입함으로써 나는 이 두 사람이 내가 자신 있게 내놓을 수 있는 선수라는 것을 드러내 보였다. 감독으로서 일대일로 그랜트와 상대하는 것보다 선배들이 그를 더 잘 이끌 수 있으리라 생각하기도 했다. 그들은 내 제안을 받아들였고 힘껏 노력했다. 세 명은 곧 가까운 친구가 되었고 같이 지내는 시간이 많아졌다. 유대감은 강력한 팀워크와 코트 위의 승리를 가져왔다. 셋 사이의 끈끈한 정은 실로 엄청났다. 그들은 1991년 NCAA 토너먼트 우승을 이끌어 낸 주역으로 활약했다. 그 기반에는 프리시즌에 우리가 나눈 대화가 있었다. '나는 팀원과 함께다'라는 생각이 팀 전체에 큰 영향을 미친 것이다.

이들이 이끄는 팀은 다른 해의 팀들보다 훨씬 강한 유대감을 형성했다. 세 선수의 강력한 유대감이 있었기에, 시즌이 시작되기도 전에 전미 챔피언십 우승도 가능하겠다는 느낌이 왔다. 확실한 포인트가 있으면 나는 선수들에게 이길 가능성이 있다고 말해 준다. 그렇다고 자주 있는 일은 아니다.

승률이 높다고 해서 최종우승 가능성을 보장하는 것도 아니다. 사실 나는 단 한 번도 승률을 목표로 둔 적이 없다. 이는 팀의 잠재력을 갉아먹기 때문이다. 예를 들어 우리의 목표가 내년에 스무 경기를 이기고 NCAA 토너먼트에 진출하는 것이라 치자. 그런데 말 그대로 되었다면 그것으로 끝인가?

1991년, 나는 두 가지 목표를 위해 팀과 함께 열심히 노력했다. 설정한 목표들은 승패와는 아무런 상관이 없었다. "팀과 함께 노력했다"고 말한 까닭은 일단 목표가 정해지면 이를 팀이 이루어 갔기 때문이다. 목표를 달성하는 주체는 팀원 전체다. 우리의 목표는 항상 최선을 다하기 위해 협동하는 것이다.

그해 나는 팀원들에게 이렇게 말했다. "우리는 지금까지 없었던 최강의 수비팀이 될 수 있을 것이다. 이것이 두 가지 목표 중 하나다." 경기의 승패는 구체적으로 언급하지 않았다. 그러나 팀이 최강의 수비팀이 된다면 자연스레 매번 경기에서 우위를 선점하게 될 것이다. 또한 일 년 동안 20회 이겨야겠다고 구체적으로 목표를 세웠을 때보다 승률도 훨씬 높을 것이다.

1991년 NCAA 토너먼트의 우승을 거머쥔 후, 1992년에 재편성된 팀엔 접근 방법을 달리 했다. 듀크대로 복귀했을 때 팀원을 모두 불러 놓고 큰소리로 말했다.

"내년엔 챔피언십 반지를 제작할 것이다. 그 위엔 챔피언십 연속 우승이라는 글씨를 새겨 넣을 생각이다!" 선수들은 함성을 지르고 휘파람을 불면서 내년에 펼쳐질 일들을 상상하기 시작했다. 나는 그들에게 올해의 또 다른 목표는 항상 최선을 다해 뛰는 것이라고 덧붙였다.

"열심히 뛰지 않는다면 듀크대 유니폼을 입을 필요도, 코트에 나갈 필요도 없다. 여러분이 열심히만 해 준다면 뭐든지 도와주겠다."

열심히 협력하여 최강의 수비팀으로 거듭나며, 끈끈한 유대감을 지속하는 것이 그해 전체를 아우르는 '공유목표'였다. 언제든 이와 같은 목표에 꾸준히 집중한다면 놀라운 성과가 있을 것이다.

환경이 달라지면 그에 따라 목표도 수정돼야 한다. 또한 어떻게 진행되고 있는지 정기적으로 체크해야 하며, 잘한 일에는 격려와 칭찬을 아끼지 말아야 한다. 헐리와 레이트너가 힐과 함께 '환상의 트리오'가 되었을 때, 나는 그들의 등을 두드리며 격려해 주었다.

"헐리, 레이트너, 힐을 잘 도와주고 있구나. 앞으로도 열심히 하자."

세 사람의 관계 속에서 피어나는 열정은 정말 대단했다. 우리가 공유하던 목표 또한 그들이 노력을 쏟을 만한 것이었다. 이것은 내가 목표를 정할 때 고려하는 또 다른 원칙이다. '나의 목표에는 팀의 열정을 일으킬 만한 가치가 있어야 한다.' 이는 웨스트포인트에서 배웠던 신조다. 나는 이 말을 자주 떠올리는데, 특히 베트남전쟁을 돌이켜 볼 때 그렇다.

1969년 웨스트포인트를 졸업하고 콜로라도 주 포트 카슨의 야전포병 장교로 임관했는데 1972년, 베트남 파견명령이 떨어졌다. 그런데 군인들이 대거 철수하면서 나는 한국에 파견되었다. 그때 동기생 중 일부가 베트남전에서 목숨을 잃었다. 조국을 사랑했던 훌륭한 군인들이었기에 더욱 안타까웠다. 사관학교에선 승리하라고 가르쳤으나 그들의 열정은 베트남전에서 승리하려는 데 있지 않았다는 것이 분명해졌다. 자신만의 열정이 있었음에도 동기들에겐 항상 통제관이 붙어 다녔다.

그래서는 안 되었다고 생각한다. 나는 앞으로의 향방이 분명하지 않고, 양심에 따라 행동할 수 있는 자유도 허락되지 않는 팀의 리더가 되고 싶은 생각은 추호도 없다. 리더로서 팀원 모두가 열정이 충만하길 바란다면 그 열정을 적절히 발산할 수 있도록 조치를 취해주어야 하며, 도움이 되지 않는 행동들은 수정해야 한다. 다시 말해서 리더의 목표는 팀이 열정을 가질 만큼 가치가 있어야 한다는 얘기다.

베트남전에서 목숨을 잃은 동기들은 웨스트포인트 국립묘지에 묻혔다. 그들을 절대 잊을 수 없을 것이다. 그래서 나는 열여덟 살 내외의 우리 팀원에게 열정을 가지라고 주문할 때, 그들을 어디로 이끌든

종착지와 여정 모두가 가치 있는 것임을 보여 주는 데 만전을 기하려고 노력한다.

'시즌'이라는 여정

농구계에 몸담은 세월은 내 인생에서 빼 놓을 수 없는 부분이다. 매 시즌은 마치 평생의 여행과도 같다.

인생을 살면서 무슨 일이 닥칠지는 아무도 모른다. 몇 번의 불행과 경사가 삶을 지나쳐 갈 것이다. 그러나 무슨 일이 벌어지더라도 여행은 즐겨야 한다. 인생도 그렇다. 매일 내리는 이슬에 흠뻑 젖어 살아야 한다. 즉, 당초 계획에 너무 집착해서 그때그때 벌어지는 상황에 적응하지 못하는 일은 없어야 한다는 얘기다. 그럴 수 있다면 매년 성공을 기대할 수 있다.

시즌 내내 팀을 열정적이고 활기차게 이끌어야 한다.

기나긴 여정을 떠나야 한다.

떠나되 바른 길로 가야 한다.

또한 누군가와 함께 가야 한다.

여정을 함께 나누며 떠나야 한다.

그러면서 서로를 키워 주어야 한다.

상대방이 책임을 다하지 않을 땐 추궁해야 한다.

책임을 다할 땐 격려해 주어야 한다.

패배엔 실망하고 승리엔 기뻐할 줄 알아야 한다.

여정이란 이런 것이다.

정직하고 현실적인 것이다.

여정이란 단순한 승패의 문제도, 남들이 우리에게 거는 기대감도 아니다. 많은 사람들이 빠져드는 함정에 우리만큼은 빠지지 않을 것이다. 우리가 경기를 즐길 수 있는 이유다. 우리는 순수한 마음으로 경기에 임한다.

준비가 되었다면, 더 이상의 설명이 필요치 않다. 여행을 시작하자.

TIPS

· 문화를 적절히 일구고 양분과 관심 그리고 수분을 매일 공급한다면 경기 중에 강한 메시지로 상대의 가슴에 못질을 해야 할 때도 팀원 모두가 아무 불화 없이 이를 받아들일 수 있게 된다.

· 타인이 규정한 목표를 달성하려고 혼신의 노력을 기울인다면 좌절감을 달고 살 수밖에 없다. 자신만의 성공철학을 규정하라.

· 현재를 어떻게 보내느냐에 따라 리더의 향방이 결정된다. 그리고 이 '향방'이란 개념은 개인의 상황뿐 아니라 언제나, 어디에나 존재한다.

· 장기적인 전략은 경우에 따라 수정될 수 있기 때문에 팀원은 이에 대비해야 한다. 적응하는 법을 가르치라.

· 승리엔 철저한 준비가 뒤따른다.

· 목표는 현실적이고 실행 가능하며 팀원 모두가 공유하는 것이어야 한다.

· 승률을 목표로 두지 말라. 팀이 함께 따를 수 있는 목표를 정하라. 그러면 모든 게임에서 우위를 점할 수 있을 것이다.

· 발전여부를 정기적으로 체크하고, 잘한 일엔 격려와 칭찬을 아끼지 말라.

· 모든 목표에는 팀의 열정을 일으킬 만한 가치가 있어야 한다.

· 리더의 조치가 팀원의 열정을 발산하는 데 도움이 되지 않는다면 이를 수정해야 한다.

· 시즌은 여정과도 같다. 여정은 열정적이고 활기차게 보내야 하며 바른 길로 가야 한다.

REGULAR

레귤러 시즌

훌륭한 팀이 되려면 커뮤니케이션, 신뢰, 공동책임, 관심 그리고 자존심이라는
근본적인 자질 다섯 가지를 갖춰야 한다. 한 사람 한 사람도 물론 중요하지만 각자가 큰 힘을
발휘하기는 어렵다. 모두를 합쳐 놓아야 비로소 누구도 당할 수 없는 힘을 발휘하게 된다.
— Coach K

SEASON

교육

팀워크
·주먹이론
·커뮤니케이션
·신뢰
·공동책임
·관심 ·자존심

훈련과 계발
·눈으로 기억하고,
몸으로 이해하라
·객관적인 눈으로 자신을 보라
·사소한 것들
·창의력과 혁신적인 아이디어

우수성 — **가정** — **열정**

긍정의 힘
·디테일에 주목하라
·우리 앞엔 승리만 있다
·리더의 용기

결전의 날
·경기와 융통성
·느낌을 믿어라
·"다 탔나?"

동기

팀워크
Teamwork

혼자서는 할 수 없지만 팀은 할 수 있다. 개개인은 약하지만 모두가 하나로 뭉치면 강하다.

여럿이 느끼는 자신감은 한 사람이 느끼는 것보다 낫다.

상대방과 대면하는 것은 대치 상황과 같다. 대치는 진실을 직접 나누는 것을 의미한다.

—— *Coach K* ——

"잠깐, 동작 그만."

연습이 한창일 때 조용히 끼어들며 코트 위로 성큼성큼 걸어 나갔다. 그러고는 브라이언 데이비스를 지목했다.

"브라이언, 당장 대수술을 실시하겠다. 알겠나?"

"예?"

"엉덩이에 붙은 머리를 제거하는 수술 말이다."

일순간 체육관은 바늘 떨어지는 소리도 들릴 만큼 조용해졌고, 선수들은 긴장한 얼굴로 나를 쳐다보았다.

"자네가 내 수술을 도울 수도 있고, 나 혼자서 수술을 집행해도 된다. 선택은 네게 맡기겠다. 지금으로부터 30초 안에 자네 머리는 엉덩이에서 떨어져 나온다. 알겠나?"

"알겠습니다."

브라이언이 대답했다.

"넌 볼을 잡은 다음에 움직일 준비를 하는데, 동작들은 유연하게 연속적으로 해야지, 그렇게 따로따로 구분해서 하면 안 된다. 볼을 잡고 나서 생각하지 말고 볼을 잡으면서 생각하란 뜻이다. 알겠나?"

"예, 알겠습니다."

"머리는 농구에만 신경 써야 한다. 집중력을 잃어선 안 된다는 걸 잊지 마라. 이 말을 명심해서 연습해 봐."

선수들은 브라이언의 동작을 주시하면서 열심히 연습했다. 나는 그의 동작이 한결 나아지기를 기다렸다가 말했다.

"좋아, 이제 생각을 좀 하는구나! 생각하는 선수가 얼마나 돋보이는지 알고 있겠지? 난 머리 쓸 줄 아는 사람들을 좋아해. 너희들 모두 베스트플레이어가 되었으면 좋겠다. 너희들도 그렇지?"

"예!"

"좋아, 그렇다면 머리를 굴려 봐! 항상 생각하란 말이야."

연습이 끝나고 2분인지 20분인지가 지난 후에 브라이언이 볼을 멋지게 잡아내면 나는 또 추임새를 집어넣고 칭찬했다.

"좋아! 정말 믿을 수가 없어. 캠코더로 찍어 둘걸 그랬군! 수술은 대성공이야. 브라이언, 엉덩이에서 머리를 떼어 내니 기분이 어때?"

모든 선수가 웃음을 터뜨렸고 브라이언의 입가에도 미소가 번졌다.

연습이 끝난 후 어떤 일이 벌어질지 정확히 감이 잡혔다. 라커룸에 들어가자마자 선수들은 브라이언 주위에 모여서 이야기했을 것이다. 한 선수가 이렇게 말을 꺼낸다.

"브라이언, 감독님이 너무하신 거 아냐?"

그러면 브라이언이 이렇게 대답한다.

"응, 하지만 감독님 말씀이 옳아. 볼을 적절하게 캐치하지 못했고 동작이 엉성했어."

그러면 신입생 중 하나가 끼어들어 말한다.

"제 고등학교 때 감독님은 한 번도 그런 식으로 지적하신 적이 없었는데요?"

"넌 아직도 고등학생이냐?"

브라이언이 꼬집어서 이야기한다.

"우리는 감독님이 실수를 교정해 주기를 바라는 마음으로 임해야 하지 않겠어? 네가 클 수 있도록 지도해 주시길 기대해야지. 네가 성장하면 우리 팀도 성장하는 거니까."

'대수술 사건'이 있었을 때 나는 무슨 일이 어떻게 일어날지 정확히 알고 있었다. 사실 브라이언과 연습 전에 각본을 짰기 때문이다. 나는 사전에 그에게 이렇게 주문했다.

"너를 추궁할 때 그것을 미리 알고 있었다는 표시를 하면 절대 안 된다. 그리고 라커룸에 갔을 때도 불평불만하면서 욕하지 말고, 팀원들이 뭔가를 배울 수 있도록 도움을 주거라. 그러면 선수들도 너를 다르게 볼 거야."

당시 주장이었던 브라이언은 이에 흔쾌히 동의했다. 그는 1991-92년 팀의 주장이었으며 어린 선수들의 신뢰를 한 몸에 받았다. 자신도 어린 선수였으니 그럴 만도 했다. 어쨌든 이 사건은 감독뿐만 아니라 선수도 팀에 메시지를 전달할 수 있다는 것을 보여 주는 매우 효과적인 교육 수단이었다.

주먹이론

나는 팀원들을 다섯 손가락에 비유한다. 어떤 손가락은 작아서 주먹을 쥐기가 쉽고, 어떤 손가락은 너무 길어서 쥐는 데 시간이 걸린다. 또 아무리 긴 손가락이라도 주먹을 쥐지 않으면 주먹을 쥔 작은 손보다 약할 것이다. 다시 말해 재능이 뚜렷한 선수 다섯이 팀으로 똘똘 뭉치지 못한다면, 재능은 좀 떨어지더라도 한데 뭉친 팀보다 약할 거라는 얘기다.

어떤 손가락도 주먹 쥔 손을 이길 순 없다. 따라서 리더로서 나의 목표는 다섯 개의 손가락이 강력한 주먹을 만드는 뛰어난 팀을 만들어 내는 것이다. 선수들의 실력이 끊임없이 개선되어 레귤러시즌 마지막 경기를 우리의 베스트 경기로 만들기를 바란다. 그래서 나는 팀워크의 정체성을 확립하려고 노력한다. '팀 정신'이 자리 잡으면 팀의 정체성도 확립된다. 그러면 선수들은 마치 한 사람이 움직이듯 똘똘 뭉쳐서 경기에 임할 수 있게 되는 것이다.

훌륭한 팀이 되려면 커뮤니케이션, 신뢰, 공동책임, 관심 그리고 자존심이라는 근본적인 자질 다섯 가지를 갖춰야 한다. 한 사람 한 사람도 물론 중요하지만 각자가 큰 힘을 발휘하기는 어렵다. 모두를 합쳐 놓아야 비로소 누구도 당할 수 없는 힘을 발휘하게 된다. 나는 선수들에게 자주 이 말을 한다.

"혼자서는 할 수 없지만 팀은 할 수 있다. 개개인은 약하지만 모두가 하나로 뭉치면 강하다."

누구나 다 아는 사실이지만 실천하기는 매우 어렵다. 따라서 이를 행동에 옮기려면 생각을 통일하는 법을 배워야 한다. 모든 팀을 체력으로 이길 수는 없으나 생각만큼은 남보다 앞서야 한다. 물론 리더가 '머리 쓰는 일'을 가르친다는 것이 쉬운 일은 아니다. 그러나 뛰면서 생각한다는 것, 이것은 듀크대가 성공할 수 있는 비결이 되었다.

커뮤니케이션

사람들은 커뮤니케이션을 통해 생각하는 법을 배운다. 따라서 우리 프로그램에서는 공격과 수비뿐만 아니라 커뮤니케이션 시스템도 활용한다.

'주먹'의 첫 번째 자질인 효과적인 커뮤니케이션은 대화에서 나타난다. 그러나 사람들은 말하는 행위를 대수롭지 않게 여길 때가 너무 많다. 카페나 식탁 혹은 라커룸에서 사람들은 항상 누군가와 이야기 중이다. 그렇다고 업무 중에도 대화가 이루어질 것이라 생각해선 안 된다. 사실 비즈니스 세계에서는 업무시간보다 휴식시간에 더 많은 대화가 오간다.

리더는 팀원 간 대화를 권장해야 하며 팀원들에게 대화법을 가르쳐 주어야 한다. 믿거나 말거나 듀크대 농구팀은 신체훈련과 다를 것 없이 반복을 통해 선수들에게 대화를 가르친다. 예를 들어 보자.

감독이 개별적으로 수비풋워크 훈련을 실시할 때면 우리는 가상의 상황을 만들어서 감독이 볼을 갖고 있고, 팀원 중 하나가 감독을 마크한다. 이때 그는 수비풋워크를 연습하며 가상의 팀원에게 이렇게 말한다.

"오케이, 좋아, 나 여기 있어. 준비 됐어. 스크린 봐! 스크린! 거기 있어. 내가 들어갈게!"

또한 슈팅을 연습할 때는 선수에게 볼을 달라고 주문한다. 그러면 그가 습관대로 고함을 지르며 팔을 유연하게 위로 뻗는다. 일단 볼이 선수의 손에 닿으면 나머지 팀원들은 그 선수가 스스로 알아차리기도 전에 공격에 노출되었다는 사실을 깨달을 것이다. 그래서 그들은 "던져, 슛을 던져!"라고 외친다. 소통에 익숙해지도록 이런 훈련을 계속 반복한다.

코트 위에 서면 두 가지 버릇이 발동하는데, 이는 팀원들이 극복해야 할 것들이다. 첫째, 선수들은 교실에서 정숙해야 한다는 규칙에 익숙해져 있다. 둘째, 스트레스를 받는 상황에서는 입을 다물고 조용히 생각하거나, 혼잣말로 이를 해결하는 경우가 비일비재하다. 우리는 선수들이 입을 다물거나 혼자 중얼대지 않았으면 한다. 터놓고 말하거나 자신의 생각을 모두에게 알려 주면 좋겠다.

게임 상황에서는 커뮤니케이션이 원활해야 한다. 선수들이 상황에 즉각적으로 반응해야 하기 때문이다. 멈추어서 다음 동작을 결정할 만한 여유는 없다. 마치 잠시도 긴장을 늦출 수 없는 경영진처럼 한시라도 방심해선 안 된다. 상황에 발 빠르게 대응해야 중대한 득점 기회를 놓치지 않는다.

나는 선수들에게 쉬는 시간에도 머리를 맞대라고 조언한다. 그러면 그들은 연습경기든 실제 경기든 상관없이 돌려 말하지 않고 있는 그대로를 이야기한다. 일이 뒤틀리든 잘 되어 가든 상관없이 상황을 보자마자 즉시 서로에게 이야기하는 것이다. 그래야 문제가 발생하더라도 이를 즉시 수정하고 보완할 수 있다. 경기력이 탁월할 때는 다른 팀원으로부터 칭찬과 격려를 받을 것이다. 여기서 경기를 잘 풀어 가는 비결도 한 수 배울 수가 있다. 나는 여럿이 함께 나누는 자신감이 혼자서만 간직하는 자신감보다 낫다고 생각한다.

선수들이 모여서 이야기해야 하는 또 다른 이유는 내가 사이드라인에서 미처 파악하지 못한 것도 선수들은 볼 수 있기 때문이다. 감독의 시각은 선수들과 다르다. 따라서 경기장에서 선수들은 리더에게 적응할 시간이나 경청을 준비할 기회를 줘야 한다.

타임아웃시간에 선수들과 의견을 교환하는 것도 도움이 된다. 경험이 많은 베테랑 팀과는 수월하게 대화가 이루어진다. 그렇다고 새내기 팀에 효과가 없는 방식은 아니다. 감독이 선수에게 의견을 물으면 선수는 감독이 자신을 신뢰한다고 생각할 것이고, 그렇게 되면 더욱 강력한 팀으로 거듭날 수 있다. 이처럼 커뮤니케이션은 팀 전체에 서서히 스며드는데 감독뿐만 아니라 팀원 모두가 커뮤니케이션의 주체다.

많은 비즈니스 리더들이 "매출을 확 올리는 친구로 뽑아야겠네." 혹은 "'똑'소리 나는 회계사를 고용해야지."라고 하면서 기술적인 장점 하나만 보고 직원을 채용한다. 그러나 업무능력이 아무리 출중해도 자기중심적인 사람은 때때로 자신만의 섬에 고립되어 다른 팀원들은 신경도 쓰지 않는다. 나라면 자유투 성공률 90퍼센트라는 이유로 선수를 뽑진 않을 것이다. 성공률이 90퍼센트지만 팀 내에서 고립된 선수보다는 80퍼센트밖에 되지 않더라도 팀원들에게 말을 걸 줄 아는 선수를 선택하겠다.

듀크대 농구선수이자 1988년 전미 최고 수비수였던 빌리 킹은 외곽 슛이나 자유투를 잘하는 선수는 아니었다. 그러나 그는 수비에 도가 텄고, 게임을 이해했을 뿐만 아니라 커뮤니케이션의 달인이기도 했다. 팀 체제에선 커뮤니케이션 능력이 곧 기술력이기 때문에 빌리는 가장 탁월한 선수가 될 수 있었다.

빌리의 커뮤니케이션 능력은 조니 도킨스의 점프 슈팅 능력과도 맞먹었다. 그래서 나는 매년 열정을 가진 선수를 찾는 것과 마찬가지로, 커뮤니케이션의 달인을 찾는 데도 힘을 쓰고 있다.

신뢰

리더십을 발휘하려면 무엇보다 신뢰가 중요하다. 어떤 조직을 막론하고 성공을 빚어내기 위해서는 팀원들 사이에 신뢰가 있어야 한다. 따라서 나는 항상 솔직하다는 것을 팀원들에게 확신시켜 주려고 노력한다.

"나는 언제나 진실을 말한다. 어떤 상황에서든 여러분이 어디에 있는지, 무엇을 하고 있는지 말할 수 있고, 또 말할 것이다. 여러분이 잘하고 있는지, 언제 실수를 하는지도 말해 줄 것이다."

선수들은 내가 진실을 가능한 한 빨리 말해 준다는 것을 알고 있다. 나는 메모를 선호하는 사람이 아니라 얼굴 맞대고 말하는 것을 좋아하는 사람이다. 그러나 대부분 조직에서 일대일 커뮤니케이션은 그리 자주 눈에 띄진 않는다. 사실 비즈니스 세계에서는 가급적 삼가는 분위기다. 다수의 관리자들은 직접 추궁하는 것을 좋아하지 않는다. '원칙주의자'나 '일벌레'라는 꼬리표가 따르기 때문이다. 사람들은 서로를 믿거나 마음 여는 일을 어려워한다. 진실은 받아들이는 사람에겐 삼키기 힘든 약 같은 존재이기 때문이다. 진실을 말하는 쪽도 힘든 건 마찬가지다.

그러나 나는 대면하는 것이 바람직하다고 생각한다. 일대일의 직설적인 대화는 보통 두려움이나 자신감 부족과 같은 방해물을 극복하기 위한 수단으로 여겨진다. 그렇다고 해서 리더가 감싸 주기만 한다면 이를 절대로 극복할 수가 없다. 만약 조니 도킨스가 중요한 게임에서 슛을 네 번이나 연달아 놓친다면 나는 그를 불러서 이렇게 말할 것이다.

"조니, 다음번에도 슛을 쏴. 확신을 가지란 말이야. 다음엔 꼭 성공할 거야."

나는 선수들이 지난 일에 너무 괴로워하지 않기를 바란다. 경기 때마다 새로운 마음을 가져야 하기 때문이다. 나는 조니에게 다섯 번째 슛을 첫 슛처럼 던지라고 말할 것이다.

비즈니스도 마찬가지다. 회사에서 실적이 가장 좋던 세일즈맨이 네 번 연속으로 2위에 머문다면 상급자는 이에 어떻게 대처해야 할까? 그저 무시하고 넘어가면 되는가? 아니면 "2위라도 해서 고맙네."라고 말해야 할까? 아니면 옆에 앉아서 그에게 격려와 자신감을 심어 주겠는가? 나라면 이렇게 말했을 것이다.

"자네가 그보다는 더 잘할 수 있으리라 생각하네. 실망하지 말고 두려워하지도 말게. 내가 자네 뒤에 있다는 걸 기억하라고. 다시 한 번 해 봐. 처음 시작하듯 말이야."

상대방과 대면하는 것은 대치confrontation 상황과 같다. 사실 대치는 진실을 직접 나누는 것을 의미한다. 진정한 친구라면 힘든 일이라도 서로에게 털어놓을 것이다.

바쁘게 돌아가는 기업 환경에서 경영진들에게는 빠른 일처리가 무엇보다 중요하다. 특히 팀의 실적을 떨어뜨릴 만한 문제라면 더욱 신속히 처리해야 한다. 실적의 하락이나 업무 불이행을 그대로 둔다면 조직은 목표를 달성하지 못할 것이다. 이런 상황에선 기업이 경쟁 때문이 아니라 구성원 때문에 실패하는 것이다.

팀원 때문에 듀크대가 자멸하는 상황은 절대 오지 않기를 바란다. 그래서 팀원들이 얼굴을 맞대고 직접 대면할 수 있을 만큼 대담해지면 좋겠다. 우리의 성공 비결은 서로에 대한 신뢰다. 우리는 진실에 집중하고 서로의 눈을 응시하며 팀에 보탬이 되도록 노력한다. 일단 상대와 대면이 이루어지면 유대가 끊기는 일은 없다. 이미 신뢰를 바탕으로 인간관계가 탄탄해져 있기 때문이다.

공동책임

대니 페리가 4학년이었던 1989년의 경기는 잊을 수가 없다. 듀크대는 뉴저지 주 메도우랜드에서 애리조나와 열띤 경기를 벌이고 있었다. 내겐 아주 특별한 의미를 가진 경기였다. 경기가 종료될 때까지 모든 선수들이 그야말로 혼신을 다했다. 경기 종료 1초 전에 상대편의 파울로 1학년인 크리스찬 레이트너에게 자유투 기회가 주어졌다. 75대 77, 두 점 차로 지고 있었는데 만일 크리스찬이 첫 번째 슛을 성공시키고, 두 번째도 넣는다면 동점을 만들 수 있었다. 그러나 첫 번째 슛을 넣지 못한다면 두 번째 슛은 쏠 기회조차 없어지기 때문에 패배를 인정해야 했다.

크리스찬이 자유투 라인에 혼자 섰을 때, 모든 시선이 그에게 집중되었다. 그가 드디어 슛을 던졌고 볼은 백보드를 맞고 나갔다. 결국 애리조나가 리바운드를 잡아서 우린 아쉽게 패배했다.

종료 휘슬이 울리자 대니 페리와 퀸 스나이더는 풀이 죽은 크리스찬에게 달려가 그의 어깨를 감싸 주었다. 나머지 선수들도 그를 위로했다. 선수들이 보여 준 행동 중에서 나는 대니의 행동이 특히 자랑스러웠다. 대니는 그해 내셔널 플레이어 후보였는데 경기에 지는 바람에 그 영광은 애리조나의 손 엘리엇에게 돌아가 버렸다. 우리가 이겼더라면 대니가 내셔널 플레이어가 되었을 것이다. 그러나 우리 팀의 어느 누구에게서도 자기중심적인 언행을 찾을 수 없었다. 그때 퀸 스나이더가 했던 말이 인상 깊다.

"크리스찬, 걱정하지 마. 이겨도 함께 이기고, 져도 함께 지는 거야."

나는 선수들이 크리스찬에게 달려가 위로하던 순간이 전미 챔피언십 토너먼트 우승보다 더 값지다고 생각한다. 이로써 선수들은 가장 훌륭한 공동책임의 모범을 보인 것이다. 그렇게 하라고 시킨 적도 없다. "얘들아, 크리스찬을 도와줘라."라고 말하지 않았다. 나는 그저 바라보기만 했다.

우리는 때때로 진흙 웅덩이를 밟을 때가 있다. 실수는 누구나 한다. 훌륭한 팀을 만들고 싶다면 팀원이 일을 완벽하게 처리하지 못했을 때 이를 변명하려 하거나 손가락질해서는 안 된다. 손가락질을 하면 손가락 하나가 앞으로 나가게 되어 주먹을 쥐지 않은 것과 같은 모양이 된다. 혼자 나가 있는 손가락은 쉽게 부러지고 만다.

혼자 이기는 것을 좋아하는 사람도 있고, 팀이 패배한 원인을 캐려는 사람도 있다. 그들은 "다른 사람 책임입니다." 혹은 "제 잘못이 아닙니다."라고 발뺌할 것이다. 그러나 주먹을 꼭 움켜쥐기 위한 핵심 요소 중 하나는 팀으로서 자신의 행동에 책임을 지는 것이다. 각 팀원은 무슨 일이 벌어지더라도 그것은 우리의 일이라는 걸 깨달아야 한다.

"우리는 함께 이기고 함께 지며, 훌륭한 팀은 함께 책임진다."

이것이 내 결론이다.

관심

애리조나와의 경기가 끝났을 때 선수들은 네 번째 자질인 관심을 몸소 보여 주었다.

종료 휘슬이 울리자 벤치에 있던 후보 선수들도 크리스찬에게 달려갔는데 이는 그들이 크리스찬에게 얼마나 관심을 갖고 있는지를 보여 주는 대목이었다. 사람 대 사람으로, 친구와 선수 그리고 팀원으로 그를 대했던 것이다. 팀원들의 격려가 있었기에 남은 기간 크리스찬의 행동에도 큰 변화가 일어났다. 1989년 한 해의 자유투 성공률이 90퍼센트를 넘어섰던 것이다.

크리스찬이 일찍이 패배를 만회할 수 있었던 이유는 팀원들의 격려를 받아서였기도 하지만 결정적인 이유는 그들의 눈에서 뭔가를 보았기 때문이었다. 패배 이후에 팀원들이 서로의 눈에서 연민과 공감을 발견할 수 있다면 곧 성공적인 팀이 될 수 있다.

아내 미키는 가끔 선수들을 개인적으로 지도하거나 서로 대화할 수 있도록 한 명씩 집으로 초대하라고 말한다. 나는 아무리 바빠도 우리가 '한 식구'라는 인상을 줄 수 있도록 선수와 함께하는 시간을 낸다. 따로 시간을 내서 만난다는 것은 상대방에게 관심이 있다는 증거가 된다. 이때 여럿보다는 한 사람과 만나는 게 더 효과적이다.

하지만 관심은 한마디로 표현할 수 없다. "인간으로서 관심이 있다."는 말로는 부족하다. "경기에 관심을 쏟는다." 또한 마찬가지다. 나는 선수 개개인, 팀, 팀의 행동, 높은 경기력, 최고의 기량뿐만 아니라 승리 혹은 최선을 다하는 태도에도 관심을 갖는다.

이런 관심은 자극제가 되어 행동을 이끌어 낸다. 선수들은 '동료와 농구가 좋아서 이 일을 할 수밖에 없지.'라고 생각하면서 열심히 뛰고 더욱 분발한다. 관심은 팀의 의욕을 최상으로 끌어올린다.

자존심

어머니는 무슨 일이든 최선을 다하셨다. 초코칩 쿠키를 만드는 것처럼 단순한 일도 대충 하시는 법이 없었다. 어렸을 때 가난한 살림에도 불구하고 어머니는 쿠키에 초코칩 세 개를 넣으셨다. 나중에는 초코칩이 한 개 더 늘었다. 만약 쿠키에 초코칩이 두 개밖에 없다면 그것은 어머니 작품이 아니다. 어머니의 이름을 걸고 나오면 무엇이든 제대로 된 결과물이 나왔다.

나는 어머니의 행동으로부터 원칙 하나를 발견했다. 모든 일에 이름을 걸면 해내고 싶은 마음이 들 뿐만 아니라 반드시 해낼 수 있다는 것이다. 이것이 바로 다섯 번째 자질인 자존심이다.

웨스트포인트에서 포인트가드로 활동했을 때, 내가 패스하던 볼에는 '윌슨Wilson'이란 상표명이 아니라 바로 내 이름 '슈셉스키'가 쓰여 있었다. 패스를 실수했다면 내가 책임을 져야 한다. 반면에 패스를 기막히게 잘했다면 상대방도 이를 잘 받을 것이다. 그러니 루스볼 파울을 내도 '윌슨'이 아니라, 나 '슈셉스키'에게 책임이 있는 것이다. 그래서 나는 마치 내 소중한 재산이라도 되는 듯 악착같이 볼을 쫓아 다녔다.

선수들에게 자존심이 없다고 생각될 때나 루스볼에 달라붙지 않을 때, 혹은 리바운드에 몸을 던지지 않을 때마다 나는 어머니 가 75세 때 겪은 일을 이야기해 주곤 한다.

어느 날 오후, 어머니가 버스에서 내려 집으로 가고 계셨다. 그런 데 십대 소년 셋이 어머니에게 달려들어 핸드백을 뺏으려 했다. 대부 분은 그런 상황에서 저항하지 않는다. "자, 여기 있다. 돈은 가져가고 나는 건드리지 마라."라고 말할 것이다. 그러나 어머니는 그렇게 하 지 않으셨다. 지갑을 단단히 쥐고 계셨다고 한다. 그건 어머니 것이 니 그러는 게 당연하다. 지갑을 놓고 한참 실랑이가 벌어지자, 아이 들은 이 할머니가 지갑을 내주지 않으리란 것을 깨닫고 그냥 달아나 버렸다.

나는 이 이야기를 선수들에게 들려주고는 이렇게 말한다.

"75세 할머니도 지갑을 뺏기지 않으려고 그렇게 악착같이 달라 붙는데 아직 19, 20살인 너희들이 어떻게 루스볼에 달려들지 않을 수가 있으며, 리바운드를 잡지 않을 수가 있지? 부끄러운 줄 알아라. '코트 위의 볼은 듀크대의 볼'이라는 자존심이 없다면 훌륭한 팀이 될 수 없다. 패스할 땐 아메이커가, 공중에 뜬 볼이 후프에 들어가지 않으면 앨러리가 이름을 걸어야 한다. 또한 셰인 옆으로 볼이 빠진다 면 그것은 셰인의 볼이 되는 셈이다."

매 동작마다 자신의 이름을 걸어야 한다고 믿을 때 최강의 팀으로

부상할 수 있다. 나아가 '듀크'라는 이름을 걸고 플레이한다면 모든 동작에 금지를 갖게 될 것이다.

효과적인 팀워크를 말할 때 커뮤니케이션, 신뢰, 공동책임, 관심, 자존심이라는 다섯 가지 자질은 기술적인 지식보다도 중요하다.

리더 중 다수는 기술적인 측면에만 집중하는 경향이 있다. 농구계의 감독들은 "몸을 만들어야 해." 혹은 "최고의 경기력을 선보여야 한다.", "수비에 치중해야 해."라고들 한다. 물론 중요한 이야기다. 리더라면 그러는 게 당연하다. 그러나 다섯 가지 자질이 한데 뭉쳐야 기술적인 측면도 빛을 발하게 되는 것이다.

이는 선수들 각자의 기술이나 재능보다 더 중요하다. 별 볼 일 없는 소기업도 똘똘 뭉치면 능력은 출중하나 따로 노는 대기업 부럽지 않은 법이다. 자산규모 40억 달러인 기업의 인재들이 개인플레이를 하고 있다면, 그들이 한데 뭉치기만 해도 100억 달러 기업으로 성장할 수 있다.

리더는 팀의 '주먹'이 꼭 쥐어져 있는지 끊임없이 모니터해야 한다. 주먹이 흐트러지기 시작할 때 경기에 임한다면 손가락 하나쯤은 쉽게 부러질 수 있기 때문에 패배할 수밖에 없다.

또한 지금 주먹이 쥐어진 상태라고 해도 쉽게 마음을 놓아서는 안된다. 어떤 일에도 영향을 받을 수 있기 때문이다. 이를테면 아내가 임신할 수도 있고, 출산했는데 난산일 수도 있다. 친구가 아플 때도 있고, 가족 중 누군가가 세상을 떠날 수도 있으며 화재가 날 수도 있다. 리더가 예상치 못한 일이 언제든지 벌어질 수 있다. 선수의 기술에 관심을 가지는 만큼 그런 상황에도 관심을 기울여야 한다.

꼭 쥔 주먹처럼 팀이 똘똘 뭉쳐서 잘 돌아가고 있을 때는 어느 한 사람의 힘이 빠져도 나머지 선수들이 이를 보완할 수 있다. 한 손가락이 약해지면 나머지 네 손가락이 굳게 뭉쳐서 흐트러진 유대감을 더욱 단단하게 만들 수 있다는 얘기다. 경쟁 상황만을 전제하는 것이 아니라 모든 상황을 통틀어도 그렇다.

선수들이 토요일 새벽 2시에 파티를 즐기고 있다고 치자. 술을 마시고 있는데 어디선가 마약이 나왔다면 마음이 약해진 사람은 유혹을 받을 수도 있다. 그러나 그들이 진짜 한 팀이라면 다른 선수들이 상황을 눈치채고 그 친구에게 다가가서 이렇게 말할 것이다.

"안 돼, 저건 우리 몫이 아냐. 여기서 나가자."

혼자 있을 때도 마찬가지다. 팀 전체의 승패가 자신의 처신에 좌우된다는 사실을 알고 있다면 일단 멈추고 다시 생각해 볼 것이다. 팀워크를 구축하기 위한 목표 중 하나는 팀원들로 하여금 자신이 팀의 일원이라는 것을 한시라도 잊지 않게 하는 것이다.

훌륭한 선수는 자신에게 재능이 있다는 것을 알고 있다. 그러나 위대한 선수는 훌륭한 선수들이 자신과 함께 해 주어야만 성취를 이뤄 낼 수 있다는 사실을 깨달은 사람이다.

마이클 조던은 스카티 피펜과 존 팩슨과 같은 인재가 팀에 필요하다는 것을 이해하고 있었다. 미라클스 The Miracles, R&B 보컬 그룹가 없었다면 스모키 로빈슨은 신인시절 대성할 수 없었을 것이다. 그들은 팀의 수준이 어느 정도는 돼야 자신의 역량을 펼칠 수 있고 더 발전할 수 있다고 믿었다.

팀워크에 관한 나의 철학을 묻는다면 내게 귀 기울일 사람 누구에게나 간단하고 솔직하게 대답할 것이다.

"둘이 하나이듯 움직여야 하나보다 나은 법이다. 이 말을 이해했다면 팀 전체가 하나가 되었을 때 그들의 저력을 한번 상상해 보라."

COACH K TIPS

· 주먹을 쥔 손이 아무리 작더라도 손가락 하나쯤은 거뜬히 이길 수 있다.
  리더로서 나의 목표는 주먹을 꼭 쥐어 강력한 팀을 만드는 것이다.

· 상황에 발 빠르게 대응해야 중대한 득점 기회를 놓치지 않는다.

· 여럿이 느끼는 자신감은 한 사람이 느끼는 것보다 낫다.

· 기술적인 장점 하나만 보고 사람을 선택해선 안 된다. 그가 팀원으로서
  일할 수 있을지를 염두에 두라.

· 커뮤니케이션 능력은 기술력만큼이나 중요하다.

· 항상 커뮤니케이션의 달인을 찾으라.

· 리더십을 발휘하려면 신뢰가 가장 중요하다.

· 대치는 바람직한 것이다. 진실을 정면으로 부딪쳐야 하는 상황이 바로
  '대치 상황'이다.

· '다섯 번째 슛을 처음 하듯 던지라'는 원칙을 가르치라.

· 훌륭한 팀은 함께 책임진다.

· 이겨도 함께 이기고 져도 함께 진다.

· 관심이 있다면 팀의 의욕은 매우 높아질 수 있다.

· 부리나케 쫓아가는 루스볼에 자신의 이름이 새겨져 있다고 믿으라.

· 둘이 하나이듯 움직여야 하나보다 나은 법이다.

훈련과 계발
Training And Development

감독이 얼마만큼 아느냐보다는 선수들이 코트에서 어떻게 뛰느냐가 더 중요하다.

화분에 씨앗을 심으면 화분의 크기만큼 자란다.
그러나 탁 트인 공간에 마음껏 자랄 수 있는 환경을 만들어 주면
스무 개의 화분도 모자랄 정도로 크게 자랄 것이다.

—— *Coach K* ——

현재 스코어는 69대 72로 원정팀이 앞서고 있다. 그런데 그들에게 자유투의 기회가 주어졌다. 앞으로 남은 시간은 48초.

숏이 성공한다면 우리는 두 골 차로 뒤지게 된다. 만약 실패한다고 해도 여전히 3점 차로 뒤진다. 2점숏을 두 번은 성공시켜야 이길 수 있는 상황이다. 결국 볼은 튕겨 나왔다. 숏이 실패한 것이다. 로션 맥레오드가 리바운드를 잡고 보에치에코브스키에게 패스했다.

보조가 어떤 판단을 할까? 당시의 나는 그게 궁금했다. 3점숏 라

인으로 달려갈까? 아니면 리스크가 적은 2점슛을 날리고서 볼을 다시 뺏을 기회를 노릴까? 타임아웃을 요청할 필요는 없다고 생각했다. 듀크대는 체력뿐만 아니라 집중력도 강했다. 그래서 그냥 지켜보기로 했다.

보조는 드리블을 하며 코트 위를 쏜살같이 달렸다. 표정을 보니 보조의 심중을 파악할 수 있었다. '질러 보는 거야, 질러 보자고. 3점슛을 날려 버리자.' 아마 속으로 이렇게 말하고 있었을 것이다. 그는 패스도 없이 3점슛 라인으로 돌진하더니 볼을 던졌다. 그러나 실패하고 말았다. 원정팀 선수가 리바운드를 잡았으나 곧 파울이 선언되어 경기가 잠시 중단되었다. 상황은 더욱 불리해졌고 종료까지는 약 10초가 남아 있었다.

"좋아, 잠깐 중지!"

내가 말했다. 모의연습 동안 골대 뒤에 서 있던 나는 파울라인 쪽으로 성큼성큼 걸어가며 선수들을 모두 불렀다.

"보조, 무슨 생각을 한 거지?"

"3점슛을 쏴야겠다고 생각했어요. 이기고 싶어서요."

"이기고 싶다는 건 나도 안다. 하지만 무작정 달려가서 슛을 쏘는 것 외에도 이기는 방법은 얼마든지 있다."

이때 군대에서 배웠던 이야기를 꺼냈다.

"언덕 위에 기관총 한 대가 서 있다고 치자. 사수는 지금 너와 동료들을 조준하고 있다. 그 기관총을 차지해야 한다면 어떻게 하겠나? 혼자 언덕 위를 쌩하니 달려가서 '적을 괴멸시키고 싶다!'라고 하면 그만인가? 아마 네 몸은 기관총에 벌집이 될 것이다."

"예."

"죽을 거란 얘기다. '그래도 괜찮아. 어쨌든 최선은 다했으니까.' 라고 생각하면 된다는 말인가? 천만에, 네 목숨도 중요하지만 너 하나 때문에 아군의 목숨도 위태로워지게 된다. 그렇지?"

"예, 그렇습니다."

"그렇다면 기관총을 어떻게 차지해야 하지?"

나는 웅변하듯 선수들에게 물었다.

"옆길로 숨어서 가도 되겠지? 소대원을 전원 출동시키거나 집단 사격으로 주의를 딴 데로 돌릴 수도 있고, 폭탄을 투하하도록 공군에 요청해도 된다. 굳이 목숨을 내놓거나 아군을 곤경에 빠뜨리지 않고도 방법은 얼마든지 있다. 하지만 아깐 모두가 위험에 빠지고 말았어. 알겠지, 보조? 모두들 알겠나?"

모두 알아들었다는 듯 고개를 끄덕였다. 나는 다시 골대 뒤에 자리를 잡았다.

"좋아, 다시 해 보자."

눈으로 기억하고, 몸으로 이해하라

보조의 게임 시뮬레이션에는 나만의 훈련과 성장법이 정확히 나타나 있다. 나는 팀의 효율성을 높이는 훈련을 실시함으로써 실전에 강한 팀을 만들기 위해 부단히 노력한다. 가르칠 때 내가 주로 도입하는 개념은 간단한 문장으로 표현할 수 있다.

"듣기만 하면 잊어버린다. 눈으로 보며 기억하고, 몸으로 뛰며 이해하라."

내가 팀원들에게 강조하는 말이 그들에게 얼마나 중요하든 간에 듣기만 한 내용은 대부분 머릿속에서 지워지게 마련이다. 각자의 행동을 담은 영상을 검토하는 과정은 그래서 중요하다. 본 것은 더 오래 기억에 남기 때문이다. 그러나 팀 훈련 시 가장 중요한 것은 선수들이 몸으로 뛰고 머리로 이해하는 것이다.

그것이 우리가 모든 연습을 실전처럼 반복하는 이유다. 반복은 선수들의 신체적 습관을 다듬고 그들이 실전에서 역량을 최대한 발휘할 수 있도록 한다. 팀은 보고, 듣고, 행동에 옮길 것이다.

팀원들과 연습할 때면 나는 어김없이 만반의 준비가 되어 있다. 일단 훈련지침을 한 페이지에 정리해 두고 선수들에게 지적하고 싶은 사항과 이를 전달할 곳까지 결정한다. 예를 들면 라커룸, 코트 한복판, 벤치, 골대 밑 등 구체적인 장소를 생각해 둔다. 장소를 바꾸면 환경이 바뀌면서 선수들의 집중력도 높아지고, 전달하는 내용은 자연히 기억 속에 훨씬 오래 남는다.

얼마나 길게 이야기할 것인지도 빼 놓지 않고 고려한다. 연습시간이 7분이라면 설명은 4분까지 끌어선 안 된다. 나도 허겁지겁 설명하고 싶진 않지만, 이야기에는 1분만 쓰고 나머지 6분은 '듣기'보다는 '몸으로 뛰기'에 집중한다.

연습할 때는 팀 전체가 열심히 머리를 쓰면서 팀워크를 발휘하도록 가르친다. 경기 내내 열심히 뛰는 팀은 거의 없다. 대부분 직장인들이 근무시간 내내 열중해서 일하지는 않는 것과 같은 이치다. 천부적인 재능은 차치하고 상대편을 가장 위협하는 것은 바로 팀워크, 그리고 끝까지 뛰는 뚝심이다. 게임 내내 지치지 않고 뛰는 팀을 맞닥뜨리면 이런 생각이 저절로 들 것이다. '또 달려드네! 도대체 이 팀은 지칠 줄을 모르는군. 이번엔 또 어떻게 나오려나? 우린 어떻게 대처

해야 하지?'

연습의 효율성을 극대화하는 또 다른 방법은 연습이 끝날 때까지 내가 팀과 함께 줄곧 코트 위에 있는 것이다. 일부 감독들은 훈련을 시키고 바로 어디론가 사라져 버리는 경우가 있다. 그러나 팀이 제대로 훈련하길 바란다면 그 정도로는 부족하다. 연습 내내 팀과 함께 있어야 선수들이 잘하고 있는지 알 수 있다. 연습내용만 지적해 주고 선수들이 알아서 잘하리라 기대해선 안 된다.

감독이라는 직업의 매력 중 하나는 매일이 새롭다는 것이다. 연습도 마찬가지다. 연습계획을 짜면 끝까지 밀고 나갔던 적이 있었다. 그땐 스케줄이 약간만 늦어져도 화가 났다. 그러나 세월이 흐르면서 좀 더 융통성을 발휘해야 한다는 교훈을 터득하게 되었다. 지금은 좀 더 지혜롭게, 좀 더 혁신적으로 지도하고 싶다. 연습 시 돌발 상황이 발생하면 주저하지 않고 스케줄을 바꾼다. 지금은 스케줄을 참고용으로만 활용하고 있다.

감독은 '박학다식'해야 할지도 모른다. 그러나 선수들이 감독의 지식을 행동으로 옮길 수 없다면 감독이 아는 게 많다는 것이 무슨 소용이 있겠는가? 감독이 얼마만큼 아느냐보다는 선수들이 코트에서 어떻게 뛰느냐가 더 중요하다. 또한 연습도 실전처럼 열심히 한다면 실제 경기에서도 멋진 경기를 펼칠 수 있을 것이다. 따라서 우리는 항상 실전이라는 생각으로 연습한다.

연습 때도 스코어를 매기고 전후반전 종료, 파울, 타임아웃 등의 상황에 대처하는 훈련을 한다. 그렇다, 타임아웃까지도 그대로 이행한다. 쉬는 동안 선수들이 물을 마시고 있을 때 내가 특정상황을 설정하거나 숙지사항을 전달하기도 한다. 그 후에 선수들은 코트로 다시 돌아간다. 연습이 한창 무르익어 숨을 헐떡거릴 때면 자유투 연습으로 전환하기도 한다. 하지만 연습 중에 휘슬은 절대로 불지 않는다. 실전에서 내 목소리에 익숙하게 반응할 수 있도록 하기 위한 조처다.

휘슬은 마치 목발과도 같아서 이를 사용할 때는 두 다리로 서 있는 것 같지가 않다. 게다가 휘슬은 선수들과 나 사이의 거리감을 벌린다. 거리감을 갖게 하는 것은 무엇이든 차단해야 한다는 게 내 신조다. 그래서 이메일이나 음성메시지, 혹은 메모도 잘 남기지 않는다. 그것들에게선 인간미를 찾아볼 수가 없으니 인간관계를 더욱 가깝게 만들 리 만무하다. 그저 함께 앉아서 이야기하는 게 내 스타일이다.

우리는 실전에서 벌어질 수 있는 일이라면 그게 얼마나 사소한 일이든 연습에서 충분히 다룬다. 그러면 실제 경기에서 이길 가능성이 더 높아진다. 승리할 기회를 항상 쥐고 있는 것 또한 내 목표 중 하나다.

객관적인 눈으로 자신을 보라

선수들이 자기 자신을 객관적으로 볼 수 있기를 바란다. 자신이 생각하는 자아상보다는 객관적인 자아상을 아는 것이 중요하다. 한 걸음 물러나 자신의 행동을 볼 수 있다면 스스로의 장단점을 파악할 수 있을 것이다.

그래서 비디오촬영은 우리 팀에서 아주 중요한 역할을 한다. 영상에 담긴 자신의 모습을 보면 선수들은 좀 더 분발하려고 노력한다. 그러면 각자의 개인기분 아니라 팀 전체의 실력도 동반상승한다.

연습 전 수석 매니저를 불러서 한 선수의 연습을 15분 정도 촬영해 달라고 부탁한다. 그러면 매니저가 사전 고지 없이 모든 선수들을 한두 번 정도 찍어 둔다. 연습이 끝난 후 모두 함께 앉아 그 영상들을 돌려 보는데, 그 결과 선수들은 영상에 담긴 자신의 모습에 실망하고 싶지 않아서 평소의 연습 때도 최선을 다한다.

우린 연습이나 경기가 끝날 때마다 영상을 보기로 했다. 카메라가 보여 주는 진실에 대응하는 데 익숙해지길 바랐기 때문이다. 연습 중 내가 맷 크리스텐슨에게 수비를 잘 못했다고 말했다 치자. 그러면 그는 "알겠습니다."라고 대답하지만 속으로는 '감독님은 도대체 뭘 원하는 거야? 수비엔 이상이 없었는데.'라고 생각할 수도 있다. 그러나 함께 영상을 보면 그땐 '감독님 말씀이 맞네. 수비를 제대로 못했구나.' 하고 스스로 알아차리게 된다. 그 과정을 통해 그는 자신의 행동에 좀 더 책임감을 갖게 될 것이다. 거기서 그치는 게 아니라, "수비를 잘하려면 어떻게 해야 할까요?" 하고 물으며 배움의 의지를 불태울 수도 있다.

경기 도중 네이트 제임스가 리바운드를 환상적으로 잡아내는 장면을 부드러운 어조로 언급하는 일도 있을 것이다. 그러고 나서 팀원이 함께 영상을 볼 때면 어김없이 네이트의 탁월한 개인기를 칭찬한다. 영상에 담긴 자신의 멋진 모습을 싫어할 사람은 아무도 없다. 특히 동료들 앞에서 칭찬을 들을 땐 기분이 환상일 것이다.

객관적으로 자신의 모습을 본다는 것이 항상 유쾌한 일은 아니다. 그러나 좋든 싫든, 내키지 않더라도 사실임엔 틀림없다. 가끔은 진실이 가혹할 때도 있다. 바비 헐리와 함께 영상을 봤을 때가 그랬다.

여태까지 내가 키운 선수 중에서 바비만큼 강력한 인상을 주는 선수는 없었다. 그가 보여 주는 자신감과 결의는 말로 표현할 수 없을 정도다. 범상치 않은 표정을 짓고 나서는 백패스와 장거리 슛을 주저하지 않았다. 그러면 주위 동료들도 거기에서 에너지를 얻었다. 그의 얼굴은 곧 열정을 표출하는 창이었다. 잘 닦인 바비의 창은 우리 모두를 더 나은 상태로 만들어 주었다.

그러나 그가 어떤 일에 심통을 부리면 자신뿐만 아니라 팀 전체의 열정도 사그라졌다. 초년시절 바비는 자신의 감정을 숨김없이 말하곤 했다. 코트에서 입을 삐쭉거리며 주심의 판정에 토를 달 때도 종종 있었는데, 이러한 행동 때문에 팀원들이 자주 혼란에 빠졌다.

그래서 하루는 경기 중 약 5분 정도를 바비의 표정만 영상에 담았다. 그러고는 그를 앉혀 놓고 그의 표정이 나와 팀 동료들에게 어떻게 비쳤는지를 보여 주었다. 바비는 입을 삐쭉 내밀고 투덜거리며 삿대질하고, 고개를 떨어뜨리며 격분하는 자신의 모습을 보았다. 영상이 끝난 후에 나는 그에게 다가가 조용히 말을 건넸다.

"바비, 동료들에게 이런 메시지를 전달하고 싶었나?"

감정적인 태도가 자기발전에 얼마나 걸림돌이 되고 있는지를 그가 완전히 깨달았다고는 생각하지 않는다. 화면을 보기도 민망했겠지만 그래도 바비는 그 일을 교훈 삼아 대학팀 최고의 포인트가드가 되었다. 또한 듀크대가 챔피언십 토너먼트 우승을 두 차례나 차지하는 데 앞장서기도 했다.

크리스찬을 상대할 때는 바비를 상대할 때와 접근방법을 달리했다. 시즌이 끝나갈 무렵 크리스찬은 노스캐롤라이나와의 경기에서 특히 부진한 모습을 보였다. 그래서 나는 영상을 편집하여 '크리스찬 특집 3분 다큐멘터리'를 만들었고, 라커룸에 선수들을 집합시켰다.

그러고는 문을 닫고 영상을 틀었다.

영상을 다 보고 나서 나는 크리스찬의 눈을 뚫어져라 쳐다보며 말했다.

"너의 표정이나 목소리, 행동, 어느 것도 봐줄 만한 구석이 없어! 넌 불량선수야. 너를 괜찮은 선수라고 생각하고 있었는데 그 모양이니 아주 실망스러워. 넌 없어서는 안 될 팀원이란 걸 명심해라. 또 불량스런 모습을 보여 줬다간 다시는 경기에 내보내지 않을 거야. 믿기지 않는다면 날 시험해도 좋다. 우리 모두가 자신과의 싸움에서 지게 내버려 두진 않을 테니."

그러자 그는 동료 선수들 앞에서 내 눈을 응시하며 말했다.

"감독님, 다시는 그러지 않겠습니다."

그는 약속을 지켰다. 우리는 포스트시즌에 진출하여 NCAA 토너먼트 우승을 차지했고, 크리스찬은 올해의 플레이어로 지명되었다. 대학을 졸업한 후 NBA에서 각광받던 그는 한 기자와의 인터뷰에서 이렇게 말했다.

"듀크대가 여러 차례 챔피언십 우승을 따낼 수 있었던 까닭은 라커룸에서 일어났던 사건 때문이었습니다."

사소한 것들

레귤러시즌에는 선수들에게 아주 많은 것을 가르쳐 준다. 그런 와중에도 빠뜨려선 안 되는 한 가지가 있다. 경기 중에 일어날 수 있는 일은 아무리 사소해도 철저히 대비하도록 지도하는 일이다. 이에 수고를 아끼지 않는 유일한 이유는 다른 감독들은 그렇게 하지 않기 때문이다. 그래서 우리가 유리한 고지를 선점할 수 있었다고 생각한다.

경기 중 항상 발생하는 일로 개인 파울과 팀 파울이 있다. 각 선수들은 파울 다섯 번이면 자동 퇴장이다. 또한 전반전 혹은 후반전에 팀파울이 7개가 되면 상대편에게 파울라인에서 원앤원 자유투 기회가 주어진다. 그런 상황이 발생하기 전에 볼을 바운드 밖에서 잡는다. 팀파울이 10개면 상대팀에 자유투 기회가 두 번 주어진다. 이는 경기 양상을 완전히 바꿀 만큼 결코 가볍지 않은 페널티에 속한다.

가끔 사람들은 듀크대가 상대편보다 자유투를 훨씬 더 많이 던지는 까닭을 궁금해 한다. 상대팀이 아무리 안간힘을 써도 자유투는 우리가 더 많이 던진다. 겉으로 드러나는 통계만 보고, 우리가 일방적으로 게임을 주도할 수 있었던 원인을 단순히 운으로 치부하는 사람들도 더러 있다.

"듀크대는 운이 좋아. 기회를 놓치는 법이 없으니 말이야."

천만의 말씀이다. 현명한 비즈니스 리더와 마찬가지로 우리도 미리 대책을 세워 놓았던 것이다. 잘나가는 회사가 경쟁업체보다 더 많은 수주계약을 따내는 비결은 무엇일까? 그들은 계획을 세우고 미리 연습해 본다. 경쟁대열에 합류하기에 앞서 비즈니스에 동반되는 미묘한 뉘앙스를 철저히 파악하고 이에 대비하는 것이다.

농구계에서는 자잘하지만 지나칠 수 없는 것 중 하나가 바로 파울이다. 매 경기마다 어김없이 발생하기도 하지만, 때로는 그저 발생하는 일이 아니라 승패를 결정짓는 문제로서 작용한다. 그래서 우린 이에 대비한다. 일단, 나는 모든 파울은 선수 모두가 함께 저지르는 것이라고 가르친다.

"팀원이 파울을 하면 우리 모두가 파울을 한 셈이다."

때때로 연습 중에도 실전 전반전 상황에서 벌어지는 20분간의 몸싸움처럼 열띤 공방이 계속될 때가 있다. 나는 그때 교체선수를 내보내는데, 투입하기 전에 먼저 그에게 묻는다.

"현재 팀파울이 몇 개지?"

"어, 잘 모르겠습니다."

"앉아라!"

이때 나는 다음 교체선수를 부르거나 연습을 중단하고 볼을 상대편에게 준다.

"왜 그러시는데요?"라며 선수들이 불평을 늘어놓을 것이다.

"제이슨은 팀파울이 몇 개인지 몰랐다."

이로써 후보 선수들은 자신의 팀이 코트에 있다는 것을 생각하게 된다. 또한 사이드라인에 있더라도 눈은 계속 경기를 주시한다. 그러면 경기에 투입되기 전에 이미 철저히 대비가 되어 있다.

일부 감독들은 전반전에 선수 하나가 파울을 두 번 하면 전반전 내내 벤치에 앉히겠다는 규칙을 철저히 지킨다. 그런 규칙은 참 마음에 든다. 상대팀이 그래 주니 고마울 따름이다.

상대편이 그런 규칙을 가졌다는 사실을 미리 파악할 수 있다면 나는 상대 선수에게 파울 두 개를 유도해서 벤치에 앉게 만들 것이다. 반면 우리 선수, 가령 트레이전 랜돈이 파울을 두 번했다면 전반전 내내 벤치에 앉히지 않고 잠깐 불러서 말할 것이다.

"좋아, 트레이. 계속 뛰는 거야. 그러면 14분은 족히 걸리겠지. 하지만 열심히 뛰되 파울은 더 이상 하면 안 된다. 지금 너에겐 다른 사람은 얻을 수 없는 기회가 찾아왔다. 다른 선수라면 소심하게 나오겠지만 넌 공격과 수비를 대범하게 배웠으면 좋겠다. 그리고 파울을 하지 않으려는 의지력도 중요하다. 할 수 있겠나?"

"문제없습니다."

"좋아. 나가서 한번 보여 줘!"

사람들은 현장에서 발생하는 사소한 일을 개인과 집단의 책임에 집중해서 생각한다. 다수의 비즈니스 조직도 이와 동일하다. 한 부서만 제외하고 모든 부서가 잘 돌아갈 때, 훌륭한 팀이라면 "우리 부서는 실적이 좋으니까 괜찮아."라고 말하지 않는다. 그래서는 안 된다. 한 군데라도 제 역할을 하지 못한다면 모두가 제 역할을 하지 못하는 것이다.

이러한 사고방식은 선수들에게 동료애나 우정, 확신, 규율, 집단적 사고와 팀워크를 가르쳐 준다. 파울은 사소하나 매 경기마다 무시할 수는 없는 사항이다. 따라서 아무리 사소한 일이라도 이에 대처하는 것이 매우 중요하다. 그럴 수 있다면 우리는 훌륭한 경기를 해낼 수 있을 것이다. 더 잘할 수 있는 것은 무엇인가? 업무에 '파울'이 있다면 무엇인가? 탁월한 비즈니스 리더라면 직원들에게 이런 것들을 질문해야 한다.

창의력과 혁신적인 아이디어

농구에서 각 선수의 포지션은 예부터 1부터 5까지의 숫자로 매겨져 있다. 그러나 나는 포지션을 정할 때 숫자를 쓰지 않는다. 절대 그러는 법이 없다.

게다가 각 선수에게 특정 포지션을 고수하라는 말도 하지 않는다.

사람들은 퀸 스나이더를 포인트가드로만 생각하는데, 포지션을 엄격히 따진다면 퀸 스나이더가 볼을 전방까지 어시스트해야 하지만 이를 빌리 킹이나 대니 페리에게 맡기기도 한다는 얘기다.

이는 특정업무에 직원을 끼워 맞추는 것을 싫어하는 스타일과 일맥상통한다. 선수가 소화할 수 없는 역할을 감독이 억지로 시킨다면 선수는 'NG투성이'일 수밖에 없다. 대신 상황에 따라 다른 포지션과 역할을 부여해야 한다. 개인의 포지션이나 숫자, 혹은 특정업무보다는 성품과 재능을 집중적으로 고려하는 것이 중요하다고 본다.

매년 졸업으로 선수 한두 명은 팀을 떠난다. "토미 아메이커나 조니 도킨스 혹은 대니 페리를 대신해서 누구를 기용할 겁니까?"란 질문을 매년 받는다. 그러나 나는 누군가를 대체할 사람을 뽑지 않는다. 불가능한 일이기 때문이다. 토미 아메이커만 한 선수도 없고, 조니 도킨스나 대니 페리를 대신할 수 있는 선수도 없다. 그들의 빈자리를 대신 채우는 것이 아니다. 그럴 수 있다고 생각하는 까닭을 도무지 모르겠다.

매년 기존의 선수를 대체한다거나, 지정된 공석을 채우거나, 새로 기용된 선수에게 번호를 매겨 포지션을 결정하는 것은 개인뿐만 아니라 팀 전체에 불공정한 일이다. 개인의 재능과 기술을 제한하는 처사이기 때문이다. 그러기는 죽기보다 싫다. 잠재력과 창의력, 혁신적인 아이디어를 옥죄고 숨통을 조이는 벽을 세우고 싶은 생각은 없다.

선수를 숫자로 취급하는 일은 없다. 대신 선수들이 자신의 기량을 최대한 끌어올릴 수 있도록 자유를 부여함으로써 쑥쑥 자라는 데 보탬이 될 씨앗을 심으려고 노력할 뿐이다.

화분에 씨앗을 심으면 화분의 크기만큼 자란다. 그러나 탁 트인 공간에 마음껏 자랄 수 있는 환경을 만들어 주면 스무 개의 화분도 모자랄 정도로 크게 자랄 것이다. 스스로 성장할 자유, 시행착오를 통해 교훈을 터득할 자유, 열심히 뛸 자유, 그리고 자아를 만들어 갈 자유. 조직을 불문하고 리더라면 이 넷은 반드시 보장해야 한다.

팀원들의 창의력과 혁신적 기술을 발전시키는 나만의 노하우가 두 가지 더 있다. 하나는 선수들이 매너리즘에 빠지거나 지루해하지 않도록 가능한 한 다양한 훈련을 실시하는 것이다. 이에 따라 팀을 지도할 때 장소를 바꿔 보기도 하고 새로운 훈련법을 구상하며, 될 수 있는 한 실전과 같은 환경을 조성한다.

리더는 아무리 예측불허라 할지라도 타인에게 신뢰감을 줄 수 있어야 한다. 하지만 일관성을 가지되 너무 획일적인 행동은 지양해야 한다. 틀에 박히고, 규칙에 얽매이고, 빤히 읽히는 리더는 팀의 생동감을 지워 버릴 것이다.

어느 해인가 경기를 완전히 망쳐 버려서 선수들이 내게 엄청나게 혼날 거라 생각하고 있었던 적이 있다. 그러나 막상 연습시간이 되어 그들이 농구장에 도착했을 땐, 코트 중앙엔 배구 네트가 걸려 있었다. 우린 연습시간 내내 배구를 즐겼다. 구기종목이 얼마나 재미있는지 잊고 있던 선수들에게 이를 일깨워 주고 싶었던 내 아이디어였다.

교실에서도 마찬가지다. 학생이 교사의 행동을 미리 예측할 수 있다면 사고력은 멈춰 버릴 것이다. 규칙과 예측가능성이 지나치게 많거나 높으면 창의력은 기대할 수 없다.

또 다른 노하우는 '질문법'이다. 가령 선수 하나가 답을 물어보면, 이를 곧바로 가르쳐 주지 않고 여러 가지 질문을 통해 스스로가 생각하고 답을 찾아내게 만드는 것이다. 그러면 해결책이 머릿속에 오래 남을 뿐만 아니라 찾아낸 답을 행동에 옮길 확률도 높아진다.

'질문법'은 행크 이바와 피트 뉴웰이라는 두 거장 감독으로부터 배운 기술이다. 선수생활 초기에 그분들과 함께 지낼 수 있었던 것은 큰 축복이었다. 나는 기회가 있을 때마다 탁월한 선수로 거듭나는 비결을 물어보곤 했다.

"경기를 보셨나요?" 행크, 혹은 피트 감독께 물었다. "어떻게 생각하세요?"

족집게식 답변이 돌아온 적은 없었다. 이런 식으로 대화가 오고 갔다.

"글쎄, 자네 팀을 능가하는 팀은 없다는 건 알지? 그런데 헬프 사이드에서 공격을 어떻게 했었지? 상대팀은 어땠는지 기억하나?"

"상세히 말씀해 주십시오."

"공격할 땐 헬프 사이드에도 눈을 떼선 안 되지. 이 점을 명심하게."

그러면 녹화중계 방송을 보고 다시 감독을 찾았다.

"팀원들이 가만히 있더군요."

"맞네."

"어떻게 해야 하죠?"

"어떻게 해야 할까?"

정답에 접근하지 못하면 올바른 해결책을 찾아 스스로 정답을 내놓을 수 있도록 여러 가지 질문을 던지셨다. 답을 직접 말씀해 주신 적은 없었다. 그러나 순간순간 해결책이 떠올랐다. 경기상황을 생각해 보고 방안을 나름대로 모색해 보았더니 정답이 머릿속에서 떠나지 않았다. 연습 중 새로 발견한 방안을 스스로 실행해야겠다는 의지도 더욱 확고해졌다. 그랬기에 선수들에게 명쾌한 해법을 제시해 주는 감독이 될 수 있었던 것이다.

질문법을 업그레이드했을 땐 창의력도 함께 발전했다. 다양한 사람들에게 우리 팀의 장단점은 무엇인지, 허점이 보이진 않는지, 혹은 지금 필요한 게 무엇인지, 팀에 대한 소견을 물었다. 비서나 스포츠 관계자 혹은 아내에게도 그렇게 질문했다. 심지어 라커룸을 청소하는 관리인에게도 물었다.

"선수들이 게으르진 않던가요?"

"아뇨, 아주 잘하고 있어요."

"혹시 개인적인 문제가 있는 아이들은 없나요?"

"제가 알기로는 없는 것 같아요."

"제 대신 가까이서 지켜봐 주시겠어요?"

"네, 그렇게 하죠."

라커룸에서 팀을 지도할 때 관리인은 주변을 청소하다가 소견을 내놓기도 했다.

"감독님, 네이트가 시험을 망쳤나 봐요. 오늘은 평소보다 풀이 죽어 있는 것 같았습니다."

"감사합니다. 내일 연습 때 네이트를 눈여겨보겠습니다."

관리인과의 '정보교환통로'를 미리 구축하지 않았다면 어떤 문제가 발생할지 전혀 감을 잡을 수 없었을 것이다. 혁신적인 아이디어 창출은 리더만의 일이 아니다. 좋은 아이디어는 장소를 가리지 않을 뿐더러 전혀 기대하지 못했던 사람에게서 나올 수도 있다.

환경미화원이던 어머니도 아이디어만큼은 둘째가라면 서러워하실 분이셨다. 직종을 막론하고 기발한 아이디어는 누구에게나 있다.

누구라도 스스럼없이 당신에게 자기 의견을 이야기하는가? 그리고 당신은 그의 말에 귀를 기울이는가?

 TIPS

· "듣기만 하면 잊어버린다. 눈으로 보며 기억하고, 몸으로 뛰며 이해하라." 가르칠 때는 이것을 항상 염두에 두라.
· 연습은 최대한 열심히 준비하라. 계획을 짜되 융통성이 있어야 한다. 그리고 계획은 참고용으로만 활용하라.
· 연습내용만 지적해 주고 선수들이 알아서 잘하리라 기대해선 안 된다.
· 거리감을 갖게 하는 것은 무엇이든 차단하라.
· 선수들은 자신이 생각하는 자아상보다는 객관적인 자아상을 알아야 한다.
· 가능한 한 많은 상황에 대처할 수 있도록 계획을 세우라. 실제로 벌어질 수 있는 일은 아무리 사소해도 철저히 대비해야 한다.
· 잠재력과 창의력, 혁신적인 아이디어를 옥죄고 숨통을 조이는 '인위적인 벽'을 세워서는 안 된다.
· 리더는 아무리 예측불허인 상황이라 할지라도 타인에게 신뢰감을 줄 수 있어야 한다. 일관성이 있는 것은 좋지만 획일적인 행동은 바람직하지 않다.
· 묻고 또 물으라.
· 아이디어는 장소를 가리지 않는다.

긍정의 힘

Turn Negatives Into Positives

역경이 때로는 힘을 실어 주기도 한다는 사실을 기억하라.
침울해하거나 핑곗거리만 찾지 말고, 상황을 직시하여 최선을 다해야 한다.
그래야 끈기도 기르고 성품도 단련할 수 있다.

사소한 일이라도 적절히 대응해서 문제가 커지는 일은 없도록 해야 한다.

패배를 걱정하지 말고 승리만을 생각하라.

 *Coach K* ───

전반전 종료가 7분 남았고 클렘슨대학이 2점 앞서고 있다. 지금
까지 역전에 역전을 거듭하는 접전이었다. 그런데 홈팀인 우리는 좀
처럼 기회를 포착할 수가 없었다.

클렘슨은 사력을 다해 뛰었고 우리는 철저하고 전면적인 방어로
그들의 기세를 꺾을 필요가 있었다. 코트 밖으로 공이 나가 공격권이
다시 클렘슨으로 넘어갔다. 그들이 다시 공격해 왔다. '좋다! 우리가
상대해 주마!'

경기가 재개되자 트레이전과 셰인은 철벽수비에 나섰다. 원정팀이 숏을 쏘지 못하도록 전력을 다했고, 상황이 곧 역전되나 싶었다. 그런데 그때, 트레이전이 팔로 얼굴을 가리며 쓰러졌다. 그는 피를 흘리며 바닥에 누워 있었다.

1999년 2월 20일. 우리의 스타, 우리의 에이스 트레이전이 피를 흘리며 코트에 누워 있었다. 시뮬레이션 연습이 아니라 실제 경기였다. 벤치에서 본 바로는 클렘슨 선수가 트레이전을 때려눕힌 것이었다. 화가 치밀어 올랐다. 즉시 트레이전에게 달려가 트레이너에게 손짓했다. 두 갈래로 찢어진 윗입술이 보였다. 나는 클렘슨 감독에게 눈길을 돌려 당신 팀이 한 짓을 보란 듯 팔꿈치를 옆으로 확 제쳤다. 더 이상 화를 참을 수가 없어 소리쳤다. "무례하기 짝이 없군!"

얼마 후 출혈은 멈추었고 우리는 트레이전을 부축했다. 코트 밖까지 트레이전을 데리고 나간 사람이 누군지는 기억나지 않는다. 그 상황에서 나는 문득 자상한 아버지에서 터프한 리더로 역할을 바꿔야겠다는 생각이 들었다.

벤치로 달려가서는 정장 코트를 찢듯이 벗어서 점수판 테이블 밑에 던져 버렸다. 선수들에게 보여 주려 그저 액션을 취한 것은 아니었지만, 모두들 봤을 것이다. 화가 나기도 했고 상대팀 콧대를 납작하게 해 줄 때라고 생각했다. 이젠 똘똘 뭉쳐 반격해야 할 시점이었다. 아무 일도 없었다는 듯 코트로 돌아갈 수는 없었다.

선수들에게 가서 "버르장머리를 고쳐 줘야겠어." 하고 말했다. 그러고는 엘튼과 셰인의 어깨를 잡고 말했다.

"저 녀석들 뒤에 찰떡같이 달라붙어 좀 더 힘을 내도록 하자. 이번 일을 그냥 넘겨선 안 된다. 그리고 트레이전이나 누구에게라도 이번

일이 되풀이되지 않도록 하자. 알았나?"

바로 그때 선수들의 눈에서 열기가 타오르는 것을 느낄 수 있었다. 더 이상 어떤 말도 필요 없었다. 셰인의 열정은 누구보다도 뜨거웠다. 그가 팀원들에게 외쳤던 "가자! 가자! 해 보자!" 하는 함성소리가 아직도 귀에 생생하다. 클렘슨과 말싸움을 벌이라는 뜻이 아니었음은 팀원 모두가 알고 있었다. 선수들은 내가 무엇을 원하는지 정확히 파악했고 이를 몸소 보여 주었다.

우리는 6분 동안 한 점도 내 주지 않고 26점을 획득했다. 게임은 하프타임에 이미 끝난 것과 다름없었다.

디테일에 주목하라

같은 상황에서 어떤 팀은 패닉에 빠지기도 할 것이다. 클렘슨과의 경기는 크리스찬이 쓰러지기 전까지 팽팽한 접전이었다. 주장이자 득점 에이스가 부상을 입어 코트 밖으로 나갔으니 분위기가 침체되거나 포기하고 싶은 생각이 들 법도 하다. 그러나 우리 팀은 이런 암울한 상황 속에서도 승리를 일궈 냈다. 물론 내가 앞에서 끌어 주었기 때문이다. 그것이 감독이 해야 할 몫이다.

트레이전이 얼굴을 심하게 부딪친 것은 눈 깜짝할 사이의 일이었다. 유심히 보지 않았다면 그런 일이 벌어졌다는 것조차 몰랐을 것이다. 선수들의 일거수일투족을 주의 깊게 지켜보지 않았던들 겉옷을 벗어 던질 일도 없었을 것이다. 화를 내지도 않았을 테고 팀원들의 감정을 복받치게 만들지도 않았을 것이다.

나에겐 경기상황을 아주 세세한 부분까지 볼 수 있는 눈이 있다.

물론 기술적인 면도 신경 쓴다. 수비전환은 잘하고 있는지, 점프슛은 제대로 소화하는지, 혹은 공격의 밸런스가 맞는지 등을 살피는 것이다. 그러나 비즈니스 리더라면 기술적인 측면을 넘어 인적자원에 초점을 맞추는 것이 더 중요하다.

사람들이 마음을 표현하는 방식은 제각각이다. 예를 들면 표정이나 감정, 습관적인 행동, 보디랭귀지, 목소리, 눈의 미세한 움직임을 통해 자신의 뜻을 전달한다. 감독이라면 선수들의 반응을 읽고 이에 적절히 대처할 수 있어야 한다.

이것이 내가 느끼는 리더십의 매력이다. 팀원들의 생각을 읽고, 누구를 어디에 배치할지 결정하는 일은 힘들지만 리더가 해야 할 일이다. 내겐 하나의 큰 도전이기도 하다.

가끔 팀원들의 뜻을 오해할 때도 있다. 그러나 강력한 유대감을 바탕으로 오랫동안 그들을 가까이서 봐 왔기 때문에 나의 판단은 대체로 맞아 떨어진다. 바비 헐리의 표정이 굳어 있다면 그에겐 말을 걸지 않는다. 표정이 좀 풀렸다 싶으면 그때 말을 건넨다. 그렇게 바비의 마음을 움직여서 긍정적인 마인드를 갖도록 하려고 노력했다. 문제를 제기하거나 꾸짖기도 했고, 어떨 땐 어깨에 손을 얹고 미소를 짓기만 했다.

바비에게 했던 것처럼 '관심법'을 수련하다 보니 다른 선수들과도 호흡이 척척 맞았다. 팀원들의 생각이나 컨디션을 파악하기 위해 그들을 주의 깊게 살피지 않는다면 어떤 경기라도 출전하지 않겠다고 다짐했다.

연습을 마치고 코트를 걸어 나가는 모습을 보고도 무슨 일이 있는지 짐작할 수 있다. 보통 때는 동료들과 대화를 하며 나가던 선수가 어느 날 혼자 동떨어진 채 걸어간다면 뭔가를 숨기고 있는 게 틀림없다. 그에게 다가가 묻는다.

"무슨 일 있나?"

"시험을 완전히 망쳤어요."

"네 기분이 어떤지 알겠다. 하지만 다 잘 될 거야. 그러니 지금은 연습이나 열심히 하고 그 문제는 나중에 이야기하자."

이런 일은 매일 벌어진다. 그러므로 이에 잘 대처할 수 있도록 항상 깨어 있어야 한다. 아무리 사소한 일이라도 팀 전체에 영향을 줄 수 있기 때문이다. 따라서 그때마다 적절히 대응해서 문제가 커지는 일이 없도록 만들어야 한다.

우리 앞엔 승리만 있다

시즌 내내 좋은 일만 생기리라는 보장은 없다. 만일 악재가 작용한다면 이를 전화위복의 기회로 삼을 수 있는 방법을 몇 번이고 생각해 본다. 리더라면 팀에 무슨 일이 벌어지더라도 이를 긍정적으로 생각해야 한다. 그렇다면 실패를 성공으로 바꾸는 방법은 무엇일까?

일단 성공하려면 역경을 딛고 일어나야 한다. 누구나 패배나 실수를 한다. 1999년에 펼쳐졌던 클렘슨과의 경기는 악재를 호기로 삼은 좋은 예다. 당시 우리는 잠깐이었지만 트레이전을 코트에서 떠나보내야 했다. 그러나 그는 입술을 일곱 바늘이나 꿰매고서 후반전에 복귀하여 잠자던 팀의 열정을 깨워 주었다.

1992년 1월의 마지막 날에는 이보다 더 심각한 일이 벌어졌었다. 바비가 발 골절상을 입은 것이다. 그는 3주 반 동안 병원신세를 져야 했다. 그 전까지 승승장구했고, 미국 최고의 대학농구팀이라 자부했었는데 바비가 입원하고 나니 선수들의 얼굴은 어두워졌다. 그러나 우울해할 여유가 없었다. 베이튼 루지 소재 루이지애나 주립대LSU와의 팽팽한 접전이 우리를 기다리고 있었다. 한시라도 빨리 이 난국을 벗어나야 했다.

우리는 그 전해에 루이지애나 주립대를 꺾었다. 당시 상대편의 에이스는 샤킬 오닐. 우리에게 여러모로 유리한 경기였다. 홈경기장인 캐머론 인도어 스타디움에서 싸웠고, 당시 샤킬은 신입생에 지나지 않았기 때문이다. 그러나 그는 NCAA에 화제를 몰고 온 선수였고 듀크와 다시 만나기만을 고대하고 있었다. 일간지에서 그가 했던 말이 기억난다.

"다시 싸울 날을 달력에 표시해 두었고, 크리스찬의 코를 납작하게 해 줄 겁니다. 그리고 반드시 듀크를 쓰러뜨리고 말겠습니다."

루이지애나에 도착하자 LSU가 우리와 맞서기 위해 전력을 기울였다는 걸 알게 되었다. 그들은 '살아 있는 호랑이' 샤킬 오닐을 내보냈다. 학생들은 처음으로 경기장 앞에 천막을 치고 밤을 지새웠고 사람들이 꽤나 붐볐다. 루이지애나는 마치 전쟁터와도 같았다. 우리가 버스에서 내리자 몇몇 학생들은 맥주를 붓기도 했고, 경기장 안에선 관중들이 조소와 야유를 보냈다.

위협적인 태도에 우리 선수들이 겁을 먹었을지도 모르겠다. 그러나 크리스찬은 분명히 그 상황을 즐겼을 거라고 생각한다. 겁을 내기는커녕 오히려 에너지가 철철 넘치니 다른 선수들도 싸울 용기가 생겼다. "관중이 난동이라도 부리면 어쩌지? 샤킬 오닐이 출전하면 우린 끝장이야."라고 말하거나 죽는 소리를 내는 선수는 없었다. 우린 코트에 당당히 서서 뜨거운 경합을 벌였다.

물론 바비가 빠졌으니 체제를 정비해야 했다. 그랜트 힐을 포인트 가드로 내세웠고 상대팀의 지역방어에 대한 공격전술도 바꿨다. 그런데 그 경기에서 신들린 듯 플레이하며 관중의 눈길을 사로잡은 선수는 바로 크리스찬이었다. 우린 베이스라인에서부터 어시스트했고 그는 곧 3점슛을 터뜨렸다. 또한 골밑에서 샤킬을 제치고 리바운드를 멋지게 잡아내며 흠잡을 데 없는 플레이를 선보였다. 크리스찬의 열정이 팀을 승리로 이끌었다.

그러나 때로는 상대팀에 비수를 꽂기도 했다. 종료시간까지 남은 시간은 1분. 승패는 이미 가려진 상황이었다. 마침 상대 선수에게 파울이 선언되었다. 그때 크리스찬이 파울라인으로 달려가더니 루이지애나 주립대 팬들에게 답례했다. "넘버원은 LSU가 아니라 우리다!" 그가 검지로 하늘을 찌르며 비웃듯이 말했다. 그때 나는 타임아웃을 요청했다.

"크리스찬, 죽고 싶은 거야?"

"아니요."

"그러면 그만해라. 우린 이미 이겼어. 여기서 살아 나가야 하지 않겠나?"

그러고는 선수들에게 냉정을 찾으라고 말했다. "종료 부저가 울리면 하이파이브를 하거나 환호하면서 이리저리 날뛰지 말고, 승리를 예감했다는 듯 예의를 갖추면서 교양 있게 퇴장해라. 알았나?"

경기가 끝난 후 우리는 평소와 다를 바 없는 게임이었다는 인상을 주면서 조용하고 당당하게 코트를 걸어 나갔다. 연습 때처럼 경기했으니 크게 환호할 까닭은 없었다. 일부 관중들과 집에서 텔레비전 중계를 본 사람들은 내게 말했다.

"듀크대는 이기는 게 당연하다는 듯 아주 의연하던데요?"

앞으로 맞설 팀 모두가 그렇게 생각했으면 좋겠다. 우리는 바비 없이도 승리를 예감할 수 있었다. 물론 라커룸이나 버스 안에서는 꽤나 요란하게 승리를 자축했다. 보기 좋게 완승을 거둔 탓에 그 대결은 1992년의 팀원 모두가 잊지 못할 경기로 남았을 것이다.

역경에 부딪쳤으나 우린 이를 긍정적인 사건으로 만들어 갔다. '이젠 틀렸다'고 낙심하거나 바비의 부상을 핑곗거리로 삼지 않고, 현실을 직시하여 최선을 다한 것이다.

사관학교에서 "패배를 걱정하지 말고 승리만을 생각하라"는 중요한 원칙을 배웠다. 다시 말해서 지더라도 "긍정적으로 생각할 수는 없는지, 타산지석으로 삼아야 할 것은 무엇인지" 따져 보란 얘기다. 나는 어떤 일을 겪든 좋은 경험을 했다고 생각하지 실패했다고는 생각지 않는다. 실수는 불가피하나 필요할 때도 있다. 그러므로 실수에 어떻게 대응하느냐에 따라 팀은 발전할 수도 쇠락할 수도 있는 것이다.

사실 분야를 막론하고 대부분의 팀은 같은 상황에서 루이지애나 주립대와 맞붙어 이기지 못했을 것이다. 경기가 시작되기도 전에 이미 지고 들어갔을 확률이 높다. 핑곗거리를 늘어놓거나 기회를 살리지 못하는 이유를 머리로 따지기 때문이다. "핵심 멤버가 없다.", "고객들이 등 돌린 지 오래다.", "수주계약을 따내지 못할 것이다.", "상황이 호전되면 전처럼 잘할 수 있을 것이다."라는 핑계를 댄다.

다 잊어버려라! 핑곗거리만 찾지 않는다면 당당히 이길 수 있다. 역경이 때로는 힘을 실어 주기도 한다는 사실을 기억하라. 침울해하거나 핑곗거리만 찾지 말고, 상황을 직시하여 최선을 다해야 한다. 그래야 끈기도 기르고 성품도 단련할 수 있다.

리더의 용기

물론 모든 경기를 다 이길 수는 없다. 하지만 뭔가를 배우는 것은 모든 경기에서 할 수 있다. 리더는 매 경기마다 중요한 결정을 내려야 한다. 특히 어려운 결정을 내리고 승패를 떠나서 결과에 승복하려면 용기가 필요하다.

1999년 전미 챔피언십에서 우린 코네티컷대와 싸워서 패배했다. 나는 경기 종료를 얼마 앞두고 힘든 결정을 내려야 했다. 승률은 37승 1패. 여론 조사에서 우승후보 1위로 선정됐을 뿐만 아니라, 1번 시드를 확보한 탓에 우승은 따 놓은 당상과도 같았다.

경기는 뒤로 갈수록 더욱 치열해졌는데, 특히 유콘UConn과의 경기는 무척 난전이었다. 트레이전이 없었다면 아마도 10점 차 이상으로 졌을 것이다. 우리는 트레이전의 활약에 힘입어 유콘과 명승부를 펼쳤으나 1점 차로 아쉽게 패하고 말았다.

그 당시 벤치에 앉아 있던 나는 경기 종료 5분 전에 세트플레이를 지시했다. 트레이전이 전방까지 볼을 드리블하며 상대의 수비를 읽다가 크리스에게 패스했다. 크리스는 골대와 가까운 엘튼에게 패스하거나 직접 슛을 쏠 수 있는 상황이었다. 그러나 그가 트래블링(선수가 축이 되는 발을 바닥에서 떼거나 허용치보다 더 많이 걷는 위반 행위)을 범하면서 우리는 결국 유콘에 패했다.

'유콘은 우리보다 잘 싸웠고 듀크는 막강한 팀에 패배했다'는 것이 내 관전평이었다.

게임이 끝난 후에 사람들은 내가 타임아웃을 요청하지 않은 것을 비난했다. 팀원들이 갈피를 잡지 못했더라면 타임아웃을 요청했을 것이다. 그러나 연습도 충분히 했고, 자신 있게 게임을 풀어 가고 있는데 굳이 제동을 걸 이유가 있는가? 우리는 최선을 다했다. 눈에 띄게 뛰어난 선수가 없었던 탓에 우린 트레이전의 활약에 도움을 받아야 했다. 비록 패배했지만 최선을 다한 것에 만족했다.

만약 우리가 이겼다면 사람들은 "탁월한 결정이었다. 그런 상황에서도 타임아웃을 부르지 않은 용기가 가상하다! 그는 팀을 전적으로 신뢰하고 있었다! 또한 실전처럼 연습해 온 보람이 있었다."라고 말했을 것이다.

이겼다면 반응이 달라졌을 텐데 졌으니 "타임아웃을 불렀어야지.", "트레이전에겐 왜 간 거요?", "도대체 생각이 있는 거요?"라고 말할 법도 하다. 이런 일까지도 대비해야 한다.

나는 소신을 굳게 지키는 사람이다. 리더는 어느 때라도 중대한 결정을 내려야 하며 결과야 어떻든 이를 실행하려면 용기가 있어야 한다. 그렇지 않다면 감히 결정을 내리지 못할 것이다. 의사결정에 있어서 가장 중요한 것은 용기와 자신감이다.

경기가 끝난 다음 날, 아내와 함께 집에서 방송을 통해 팬들의 환호를 받으며 돌아가는 유콘팀을 보았다. 짐 칼룬 감독이 마이크 앞에 서자 방송국 카메라들이 플래시를 터뜨리기 시작했다. 그는 지난해 NCAA 토너먼트에서 패했을 때 아낌없는 성원을 보내준 팬들의 공로를 치하하며 목소리를 높였다.

"지난해 이곳에서 여러분은 저희의 상처받은 마음을 달래 주었습니다. 원래 블루데블스Blue Devils(듀크대 농구팀의 별칭)의 해가 될 뻔했는데요.”

“아니지, 아니지.” 짐 칼룬 감독의 말에 나는 고개를 가로저었다.

그가 말을 이었다. “어제 우리는 어느 팀의 코를 납작하게 눌러 놨습니다. 그들의 마음을 아주 부숴 버렸죠.”

“너무 나갔군. 농구 한 게임 졌다고 마음이 부서지기까지야.” 내가 말했다.

 TIPS

· 비즈니스 리더라면 기술적인 측면도 중요하겠지만, 인적자원에 초점을 맞추는 것이 더 중요하다.

· 사람들이 마음을 표현하는 방식은 제각각이다. 예를 들면 표정이나 감정, 습관적인 행동, 보디랭귀지, 목소리, 눈의 미세한 움직임을 통해 자신의 뜻을 전달한다.

· 리더라면 팀원들의 반응을 읽고 이에 적절히 대처할 수 있어야 한다.

· 리더라면 팀에 무슨 일이 벌어지더라도 이를 긍정적으로 생각해야 한다. 무슨 일이든 실패라고 생각지 마라.

· 모든 경기를 다 이길 수는 없지만, 그로부터 뭔가를 배울 수는 있다.

· 어려운 결정을 내리고 성패에 상관없이 그 결정에 따르려면 용기가 있어야 한다.

· 리더에겐 즉각적으로 결정할 수 있는 용기가 있어야 한다.

· 의사결정에 있어서 가장 중요한 것은 ‘용기’와 ‘자신감’이다.

· 한 번 졌다고 마음 아파해서는 안 된다.

결전의 날
Game Day

경기 직전에는 충분히 쉬며 집중력을 끌어낸다.
머리가 맑아지면 현장에서의 판단력도 높아지고 융통성도 발휘할 수 있다.
경기 직전이나 경기 중에는 모든 변수를 고려하고 선수들도 이에 대비할 수 있도록 조치한다.
사사로운 감정이 목표달성에 도움이 되지 않는다면 이는 배제해야 한다.

느낌(Feel)으로 지도하는 게 나의 일이다. 나는 마음이 이끄는 대로 행동한다.

—— *Coach K* ——

오후 1시, 전화벨이 울리자 아내가 수화기를 들었다.

"여보세요."

"엄마, 저예요. 아빠 때문에 전화했어요."

"'에프(F)' 상태야."

아내가 웃으며 대답했다.

아내와 딸들, 그리고 친구들은 시합 당일만큼은 나를 귀찮게 해
선 안 된다는 걸 잘 알고 있다. 그걸 농담 삼아 '에프'라고 부르는 것

이다. '에프(F)'는 '집중하다(focused)'의 첫 글자로서 '슈셉스키 감독은 오늘 블라인드를 쳐 놓고 곧 있을 경기만을 생각하고 있다'는 뜻이다.

"저녁 경기가 걱정되시는 건 아니죠?"

딸이 웃으며 물었다.

"그렇지 않아. 지금 주무시고 계신단다. 늘 그러시듯 말이야."

"알았어요. 저녁에 경기장으로 간다고 전해 주세요."

"그러마. 사랑한다."

시합 날은 최대의 잔칫날이자 내게는 거룩한 날이다. 따라서 될수 있으면 사람들을 만나지 않고 외부와의 접촉은 모두 피한다. 낮잠을 청하면 어느덧 긴장이 풀린다. 자고 일어나서는 곧 있을 경기에 집중한다. 상대팀, 듀크대 선수들, 경기 전에 할 말과 게임전략, 시나리오, 혹은 돌발 상황이 닥쳤을 때 이에 대처할 방안 등을 생각한다.

나는 시합 날이 잔칫날이 되길 바란다. 그래서 온갖 잡념을 잊으려고 낮잠을 잔다. 그런 식으로 마음을 추스르면 최상의 상태가 된다. 선수들이 나를 전적으로 의지하므로 나는 최상의 컨디션을 유지해야 한다. 그들은 내가 긍정적인 마인드를 갖고, 승리를 확신해 주길 기대한다. 마찬가지로 나도 선수들이 같은 태도를 갖길 바란다.

나는 선수와 감독, 듀크대 그리고 팬들과 시합에 하루 종일 정신을 집중한다. 이들을 아끼고 소중히 생각하기 때문이다. 무언가를 소중히 여기는 마음은 어떻게 보여 줄 수 있을까? 함께 시간을 보내면 된다. 아이나 직원을 소중하게 생각한다면 기꺼이 시간을 내고, 그들의 말을 경청할 것이다. 나도 마찬가지로 시합 날엔 하루 종일 시합만을 생각한다. 그러면 나를 의지하는 사람들에게 그들을 존중하고 있다는 것을 보여 줄 수 있다. 내가 그들에게 헌신한 만큼 그들도 내게 헌신할 것이다.

시합 날엔 심신을 재정비함으로써 감독에 걸맞은 사람이 되기 위해 노력한다. 사실 평소의 나는 다소 감독답지 않은 면이 있다. 그게 내가 낮잠을 자는 이유다. 잘 자고 일어나면 언제나 최선의 생각들이 따라온다. 즉, 창의력을 최대한 발휘하기 위해 잠깐의 숙면을 취하는 것이다. 그러면 경기 중에 돌발 상황이 발생하더라도 이에 적절히 대처할 수 있다.

선수들에게도 철저히 준비하고, 쉴 때는 확실히 쉬라고 조언한다. 대부분은 내 말을 경청하는데 이것이 연승 비결 중 하나라고 생각한다. 이외에도 나는 항상 경기에 집중하라고 가르친다.

"개인적으로 실력을 높은 수준까지 끌어올릴 수 있다면 팀 전체도 그 수준까지 올라갈 수 있다. 그러나 낮은 수준에 머물러 있다면 진작 갖춰졌어야 할 수준까지 실력을 올리는 데 엄청난 시간이 필요할 것이다."

경기와 융통성

농구는 조직적이긴 하나 일관적인 스포츠는 아니다. 10초가 채 안 되는 시간마다 공격에서 수비로, 수비에서 다시 공격으로 전환해야 한다.

예를 들면 슛을 쏜 선수는 즉시 수비로 전환해야 한다. 슛을 던지면 상대편이 리바운드를 잡는다. 리바운드에 실패하면 상대편이 볼을 가로챌 확률은 높아진다. 그러다 볼을 낚아채면 그때부턴 공격모드로 전환된다. 그리고 나서 슛을 하고 다시 방어체제로 돌입하는 데 걸리는 시간 또한 10초를 넘지 않는다.

농구는 비즈니스와 비슷하다. 잠시라도 멈추는 법이 없다. 휘슬을 불 때만 동작을 멈추는데 2, 3분이 고작이다. 돌발 상황도 비일비재하다. 경기시작 후 5분이 지나면 감독은 중간에 개입해서 선수들에게 '원대한' 플랜을 내놓을 수 있다.

"압박 수비가 먹힐 것 같지만 혹시라도 안 통하면 조정하자."

"테이프에서 본 것 중에 써먹을 만한 게 있지? 그게 통하지 않으면 다른 걸 적용해 보자."

"저 선수가 두 번이나 슛을 터뜨렸으니 악착같이 막아야 해."

"1-2-2 수비전략을 구사할 줄은 몰랐어. 어떻게 하면 좋을까?"

"트레이전이 부상을 입었다. 전략을 바꿔야겠다."

매 경기마다 융통성을 발휘해야 한다. 마치 승용차를 타고 맨해튼 중심가를 다니는 것과 같다. 타임스퀘어에서 교통체증에 시달리게 되리라 충분히 예상할 수는 있지만 그곳을 빠져나가는 데 얼마나 걸릴지, 버스나 트럭이 평소에 비해 얼마나 다닐지, 도로공사가 있을지는 전혀 알 수 없다. 도로 한복판에 있다면 도로상황 전체를 알 수는 없는 것이다. 농구도 마찬가지다. 즉 농구는 비즈니스와 같은 '융통성'의 스포츠다.

경기를 하다 보면 융통성을 발휘해야 할 때가 자주 있다. 따라서 리더는 스스로 판단하고, 상황에 적절히 대처해야 하며, 선수들의 의견에 맞장구를 칠 줄 알아야 하고, 선입관에서 벗어날 수 있어야 한다. 그것이 내가 경기 직전에 충분히 쉬며 집중력을 끌어내는 이유다. 머리가 맑아지면 현장에서의 판단력도 높아지고 융통성도 발휘할 수 있다. 경기 직전이나 경기 중에는 모든 변수를 고려하고 선수들도 이에 대비할 수 있도록 조치한다. 사사로운 감정이 목표달성에 도움이 되지 않는다면 이는 배제해야 한다.

1990년 유콘과의 승부가 생각난다. 연장전까지 가는 접전 끝에 경기 종료까지 남은 시간은 2.6초. 77대 78로 아깝게 뒤지고 있었다. 듀크대가 볼을 가로채자마자 나는 타임아웃을 요청했다. 보드 위에 전략을 대충 그리면서 이대로 한번 해 보라고 말했다. 그런데 우리 선수들이 다시 코트에 나갔을 때 생각지도 않던 수비의 허점이 눈에 띄었다.

나는 다시 타임아웃을 청하지 않고 크리스찬과 눈을 맞추고 외쳤다. "스페셜!"

'스페셜'은 수비의 공백을 이용하는 전략이다. 그때 브라이언도 나를 보고 있었다. 그는 경기가 치열해지면 나를 곧잘 쳐다보았다. 크리스찬이 드리블하며 말했다. "스페셜이라신다, 브라이언!" 그 말과 함께 브라이언이 인바운드 패스를 받아 다시 크리스찬에게 넘겨주었고 3점슛을 성공시켰다. 결국 듀크대는 유콘을 이겼다.

전략이 수정되었다는 사실을 안 사람은 크리스찬, 브라이언 그리고 나뿐이었다. 나머지 선수들은 타임아웃 때 말했던 전략대로 움직이고 있었다. 전략을 수정하지 않았더라면 결과는 크게 달라졌을 것이다. 그때 일어난 일 때문에 우리 팀원 모두가 유콘 팀 선수들만큼이나 깜짝 놀랐을 것이다.

느낌을 믿어라

시즌마다 벌어지는 상황은 경기에 색깔을 덧입힌다. 수천 명의 관중들이 경기를 지켜보는 가운데 우린 코트를 누빈다. 관중들의 환호와 야유가 끊이지 않고, 방송국 카메라들은 선수들을 찍으려고 애를 쓴다. 악단의 연주와 치어리더의 열띤 응원소리가 경기장에 울려 퍼진다. 그러면 관중과 선수들, 그리고 경기 자체에서도 어떤 감정이 전해진다.

한편으로는 긴장감이 감돈다. 우리가 얼마나 발전했을지 궁금해지기도 한다. 일대일 커뮤니케이션, 눈과 눈을 마주치는 대화, 혹은 주먹에 관한 이야기가 생각난다. 코트 위를 뛰며 훈련하던 모습도 떠오른다. 내 목소리가 팀원들에게 잘 들릴까? 안 들린다면 휘슬을 불어야 하나? 내 말에 잘 귀 기울여 주려나? 별의별 생각이 다 든다.

그 모든 것은 실전에서 밝혀진다. 커뮤니케이션이 원활하게 이루어지는지, 얼마나 열심히 뛰는지, 루스볼을 얼마나 많이 잡아내는지 한번 보라!

선수들이 경기준비에 만전을 기할 때 라커룸에서 그들에게 해 주고 싶은 말을 머릿속에 잘 정리해 둔다. 가끔은 선수들의 표정을 보면 준비해 두었던 말보다 더 많은 말이 필요할 때가 있다. 반면 말없이 눈만 봐도 '당장이라도 출전할 수 있다'는 자신감이 보일 때도 있다. 분위기에 따라 열심히 준비한 경기 전 5분 스피치를 선수들에게 전달하지 않고 혼자 간직해 두기도 한다. 경기 직전 필요한 건 스피치가 아니라 융통성이다. 사실 내 스피치가 독이 될 수도 있다. 선수들의 표정을 읽는 연습이 선행되지 않으면 스피치를 늘릴지 줄일지를 판단할 수가 없다.

심판이 휘슬을 불면 코트는 아수라장이 되고 우린 그 한복판에 있게 된다. '이젠 어떻게 하지?', '각 상황에 어떻게 대응할까?', '전략을 어떻게 수정하면 좋을까?' 종료될 때까지 생각한다. 타임아웃은 2분으로 제한되어 있다. '팀 전원에게 말할까?' 팀이 위기에 빠졌다면 종종 그렇게 한다.

타임아웃 때 어떤 표정을 보여 줄까? 선수들이 주눅 들거나 경기를 엉망으로 하고 있다면 어떻게 할까? 꾸짖어야 할까? "정말, 못 봐 주겠다!", "목이 마를 테니 물 좀 마셔라.", "수건으로 땀 좀 닦아라.", "수건은 치우고 내 말을 잘 들어라."

선수들이 잘하고 있다면 아무 말도 해선 안 될 것이다. "잘하고 있어! 물 좀 마시면서 하도록 해."

전반전인가 후반전인가? 상황은 어떻게 돌아가고 있는가? 20초밖에 없다면 어떻게 할까? 20초 내에 메시지를 전달할 수 있을까? 말도 안 되는 소리다!

1999년 조지아공대에서 경기가 있었다. 우린 정말 형편없이 지고 있었다. 실은 철저히 준비하지 않고 치른 경기였다. 전반전 38초를 남기고 타임아웃을 요청했다. 옹기종기 모인 선수들에게 걸어가서 그들을 바라보고는 아무 말도 하지 않았다. '무언의 전략'을 구사하기로 했던 것이다. 그래도 선수들은 메시지를 간파했으리라 생각한다.

하프타임 땐 라커룸에서 시계를 보고 체크보드에 '2:15-3:00'라고 썼다. 그러고는 동그라미 안에 큰 글씨로 '45분'이라 썼다.

"좋아, 주목! 조금 있으면 경기는 종료된다. 45분이 지나면 우리는 천국 아니면 지옥에 가게 될 것이다. 어디로 가고 싶나?"

결국 우린 87대 79로 역전승을 일궈 냈다.

1997년 웨이크 포레스트에서 치른 경기도 생생하게 기억난다. 그 게임만큼은 이겨야 한다고 생각했다. 당시 우린 전국순위에서 8위를 차지했으나 그 이전 몇 주 동안은 그다지 성적이 좋지 못했다. 스타플레이어 팀 던컨과 웨이크 포레스트에 9경기를 연속으로 내주었기 때문이다. 그럼에도 나는 이 경기가 팀의 수준을 한층 업그레이드할 수 있는 기회라고 생각했다.

경기에 앞서 라커룸에서 매직펜을 들고 바닥에 선을 그렸다.

"'이 선을 넘으려면 날 죽여야 할 것'이라고 말할 때가 왔다. 지금 잘하고 있다라거나 미국도, 이 빌딩도, 볼도 내 것이라고 생각한다면 아직도 내 말을 이해하지 못한 것이다. 이 모두는 우리의 것이다."

많은 사람들은 선을 분명히 긋지 못한다. 그날 나는 선을 그었고 시즌 내내 성적이 그 밑으로 내려간 적이 없었다. 우리는 결국 ACC애틀랜틱 코스트 컨퍼런스 토너먼트 정규시즌 타이틀까지 거머쥐게 되었다. ACC 타이틀은 1990년대에만 6번이나 획득했다.

시합 날은 '설교'를 장황하게 늘어놓는 때가 아니라 '느낌'이 통하는 유기적인 교류가 일어야 할 때다. 느낌으로 지도하는 게 나의 일이다. 나는 마음이 이끄는 대로 행동한다. 팀과의 교감이 일어날 때 마음이 이끄는 방향은 수천 가지도 넘는다.

1985-86 시즌, 메디슨 스퀘어 가든에 사람들이 북적대기 전의 일이다. 우리는 프리시즌 내셔널 인비테이션 토너먼트National Invitation Tournament에 참가했다. 상대팀은 세인트존스대였는데 마크 잭슨과 월터 베리라는 거물급 선수가 있었다.

19초를 남겨 두고 듀크대가 71대 70으로 한 점 앞서고 있을 때였다. 나는 공격권이 세인트존스대로 넘어가자마자 타임아웃을 요청했다. 월터 베리는 혼자서 팀 스코어의 절반인 35점을 따냈다. 선수들이 벤치에 모였을 때 월터가 팀 스코어의 절반을 기록했다면 마지막 숏도 그에게 맡길 게 틀림없으니 경기가 끝날 때까지 우리 선수를 그에게 붙여야겠다고 생각했다. '누구를 붙일까?' 내가 입을 열기도 전에 주장이었던 데이빗 핸더슨이 말했다.

"감독님, 제가 월터를 맡겠습니다."

데이빗은 가드였고 월터는 주로 센터에서 활약했기 때문에 월터가 유리할 것 같았다. 그러나 나는 데이빗을 믿었다. 그의 눈에서 불꽃을 보았기 때문이다. 그래서 더 정교한 전략을 짜내지 않고 본능에 충실하기로 했다.

"좋아, 데이빗. 난 너를 믿는다. 월터는 네가 맡아라."

경기가 재개되자 세인트존스대는 계속해서 월터 베리에게 패스를 시도했다. 그러나 데이빗의 철벽수비를 당해 내지 못했다. 어쩔 수 없이 마크 잭슨이 외곽 숏을 터뜨렸으나 실패하고 말았다. 이때 데이빗이 리바운드를 잡았고, 종료를 알리는 부저가 불렸다. 승리의 여신은 우리의 손을 또 한 번 들어 주었다.

데이빗이 보였던 태도는 절대 잊을 수 없을 것이다. 경기가 끝나자마자 그는 바닥에 볼을 내려쳤는데 거의 6미터 높이까지 솟아올랐다. 그 이틀 후에 우리는 92대 86으로 캔자스를 물리쳤고, 결국 토너먼트 우승을 차지했다.

"다 탔나?"

종종 기차 이야기를 하면 선수들은 농담조로 말한다.

"기차 이야기를 아직도 다 안 끝내셨단 말이야?"

그러면서 서로 눈을 마주치며 킥킥 웃는다. 그래도 난 할 이야기
는 해야겠다.

여행을 떠날 때 우린 기차를 탄다. 선수, 감독, 매니저, 스태프 할
것 없이 모두가 기차에 탑승한다. 뿐만 아니라 우리가 믿는 것과 가
르쳤던 자질, 즉 진실, 반복적인 연습, 열정, 주먹도 기차에 올라탄다.

시즌이 무르익을 때면 난 이렇게 말한다. "이제부턴 기차가 좀 빨
라질 거야. 다들 탔지?", "이제부터는 다른 기차로 환승할 수 없어. 이
번엔 논스톱으로 달린다! 알았지? 다들 탔어?"

연습이나 경기 땐 '듀크대 열차' 이야기를 한다. 열차는 시합 날
정지한다. 각 시합은 여정의 간이역과 같다. 그때마다 내려서 지금껏
어떻게 달려왔는지를 점검한다. 간이역은 최종 목적지가 아니다. 상
황을 점검하는 과정에 지나지 않는다. 일단 경기가 종료되면 이기든
지든 시즌은 계속 돌아가게 마련이다.

간이역에서는 가끔 놀라운 일이 벌어진다. 멋진 숏이 연출되기도
하고 누군가가 옛 실력을 되찾는가 하면 아이 티를 벗고 어른으로 거
듭나는 선수도 있다.

크리스찬 레이트너는 1992년 전미 챔피언십 토너먼트에서 미시
건대와 경기할 때 감정에 몸을 맡겼다. 일 년간 우리 팀의 대포이자
주공격수 역할을 했던 그는 경기 전반전에서 최악의 경기력을 보여
주었다. 그가 패스를 했다 하면 볼이 미시건대로 넘어갔다. 실책이 7
점으로 득점 수보다 2점이나 높았다.

나는 그가 실책에서 벗어날 수 있는 여러 가지 대책을 모색했다. 처음에는 "좋아, 크리스찬. 괜찮아.", 그다음엔 "무슨 일 있어? 좀 더 분발하자." 마지막엔 "우릴 실망시키지 않겠지? 그렇지?"라고 말했다.

그러나 내가 하는 어떤 말도 귀에 들어오지 않는 모양이었다. 그런데 결국 뭔가가 그의 마음을 사로잡았다. 평소 과묵하고 코트 위에서만 입을 열기로 소문난 바비 헐리가 하프타임 때 라커룸에서 다짜고짜 언성을 높여 크리스찬을 비난한 것이다. 매우 이례적인 일이었다. 크리스찬을 포함한 동료 선수들이 모두 그 광경을 지켜보았다.

그 후, 후반전에서 크리스찬의 경기력은 향상되었다. 그는 지쳐 있었지만 전력을 다해 뛰었다. 종료까지 7분 남은 상황에서 듀크대가 3점을 앞서고 있을 때였다. 공격권이 우리 쪽으로 넘어왔을 때, 이때다 싶어 타임아웃을 요청했다. 보드에 전략을 개략적으로 그리고는 그랜트를 쳐다보았다.

"그랜트, 네가 볼을 잡고……."

그러다 잠시 멈칫하고 크리스찬에게 고개를 돌렸다.

"아니야, 잠시만. 크리스찬, 이제 감이 잡히나?"

"예."

"좋아, 크리스찬, 네가 드로잉을 하고 볼을 다시 잡으면 3점슛을 날려라. 거기선 수비의 방해가 거의 없을 거야. 그러니 3점슛을 던지는 거다. 알았지? 이제 게임을 굳혀 버리자."

경기가 재개되고, 크리스찬이 볼을 잡고 펌블링_{fumbling}하며 다시 공을 잡았다. 이때 그는 3점슛 라인 안까지 접근했다. 그러나 좀 더 확실한 득점 기회를 잡기 위해 골밑으로 달렸고 NCAA 토너먼트 역사상 잊을 수 없는 명장면을 연출했다. 미시건대 선수 셋이 달려들어 그를 저지하려 했으나 골밑슛에 성공했던 것이다. 그러고 난 후 볼을 낚아채며 그랜트에게 패스했다. 볼을 받은 그랜트는 레이업슛을 성공시켰다. 6점을 내주고 23점을 챙기면서 스코어는 71대 51까지 벌어졌다.

하프타임 때 라커룸에서 바비가 버럭 화를 냈던 게 승리를 가져온 계기가 아니었나 생각한다. 당시 그랜트 힐은 2학년이었다.

그로부터 2년이 지난 1994년, 우리 팀은 테네시 주 녹스빌에서 열린 동남지역 챔피언십에 참가했다. 크리스찬과 바비는 NBA로 진출하고 없었다. 상대팀은 퍼듀대학. 확실한 에이스로 자리 잡은 일명 빅독Big Dog, 글렌 로빈슨을 필두로 선수나 팀 모두 흠잡을 데가 없었다. 게다가 장안에 소문이 자자했던 명감독 진 케디까지 합세했다. 듀크대와 퍼듀대는 나란히 시드 1, 2위를 차지했다. 부담이 될 수밖에 없던 경기였다.

전반전 때 1학년이었던 제프 케이플이 특출한 경기력을 선보였다. 후반전에도 그를 기용한다면 충분히 승산이 있을 거라 생각했다. 그래서 하프타임 때 제프를 지명했다.

"제프, 지금까지 잘하고 있으니 후반전에도 뛰어라. 넌 빅독보다 훨씬 잘하고 있다. 조금만 노력한다면 그를 네 손바닥에서 놀게 할 수 있을 거야. 후반전에는 그렇게 해 보자고. 알았지?"

"예."

그리고 잠시 뒤에, 나는 부감독과 이야기를 나누려고 방을 떠나다가 우연히 그랜트가 하는 말을 들었다.

"괜찮아, 제프. 감독님 말씀이 맞아. 이참에 빅독의 코를 납작하게 만들고 듀크대의 에이스가 되는 거야, 알았지?"

위기의 순간에도 풋내기 신입생에게 자신감을 심어 주는 4학년 고참 선수가 바로 우리의 에이스였다. 나보다는 그랜트가 격려해 주는 것이 더 보기 좋았고, 감독으로서 마음이 흐뭇했다.

후반전이 시작되자 제프가 5득점하여 우리는 46대 41로 앞서갔다. 그렇게 10분이 지나 8점을 앞서고 있을 때, 그랜트가 파울 넷을 기록했다. 그때 나는 하늘을 쳐다보며 기도했다. "하나님, 감사합니다. 그랜트는 정말 잘 뛰었습니다."

그랜트가 벤치에 있다면 우리는 이기지 못할 거란 사실을 잘 알고 있었다. 그가 없는 팀은 발톱 잃은 독수리나 다름없었다. 상대팀은 그랜트가 더 이상 코트에 나타나지 않을 것이라 장담했을 것이다.

물론 내 전략을 팀에 노출시키진 않았다. 오로지 이기기 위해 최선을 다했다. 일단은 4파울인 그랜트를 벤치에 앉혔다. 그리고 다시 내보낼 타이밍을 생각하고 있었다. 그때 제프가 재빨리 팀원들을 모아 놓고 말했다. "자, 여러분. 그랜트 선배가 우리를 여기까지 끌어 주셨어요. 이젠 우리가 뛸 차례입니다!"

마침내 우린 어려움을 극복했으며 훌륭한 경기력을 선보였다. 종료 3분을 앞두고 그랜트를 투입했을 땐 듀크대가 아슬아슬하게 앞서고 있었다. 크리스 콜린스, 토니 랭, 체로키 파크스 그리고 벤치에서 쓸쓸히 관전하던 마티 클라크, 모두가 최선을 다했다. 짧은 시간 가장 큰 활약을 보여 준 선수는 단연 제프였다. 그는 초인적인 힘을 발휘하여 19득점, 4리바운드에 7어시스트를 기록했다.

내가 가르쳤던 모든 것이 골고루 어우러진 경기 중 하나였다. 한 사람에 의지하거나 한 목소리만 듣지 않고, 팀 전원이 서로를 의지했다. 우린 최고였다. 경기 종료 후 4강 진출 확정에 기뻐하고 있는데 그랜트가 다가오더니 내게 사과했다.

"감독님, 죄송합니다."

나는 코트를 걸어 나오며 그의 어깨에 팔을 얹고 말했다.

"그랜트, 네가 우리를 승리로 이끈 거야."

"그럴 리 없어요. 파울 때문에 경기가 엉망이 됐잖아요."

그가 울적한 표정을 지으며 말했다.

"아니다. 하프타임 때 경기는 이미 우리에게 기울었다고 해야 옳을 거야. 네가 제프에게 잘 해낼 거라고 용기를 주었고, 제프도 제 역할을 잘 소화했잖아? 네가 벤치에 있을 땐 그가 큰 변수이긴 했지. 그 아이 덕분에 선수 모두의 실력이 업그레이드된 것 같다. 그리고 너도 경기 내내 코트를 누비고 다녔다는 생각이 들 정도로 잘해 주었다. 네가 자랑스럽구나."

그랜트가 나를 보더니 고개를 끄덕였다. 내 말에 수긍한 듯했다.

모든 경기가 끝나고 나면 우리는 라커룸에 모인다. 나는 선수들에게 몇 마디 건네고 팀을 위해 기도를 한다. 그 후에는, 항상 그랬듯 어머니께 전화해서 경기결과를 말씀드린다.

TIPS

· 시합 날을 최대의 잔칫날로 만들어라.

· 팀원들은 당신이 긍정적인 마인드를 갖고, 팀이 반드시 이길 것이라 믿
길 바란다.

· 리더는 함께 시간을 보냄으로써 상대방에게 관심을 보인다.

· 경기에 앞서서 머리를 맑게 해야 한다. 그러면 돌발 상황이 발생하더라
도 적절히 대처할 수 있다.

· 경기가 있을 땐 확실히 쉬고, 최상의 컨디션을 유지하라.

· 농구는 비즈니스와 같이 융통성의 스포츠라 할 수 있다. 따라서 융통성
을 발휘하라.

· 잘 짜인 계획도 5분 뒤에 버려야 할 때가 있다.

· 사사로운 감정이 목표달성에 도움이 되지 않는다면 이를 배제해야
한다.

· 리더는 모래 위에 선을 그을 수 있어야 한다.

· 시합 날은 설교를 장황하게 늘어놓는 때가 아니라 유기적인 교류가 일
어야 할 때.

· 모두를 기차에 태우라.

포스트 시즌

봄은 우리가 가장 멋진 경기를 펼쳐야 할 시기일 뿐 아니라
열정을 갖고 경기에 임해야 할 때이기도 하다. 봄처럼 우리도 새롭게 시작한다.
— Coach K

EASON

교육

새 출발
·3월의 광란
·0대 0
·매스컴
·우승을 장담하지 마라

위기를 다루는 비결
·신뢰관계
·마음껏 즐겨라
·자신감에 찬 얼굴을 보여라
·천국에 도달하라

실력 — **가정** — **열정**

집중력
·4강전
·그 순간을 이겨 내라
·축배를 들 때가 아니다
·결승전

전통
·유대와 자부심
·긍지
·벤치수호자들

동기

CHAPTER 9

새 출발

Refresh And Renew

당연히 이길 것이라는 생각은 버려야 한다. 어리석은 사람이나 그렇게 생각한다.
따지고 보면 당연히 이루어지는 것이라고는 하나도 없다.
우승하리라 믿고 우승에 철저히 대비하되 결과를 장담해선 안 된다.

몇 번 자리를 함께 했다고 당장 마음이 맞는 일은 없다.

지금은 0대 0이다. 이긴 팀도 진 팀도 없다.

—— *Coach K* ——

나는 봄이 좋다. 봄이 오면 나무에는 새싹이 돋고 꽃이 피기 시작
한다. 봄은 대지에 새 생명을 불어넣는다. 또한 나에게도 새로운 활
력을 선사한다. 나를 진일보하게 하고, 원기를 충전시키며 흥분과 열
정을 이끌어 낸다.

'아드레날린' 같은 자극제가 절실히 필요한 시기라 봄을 좋아하기
도 한다. 그런데 나를 재충전하고 원기를 불어넣는 반면 정신이 산만
해지고 혼란스러워지는 때 역시 봄이다. 광란의 질주가 시작되기 때

문이다. '3월의 광란', NCAA 토너먼트가 우릴 기다린다.

정규시즌에서 막을 내리는 팀이 있는가 하면, 거기서 그치지 않고 철저한 계획과 전략으로 재무장해야 하는 팀도 있다. 우리는 잘 짜인 계획과 전략 덕분에 포스트시즌에도 높은 승률을 자랑한다. 그래서 새 출발에 온갖 신경을 집중한다. 나는 흥분을 유지하고 원기를 재충전하며 새롭게 출발하자고 팀원들을 격려한다.

3월이 시작되면 가족들이 으레 하는 말이 있다. "이젠 해변에 갈 수 있겠네." 이렇게 말한다고 해서 해변에 간 적은 없다. 휴가를 갈 여유가 없기 때문이다. 토너먼트가 기다리고 있으니 선수들도 휴가 생각은 하지 않기를 바란다.

3월의 광란

포스트시즌이 되면 매스컴도 덩달아 흥분한다. 토너먼트 대진표와 방송 편성표가 송출되면서 열기는 달아오르기 시작한다. 포스트시즌에 진출한 팀과 그렇지 못한 팀, 혹은 좋아하는 팀과 앞으로 패배의 쓴잔을 마실 팀, 그리고 최종 승자가 될 팀은 누구인지에 모든 팬들의 관심이 집중된다.

신문사들은 일제히 대진표를 게재하고 사람들은 토너먼트 이야기로 시간 가는 줄 모른다. 모두가 열성 팬들이다. 정규시즌 땐 관심이 없던 사람들도 한 달 동안 달력의 공란을 쏠쏠히 채워 나갈 수 있는 포스트시즌 토너먼트에는 주목한다.

사람들은 대진표 채우는 데 재미가 들린다. 부부들은 우승 후보 팀을 서로 비교한다. "여보, 동부지역 챔피언십에서는 누가 우승할까?", "난 퍼듀대일 것 같아.", "아니야, 템플대가 더 유력하지." 수많은 사람들이 직장에서 내기를 한다. 직장인 대부분은 모교나 도시 혹은 현재 거주하고 있는 주州를 대며 팀과의 인연을 내세운다. 디트로이트 사람은 로스앤젤레스의 친척에게 전화를 걸 것이다.

"이번에는 우리 팀이 UCLA를 꺾을 거라고 내가 말했지?"

모처럼 이야깃거리가 생긴다. 우리 가족도 토너먼트에 푹 빠져 산다. 대진표를 보고 형이 아내에게 전화를 건다. 내 딸도 이모에게 전화를 걸어 말한다.

"듀크대가 동부지역에 편성됐어요. 올해 듀크대를 유일하게 꺾은 신시내티와 16강에서 맞붙을 거예요. 이번 기회에 신시내티를 눌렀으면 좋겠어요."

NCAA 토너먼트의 대진표는 참 특이하다. 그런 대진표는 어디에서도 찾을 수 없을 것이다. 포스트시즌은 팀이 최종적으로 검증받기 가장 좋은 때다. 정규시즌 때 죽을힘을 다해 뛴 이유가 여기에 있다. 그러나 정규시즌과는 또 다르게 매일이 살얼음판이다. 한 번이라도 지면 그걸로 끝이다. 더 이상 경기도 없고 내일도 없다.

그렇다면 어떻게 대처해야 할까? NCAA라는 큰 잔치가 열리고 모두가 흥분하는 가운데 선수들이 경기에 좀 더 집중할 수 있는 방법은 무엇일까? 어떻게 해야 '3월의 광란'에 효과적으로 대비할 수 있을까? 연승을 달리려면 어떻게 해야 할까?

0대 0

대진표를 확인하고 나면 보통 다음 날 아침 팀을 소집하고 어김없이 토너먼트 이야기를 꺼낸다.

"지금은 0대 0이다. 이긴 팀도 진 팀도 없다."

보드에 큼지막하게 '0:0'이라고 쓰면서 말을 잇는다.

"토너먼트 참가팀은 모두 0대 0이란 말이다. 무슨 얘긴지 알지? 운이 좋아서 상대를 꺾었다 해도 다음 경기엔 또다시 0대 0에서 출발한다. 정규시즌에 여러분은 으레 다음 경기가 있을 거라고 생각했었다. 이 경기가 끝나면 다음 경기를 준비하고, 플레이와 준비를 반복했지만 이젠 그렇지가 않다. NCAA에선 마지막 게임만이 있을 뿐이다. 지면 곧바로 보따리를 싸야 한다. 이 사실에 겁을 낼지 마음이 설렐지는 잘 모르겠지만, 어쨌거나 현실임엔 틀림없다."

봄철처럼 우리도 새롭게 시작한다. 봄은 우리가 가장 멋진 경기를 펼쳐야 할 시기일 뿐 아니라 열정을 갖고 경기에 임해야 할 때이기도 하다. 그래서 포스트시즌에는 꾸준히 달리며, 계속해서 우리 자신을 새롭게 만들자고 주문한다.

"오랫동안 잘 달려 왔으니 이제 분위기를 전환해야 할 때다. 내가 바라는 건 머리를 식히고 몸 안의 배터리를 충전하는 것이다. 그래야 끝까지 달릴 수가 있다."

그러면서 선수들의 상태를 주의 깊게 점검한다. '부상 입은 데 없이 몸 상태가 좋은가?', '너무 흥분하거나 축 처져 있지는 않은가?', '지친 기색 없이 에너지를 발산하고 있나?'

팀원들의 생각이나 의견에는 아랑곳하지 않고 사색에 잠긴 채 할 일만 지시하는 리더도 있다. 하지만 나는 가급적 팀원들 주변을 서성이며 관찰하기를 좋아하고, 종종 주장에게 의견을 묻기도 한다.

"보조, 애들은 좀 어때?"

"지쳤어요. 감독님."

"자네도 지쳤나?"

"예, 힘들어서 죽을 지경이에요."

보조의 체력을 따라잡을 선수는 없으니, 그가 쓰러질 정도면 다른 선수들은 보나마나다. 내가 보조를 주장으로 뽑은 것도 그 때문이었다.

어쨌든 그럴 땐 부감독들과 상의해서 일일 휴가를 줄 수도 있다. 5분짜리 비디오를 보여 주거나 "피자나 아이스크림을 먹으며 재미있는 시간을 보내라"고 할 때도 있다. 그런데 혼자 남아서라도 악착같이 연습하는 선수 한둘은 꼭 있다. 굳이 말리지는 않지만 개별적으로 지도하진 않는다. 다음 날 해도 충분하다.

분위기 전환의 출발 단계에서는 지금 팀에 필요한 것이 무엇인지 확인하고 이를 제공하는 것이 급선무다. 이때 토너먼트를 본격적으로 준비해야 한다. 모든 팀은 목·토, 혹은 금·일요일 일정에 맞춰 경기를 치른다. 우리 역시 경기일정과 이동시간을 깊이 생각해서 결정해야 한다. 예를 들면 서부지역으로 이동할지, 동부에 남을지, 연습은 언제 보류할지, 월·화요일에 충실히 연습하고 수요일 혹은 목요일까지 기다릴지를 모두 고려한다. 1.5킬로미터를 달려야 하는데 초반부터 100미터 질주하듯 힘을 빼고 싶진 않다. 그렇다고 여유를 부리다가 뒤늦게 서두르고 싶지도 않다. 이 모두는 대부분 팀이 결정한다.

그리고 나도 팀을 돕는다. 정규시즌 때 가졌던 이길 수 있다는 신념과 완벽한 대비, 커뮤니케이션, 맹연습 그리고 집중력이 끝까지 우릴 안내할 것이라는 사실을 그들에게 일러 준다.

또한 정규시즌 때 펼쳤던 맹활약을 다시금 상기시킨다. 이때 스테프는 우리가 승승장구하던 때의 명경기 혹은 통쾌한 공격, 철벽수비, 루스볼에 몸을 던지거나 주도권을 잡는 모습 등, 하이라이트만을 모아 공유한다. 그럼으로써 선수들에게 긍정적인 마인드와 자신감을 심어 주고 그들이 토너먼트 1라운드에 잘 대비할 수 있게 만들어 준다.

우린 지역에서 꽤나 높은 시드를 확보했다. 3번, 2번, 때로는 1번을 따내기도 했다. 시드가 높으면 첫 라운드에서는 시드가 낮은 팀과 경기를 치른다. 즉 이길 확률이 매우 높아진다는 얘기다. 그러나 어떻게 이길 것인지, 나머지 토너먼트는 어떻게 풀어 가야 할지를 고민하는 것이 첫 라운드의 주요 과제다.

첫 경기를 대비할 땐 하지 말아야 할 일과 해야 할 일에 대한 구분보다는 노력, 결단력, 혹은 분위기 장악력 같은 선수들의 기량과 자질에 주안점을 둔다.

"첫 경기 때 대충대충해서 이겨도 되나?" 내가 묻는다.

"아닙니다."

"그렇다. 목요일 밤 10시와 토요일 낮 12시에 경기를 치러야 하는데, 목요일 경기가 형편없다면 다음 경기를 준비할 시간은 36시간밖에 없다. 두 번째 만날 팀은 첫 번째 팀보다는 훨씬 강력하다. 누차 말하지만 행동에서 뒤져선 안 되고 둘째 라운드까지 최고의 기량을 보여야 한다. 알겠나?"

이때 정규시즌에서 강팀과의 맞대결을 의도적으로 강행하여 실전과 흡사하게 경기했던 경험을 떠올린다.

"일요일 매디슨 스퀘어 가든에서 치렀던 세인트존스와의 경기를 기억하나? 이들을 어떻게 꺾고 노스캐롤라이나와 맞붙었는지도 생각해 봐. 세인트존스와의 경기가 끝나고 내가 요구한 게 뭐였지? 밤잠 설치지 말라고 했던 것 기억나나? 우린 연습도 열심히 했고 집중력도 남달랐다. 그래서 세인트존스를 제치고 노스캐롤라이나도 거뜬히 물리칠 수 있었다. 이번에도 다를 바 없다!"

이렇게 나는 우리가 맞닥뜨린 상황이 이미 지나온 발자취임을 강조한다. 그러니 새로울 것이라고는 아무것도 없다. 정규시즌은 포스트시즌의 리허설이라 해도 과언이 아니다.

짧은 기간에 걸쳐 작은 목표들을 세우듯, 우리는 각 토너먼트 경기를 위해 지속적으로 에너지를 발산할 것이다. 4강전에 초점을 둔 전체 대진표보다는 당장 맞붙게 될 네 팀에 집중할 것이다. 지역 챔피언십에서는 첫 경기를 이겨야 다음 경기를 치를 수 있고, 여기에서 이겨야 다음 목표를 정할 수가 있다.

우리는 전체 토너먼트를 네 팀 토너먼트로 축소해서 생각한다. 각 경기당 소요되는 시간은 일주일이다. 따라서 네 팀 대진표만 복사해서 나눠주고 선수들에게 말한다.

"다른 건 신경 쓰지 말고 16강이나 8강, 4강을 걱정하지 마라. 앞을 미리 내다보지 말고 다음 경기엔 어떤 팀과 붙을지, 어떻게 공격하고 방어할지만 생각해라. 한 번에 한 팀만, 한 경기만 생각하는 거다. 한 경기가 끝나면 신속히 다음 경기로 넘어갈 수 있도록 하자. 그래야 멀리 갈 수 있다."

매스컴

토너먼트를 준비하는 동안 우리는 '매스컴'에 대한 이야기도 한다. 나는 정규시즌 때와 마찬가지로 팀에게 우리 방침을 상기시킨다. 매스컴에 정중하게 그리고 솔직하게 대응해야 하나, 일거수일투족을 상세하게 말할 필요는 없다. 또 경기가 끝날 때마다 라커룸은 매스컴에 공개되며 선수 모두가 질문에 답변한다.

우리는 정규시즌에도 이런 식으로 매스컴에 대응해 왔다. 이는 '3월의 광란'뿐만 아니라 NBA에 진출하든 일반직장에 취직하든 상관없이 졸업 후의 인생에 대비하는 방식이기도 하다. 이를테면 제이 빌라스는 매스컴에 진실을 말하도록 배웠던 게 훗날 법정변호사와 스포츠방송해설가로 일하는 데 큰 보탬이 되었다고 했다.

"일을 하다 보면 잘못을 저지르기도 합니다. 그러면 얼른 수습하고 책임을 지며, 자신의 잘못을 시인해야 합니다. 저는 철저히 사실만을 말합니다. 여러분도 진실하다면 일단 성공한 셈입니다. 거짓은 조금이라도 있어선 안 된다고 듀크대 슈셉스키 감독님께 배웠습니다."

우리는 시범 경기와 본 경기를 합해 총 40경기를 뛴다. 따라서 선수들은 경기를 마친 후 라커룸에서 다섯 내지 열두 개의 마이크와 카메라를 접하는 일을 40차례나 반복해야 한다. 그리고 그걸 4년 동안 해야 한다. 젊은이들이 매스컴의 관심을 받으며 훈련할 수 있는 곳은 여기 말고는 없을 것이다.

인터뷰를 거부하지 말아야 한다는 게 내 방침이다. 대중매체 다루는 법을 배울 수 있는 좋은 경험이라고 생각하기 때문이다. 노력한 선수들 중 누구에게 노고를 돌릴지는 아주 곰곰이 생각해 봐야 하는 문제다. 실수를 해도 괜찮다. 성장하기 위해서는 몇 번은 휘청거릴 때도 있다. 그렇다고 현실을 무시한 채 무조건 감싸지도 않을 것이다.

그러나 선수들을 매스컴에 던져놓고 산 채로 뜯기게 할 생각도 없다. 정규시즌 땐 매스컴과 공조하여 인터뷰를 평가하고 잘된 점과 앞으로 노력해야 할 점을 함께 생각해 본다.

나는 선수들에게 팀에 문제를 일으킬 만한 말은 하지 말고 방금 치른 경기에 대해서만 말하도록 주문한다. 예를 들면 연습 중에 일어난 일이나 팀원들과의 관계에 대해서는 구체적으로 언급하지 말라고 가르친다. 팀은 제작 중인 작품이다. 인간관계도 마찬가지다. 앞으로 한 달 뒤엔 서로의 관계가 악화될 수도 있다. 당연한 이야기다. 몇 번 자리를 함께 했다고 해서 당장 마음이 맞는 일은 없다. 우린 성공도 실패도 함께 나누고 있다. 그러면서 인간관계도 급속도로 변한다. 그러나 매스컴은 이를 이해하지 못한다. 선수들도 온전히 이해하지는 못하는 것 같다. 어쨌든 한 번의 인터뷰에서 모든 것을 다 밝힐 수는 없다.

NCAA 토너먼트를 치르는 동안엔 매스컴의 보도경쟁이 몹시 치열한데, 이는 NCAA 전체 수입의 80퍼센트를 제공하는 CBS와의 10억 달러짜리 계약 때문이다.

"타임아웃 때 마이크를 사용해도 되겠습니까?", "하프타임 때 인터뷰를 해도 되나요?", "라커룸에 들어가도 됩니까?" 감독들이 받는 질문들이다.

"아니요. 안 됩니다." 나의 대답은 항상 같다.

경기가 진행 중일 땐, 하프타임이더라도 라커룸에 들어가든 후반전에 복귀하든 해서라도 인터뷰를 피하고 싶다. 잠시 쉬고 있다고 해서 당장의 경기에 덜 집중해도 된다는 뜻은 아니기 때문이다. 물론 개인적인 생각이다. 팀에 헌신해야 하는 나는 오로지 경기에만 집중하고 있다. 매스컴이 개입할 수 없도록 조처할 때도 있다. 경기 중에 라커룸은 우리 팀의 전용공간으로서 매우 특별한 곳이다. 나라면 크리스마스 만찬 때나 가족들이 대화할 땐 방송카메라를 들이대지 못하게 할 것이다. 촛불을 켜 놓고 아내와 함께 저녁을 먹는데, 제3자가 옆에 앉으면 어떨까? 나는 누군가가 우리의 시간을 망치길 바라진 않는다. 마찬가지로 하프타임도 팀의 사적인 시간이며 우리에겐 꼭 필요한 것이다.

게다가 경기가 한창일 때 마이크를 들이대면 정직한 답변이 나올지도 의문이다. 경기가 잘 풀리지 않는데도 아무 일 없다는 듯이 인터뷰에 응할 수 있을까? 정말 솔직해질 수 있을까? 그렇지 않을 것이다. 그뿐 아니라 경기력과 팀의 단합에도 악영향을 끼칠 것이다.

게임에 대한 순수한 열정을 해칠까 봐 걱정되기도 한다. '콜롬보스' 팀과 함께 놀이터에서 뛰놀던 어린 시절로 돌아가야 한다고 생각한다. 그땐 명예나 돈 따위는 안중에도 없었다. 그저 재미가 있어서 한 것이다. 친구들이었기에 함께 어울렸고 가장 재미있었던 탓에 농구를 즐겼다. 나와 우리 선수들도 그 점을 철저히 수긍했으면 좋겠다. 그래야 아무 욕심 없이 경기를 즐길 수 있다.

우승을 장담하지 마라

NCAA 토너먼트에서 우승을 점치는 팀이 얼마나 될지 선수들에게 물었다.

"전부 다 생각할걸요."

"한 절반은 우승을 노릴 것 같아요."

"아니다. 진심으로 우승을 따내겠다고 다짐하는 팀은 몇일까?"

"여덟이요.", "다섯이요.", "셋이요.", "둘일걸요." 대답이 달라졌다.

"우승을 노리는 팀은 다섯도 안 될 것이다. 대부분 우승은 꿈도 꾸지 않고 있다. 일부는 포스트시즌에 안착한 것만으로도 감지덕지할 것이고, 13내지 17개 팀은 큰물에서 놀게 되었다는 것만으로도 마음이 설렐 것이다. 그들은 코트에서 뛰는 것만으로 만족하겠지. 16강이나 8강을 목표로 삼거나, 4강을 꿈꾸는 팀도 있을 것이다. 하지만 대부분 우승은 생각조차 하지 않는다."

나는 선수들의 시선을 한데 모을 요량으로 잠시 말을 멈췄다가 다시 입을 열었다.

"하지만 우린 반드시 우승할 거라고 믿는 팀이어야 한다. 정규시즌 동안 열심히 해서 포스트시즌에 진출했고 시드도 높게 배정됐다. 우리의 노력은 헛되지 않았다. 포스트시즌 안착보다 더 중요한 것은 우승할 수 있다는 믿음이다!"

그러고는 우승을 당연히 여기지 말라고 주문했다. "듀크대는 4강엔 당연히 진출할 것"이라며 친구들이나 가족들이 무언의 부담을 줄 것이다. 과거에 우승했으니 앞으로도 연승행진은 따 놓은 당상이라 생각할지도 모른다.

"당연히 이길 것이라는 생각은 버려야 한다. 어리석은 사람이나 그렇게 생각한다. 따지고 보면 당연히 이루어지는 것이라고는 하나도 없다. 우승하리라 믿고 이에 철저히 대비하되 결과를 장담해선 안 된다. 또한 사우스캐롤라이나 주립대나 메릴랜드대와 붙든, 세인트 존스대나 육군 대표팀과 붙든 상대팀을 존중해야 한다. 마지막으로 20점 차로 뒤지든, 앞서든, 동점이든 상관없이 루스볼에 몸을 던져야 한다. 누구와 경기하느냐는 중요하지 않다. 최고의 기량을 마음껏 발휘하는 것이 중요하다. 그래서 토너먼트가 존재하는 것이다. 듀크대는 상대편을 존중할 것이다. 그렇지 않다면 우리 자신을 존중하지 않는 것과 같다."

나는 우리가 토너먼트의 한 자리를 차지했다는 사실을 말해 준다. 3월 한 달을 위해 일 년을 준비했다. 자신감과 용기, 자긍심을 갖고 경기에 임해야 한다. 또한 우승할 수 있으리라 믿되, 그럴 것이라고 장담하진 말자고 이야기한다.

첫 라운드부터 결승전에 이를 때까지 상대편을 존중하고, 한 번에 한 경기씩 준비하여 매 경기마다 최선을 다해 뛰어야 한다. 그러고 나면 다음 경기에 집중한다. 경기가 끝날 때마다 스코어는 다시 0대 0이 된다. 이것이 새 출발을 하는 공식이다.

TIPS

· 원기를 충전해야 할 때다. 머리를 식히고 몸 안의 배터리를 충전하라.
그래야 끝까지 달릴 수가 있다.

· 부상 입은 데 없이 몸 상태가 좋은지, 너무 흥분하거나 축 처져 있지는
않은지, 지친 기색 없이 에너지를 발산하고 있는지, 팀원들의 상태를 주
의 깊게 점검하라.

· 다른 사람에게 의견을 물으라.

· 커뮤니케이션, 맹연습 그리고 집중력에 몸을 맡기라.

· 작은 목표를 세우며 에너지를 계속 발산하라.

· 어떻게 이길지, 나머지 토너먼트는 어떻게 풀어 가야 할지가 첫 라운드
의 주요 과제다.

· 매스컴에 정중하고 솔직히 대응해야 하나 일거수일투족을 상세하게 말
해서는 안 된다.

· 우승할 수 있으리라 믿되, 그럴 것이라고 장담하진 말라.

· 상대편을 존중하라. 그렇지 않으면 우리 자신을 존중하지 않는 것과
같다.

CHAPTER 10

위기를 다루는 비결

Handling a Crisis

나는 고난이 전부 나쁘다고 말해선 안 된다고 믿는다.
리더가 적절히 대처한다면 위기는 팀이 성장하기 위한 결정적인 순간이 될 수도 있다.

켄터키 팀을 상대로 2승을 따냈을 때 많은 사람들은 우리가 운이 좋았다고 말했다.
그러나 행운의 여신도 서로를 신뢰하는 팀에 승리를 안겨 준다.

리더는 팀에 도움이 될 만한 표정을 지어야 한다.

—— *Coach K* ——

"켄터키 대 듀크, 103대 102."

"숨 막히는 연장전도 이제는 2초 남짓한 상황!"

"그랜트 선수가 바스켓 밑에서 롱패스를 합니다!"

"맞은편에서 크리스찬 선수가 달려오면서 볼을 잡습니다!"

"크리스찬 선수, 드리블을 하면서 선수들을 따돌립니다. 점프, 숏!"

"골인!"

"듀크대의 통쾌한 역전승으로 경기는 끝납니다!"

어린아이들은 아직도 1992년 3월 동부지역 챔피언십에서 듀크대가 극적으로 역전했던 경기실황을 재연하곤 한다. 그 경기로써 4강 진출을 확정 지었기 때문에 우리에겐 매우 뜻깊은 경기였다. 겨우 2초밖에 남지 않은 연장전에서 1점 차로 뒤지고 있을 때는 엄청난 위기감이 감돌았다. 그러나 사람들이 대학농구 역사에 길이 남을 명경기로 꼽는 바로 그 경기에서, 우린 승리를 거머쥐었다.

규모가 크다고 생각되는 일에는 항상 위기가 찾아온다. 비즈니스 세계에서 막판에 100달러짜리 계약에 말썽이 생겼다고 해도 이를 위기로 여기진 않는다. 그러나 10억 달러짜리 계약이 막판에 뒤틀린다면 이건 최대의 위기가 아닐 수 없다.

위기상황이 악화될수록 팀은 뭉치기는커녕 오히려 개인플레이만 하는 경향이 있다. 즉, '우린 이제 끝장'이 아니라 '난 이제 끝장'이라고 생각하는 것이다. 또한 위기에서 벗어날 기회는 찾지 않고, 세상을 다 산 것처럼 노심초사한다. '이젠 끝났어. 두 달만 지나면 회사가 없어질 테니 새 일자리나 알아봐야겠다. 나라도 먹고 살아야지.'

신이 우리에게 고난을 주는 데는 몇 가지 이유가 있다고 생각한다. 그러므로 나는 고난이 전부 나쁘다고 말해선 안 된다고 믿는다. 리더가 적절히 대처한다면 위기는 팀이 성장하기 위한 결정적인 순간이 될 수도 있다. 홍수나 화재, 허리케인, 토네이도를 겪었던 지역을 생각해 보라. 리더가 리더십을 효과적으로 발휘하면 지역사회가 하나로 뭉친다. 강이 범람할 조짐을 보일 때, 평소에는 인사도 하지 않던 사람들이 집이 떠내려가지 않도록 힘을 합하여 모래주머니를 채우고, 길게 줄을 서서 이를 운반하는 모습을 보았을 것이다. 이처럼 위기상황에서 리더가 서로의 필요성을 호소하면 지역사회의 우정과 정신력은 한층 업그레이드될 수 있다.

내가 몸담고 있는 농구팀도 종종 위기를 겪는다. 우리가 위기상황에 어떻게 대처하는지, 위기의 순간에 무엇을 하는지가 팀의 성패를 좌우한다.

이때 리더는 어떻게 대처해야 할까? 리더는 호들갑을 떨거나 집중력을 잃어선 안 된다. 긍정적인 마인드를 버리거나 자신감을 잃어서도 안 되며, 최적의 인재를 활용해야 한다. 이는 예전에 귀에 못이 박히도록 들었던 조언일 것이다.

비즈니스 세계도 별반 차이가 없다. 혹시 모를 위기상황에서도 성공을 이뤄 내려면 최정예 인재를 활용하는 것도 중요하지만 묵묵히 집중력을 발휘하고 자신감을 갖는 것이 더 중요하다. 긍정적인 시각을 갖는 것은 두말할 필요도 없다. 그러나 위기에 성공적으로 대처하려면 무엇보다 대책을 미리 세워 놓아야 한다.

신뢰관계

켄터키 팀을 상대로 2승을 따냈을 때 많은 사람들은 우리가 운이 좋았다고 말했다. 그러나 행운의 여신도 서로를 신뢰하는 팀에 승리를 안겨 준다.

우리가 똘똘 뭉친 팀이라는 사실이 승리하는 데 큰 도움이 되었다. 상황이 어려워지면 이미 구축해 놓은 서로간의 막역한 관계가 빛을 발한다. 켄터키와의 경기가 시작되기 훨씬 전부터 우리 팀의 신뢰는 이미 쌓여 있었다. 내가 선수들에게 꼭 필요한 말이다 싶으면 서슴지 않고 즉각적으로 이야기할 때도, 그들은 부정적으로 듣지 않고 사실 그대로를 받아들였다. 모든 감독이 추구하려는 원칙인 '즉각적인 믿음'이 이미 몸에 배었던 것이다.

연장전에서 나는 내 판단이 잘못되었음을 시인함으로써 팀에 믿음을 줄 수 있었다. 리더는 자기도 사람이며 실수를 저지를 수 있다는 것을 보여 줘야 한다. 팀원들이 리더의 눈을 통해 객관적으로 자신을 본다면 리더 역시 팀원들의 눈을 통해 객관적으로 자신을 들여다 볼 줄 알아야 한다.

실수를 인정하지 않으면 거만하고 믿을 수 없는 사람이 된다. 믿을 수 없는 사람이라는 말은 리더에게 가장 치명적인 말이다. 그래서 나는 실수를 했을 때 팀원들에게 정식으로 사과한다.

연습 때 선수 한 명을 꾸짖었던 적이 있었다. 그런데 나중에 비디오테이프를 보니 그의 플레이엔 문제가 없었음이 확인되었다. 그래서 다음 연습시간 때 그에게 다가가서 말했다.

"빌리, 내가 참 바보 같았어. 네게 그렇게 말할 필요가 없는 거였는데……."

"감독님, 괜찮아요."

"아니야, 그건 옳지 않았어. 미안해."

특정 선수에게 실전에서의 플레이방식을 지정해 주고 그에 따를 것을 주문했으나, 전략이 먹혀들지 않을 때도 있다. 그러면 내가 잘못 판단한 전략 때문에 선수나 팀이 엉망이 된다. 그런 경우엔 하프타임 때 선수들이 보는 앞에서 그에게 사과한다.

"경기 전에 난 참 어리석었다. 내가 잘못된 걸 지시하는 바람에 우리가 엉망이 된 거다. 나를 잘 봐라. 이젠 더 이상 어리석은 짓은 하지 않겠다. 그러니 바보 밑에서 농구한다는 생각은 버려라. 내가 잘못했지만 앞으로 더욱 분발하고, 이미 알고 있는 대로 플레이하자."

나이가 들면서 실수를 곧잘 인정하게 되었다. 아내와 딸들 덕분이라고 생각한다. 실수를 인정하는 것이 약점이 아니라는 사실을 일깨워 주었기 때문이다. 사실 자신감을 드러내는 하나의 방법이기도 하다.

"내가 일을 그르쳤어. 미안해. 이젠 안 그럴 테니 다시 시작하자."

이처럼 리더가 완전치 못한 한 인간임을 팀원에게 보여 주지 않는다면 그들은 리더를 따르지 않을 것이며, 리더가 그들을 믿지 않는다면 그들도 리더를 믿지 않을 것이다. 또한 잘못을 저질렀을 때 이를 시인하지 않는다면 그들은 리더를 신뢰하지 않을 것이다.

위기의 순간에 팀원들이 당신에게서 등을 돌린다면 당신에겐 희망이 없다. 서로를 신뢰해야만 위기에 즉각 대처할 수 있다.

마음껏 즐겨라

정규시즌이 끝나면 다양한 토너먼트 대회가 열린다. 그중 ACC는 모든 토너먼트 경기의 시초다. ACC가 토너먼트의 스타트를 끊은 이후 이를 모방하여 다른 컨퍼런스 토너먼트가 미국 전역에 확산되었다.

본 토너먼트는 ACC 농구를 경축하기 위해 나흘간 펼쳐진다. 이땐 일반인에게 티켓을 판매하지 않는데, 우리는 그 까닭을 '유언장과 함께 티켓을 후대에 물려준다'는 뜻으로 해석하고 있다.

토너먼트에서 우승해야 ACC의 공식 우승팀이 된다. 따라서 모든 참가팀의 부담이 이만저만이 아니다. 운 좋게 앞서가는 팀도 중압감은 피해 갈 수 없다. 이기든 지든 부담스러운 시기다. 주변 사람들에겐 약체라는 인상을 불식시키기 위해 위풍당당한 모습을 보여야 하고, 전국적으로는 NCAA 토너먼트에 진출해야 하는 압박감을 겪어야 한다. 일찌감치 패배하면 시드를 확보하지 못할 수도 있다.

초창기에는 ACC 토너먼트에서 우승한 팀만 NCAA 토너먼트에 진출할 수 있었다. 그 후 다른 팀도 NCAA에 진출할 수 있도록 규정이 바뀌었지만 ACC 토너먼트의 열기와 부담감은 수그러들지 않고 있다.

1988년에 우리는 결승전에서 숙명의 라이벌인 노스캐롤라이나대UNC와 맞붙었다. 우리가 그해 UNC를 두 번이나 꺾은 탓에 그들은 복수심에 불타고 있었다. 종료 벨이 울릴 때까지 막상막하여서 특히 힘든 경기였다. 후반전에 우리는 50대 55로 뒤지고 있었으나 수비에 좀 더 집중했다. 그 결과 노스캐롤라이나는 종료 직전까지 던진 19번의 슈팅 중 16번이나 놓치고 말았다.

경기 종료까지 4초를 남겨 두고 듀크가 63대 61로 역전에 성공했을 때, 퀸 스나이더의 상대에게 루스볼파울(루스볼을 소유하려는 과정에서 일어난 파울. 파울을 당한 선수에게 2개의 자유투가 부여된다)이 선언되었다. 나는 작전타임을 선언했고 선수들은 모두 벤치에 앉았다. 그들의 얼굴에서 조바심과 긴장감을 읽을 수 있었다.

"이렇게 한번 해 봐. 여기 그냥 앉아서 이 순간을 느끼는 거야. 관중의 소리를 들어 봐. 그들의 열기를 느껴 보라고!"

"굉장하지 않나?" 내가 덧붙였다. "왜 부담을 느끼는 거지? 스릴도 있고 폼 나는데 말야! 너희들이 이 순간을 그냥 즐겼으면 좋겠어. 명심하라고!"

이 난국을 빠져나갈 전략을 이야기한 게 아니다. "퀸, 마음 편히 가져. 무슨 말인지 알겠지? 응?"이라고 했을 뿐이다. 퀸은 자유투 두 개를 모두 성공시켰다. 그 결과 우린 노스캐롤라이나를 세 번 연속 완파하는 이변을 낳으면서 ACC 우승을 거머쥐게 되었다.

그땐 정말 위기의 순간이었다. 결승전에서 자유투 기회가 두 번이나 주어졌지만 선수들은 되레 초조해했다. 그래서 일단 긴장부터 풀고 팀원이 걱정하는 데 힘을 낭비하지 않도록 도와야겠다고 생각했다. 특히 퀸 스나이더에게 도움이 절실했다. 나는 그들이 시합을 즐기기만을 바랐다. 물론 긴박한 상황에 스트레스가 없단 건 말도 안 되지만 재미를 느끼면 중압감이 줄어들기 때문이다.

선수들은 NCAA 토너먼트 4강전, '빅 댄스Big Dance'를 준비할 때도 약간 긴장한다. 그러다 NCAA시즌이 무르익을 때면 코트를 뛰는 다른 이유를 몇 가지 발견하게 된다. 재미가 있다면 시합을 마다할 까닭이 없다. 그래서 난 연습할 때도 선수들과 어울리면서 농담도 하고 재미있게 지낸다. 내 이마에 깊이 새겨진 주름살을 선수들이 보지 않길 바란다.

1992년 시즌 때의 일이다. 당시 나는 그랜트 힐에게 자신감을 심어 주고 싶었고, 그가 좀 더 본능에 충실하길 바랐다. 그는 생각이 너무 많은 유형이었다. 나는 그가 자신의 천부적인 재능에 의지해 느낌에 따라 좀 더 유연성 있게 경기하기를 바랐다. 팀이 모였을 때 나는 그랜트가 경기에 임하는 훌륭한 정신자세 때문에 잘 해낼 수 있었다며 그를 띄워 주었다. 그런 후 바비 헐리에게 농담을 건넸다.

"바비, 자네는 아무 생각 없이 산다고 그랜트에게 말해 주겠나?"

선수들이 웃기 시작하자 바비도 수줍어하는 어린아이처럼 입가에 미소를 띠더니 이윽고 웃음을 터뜨렸다. 웃음이 잦아들자 나는 그랜트에겐 자신감을 심어 주고, 바비에겐 상처를 주지 않도록 이렇게 말했다.

"바비는 지치지 않아. 이래저래 따지는 성격이 아니거든. 요리법에 의존하지 않는 주방장이라고나 할까? 그저 느낌이 오는 대로 요리를 하지. 하지만 나는 바비를 그냥 내버려 둘 거야. 지금 가장 필요한 건 그랜트가 중시하는 승리니까 말이야."

상황에 따라 전술은 변한다. 긴장을 풀어 줄 때도 있지만 숨통을 조일 때도 있다. 정규시즌 막바지에 두 경기를 연패한 후였다. 시합 전에 선수들이 지시사항을 듣기 위해 라커룸에 모였을 때 나는 불을 끈 뒤에 촛불을 들고 라커룸으로 들어갔다.

"나는 열정을 가진 선수를 찾고 있는 폴란드 늙은이일 뿐이야."

내가 한 말은 그게 전부였다. 당시 라커룸에 있었던 선수들 사이에선 그때 일이 아직도 화두가 되고 있다.

이런 특별한 연출들이 계획된 것은 아니다. 나는 뭔가 잘 되지 않을 때는 선수들이 느낌으로 경기하기를 바란다. 수년 동안 나와 함께 생활했던 선수라면 내가 유머감각이 있다고 말할 것이다. 듀크대에 몸담고 있는 동안만이라도 재미있게 지내길 바라는 마음에 유머를 곧잘 터뜨린다. 재미도 여정에서 빼 놓을 수 없는 요소이고 모두가 즐거워야 하기 때문이다.

자신감에 찬 얼굴을 보여라

리더는 팀원들이 보고 싶어 하는 표정을 지어야 한다. 그들은 리더의 말보다는 얼굴을 먼저 인식하기 때문이다. 팀원들은 리더의 눈과 걸음걸이에도 관심을 갖는다. 나는 라커룸에 들어갈 때도 항상 신중을 기한다. 경기 전에는 탄력이 느껴질 만큼 발걸음을 재촉하고 얼굴엔 미소를 띤다. 그러고는 라커룸에 들어가서 말한다.

"얘들아, 오늘 저녁에는 정말 훌륭한 경기를 펼치게 될 거야. 기대되는걸?"

말의 내용은 그다지 중요하지 않다. 그러나 선수들로 하여금 이런 말이 나오게 해야 한다.

"감독님이 정말 그렇게 생각하는 걸까?"

"그래, 감독님 얼굴을 봐. 이건 장난이 아니라고. 오늘밤엔 정말 멋진 경기를 펼칠 수 있을 거야."

훌륭한 리더는 팀에 자신감을 불어넣을 수 있는 모습을 보여야 한다. 나는 선수들에게도 상체를 똑바로 세우며 걸음걸이를 교정하라고 주문함으로써 이미지 메이킹을 시도한다.

"에이스가 되고 싶다면 에이스답게 걸어야 한다."

이것은 웨스트포인트에서 배운 원칙이다. 리더라면 리더답다는 인상을 팀에 보여 줘야 한다. 허리를 꼿꼿이 세운 태연한 자세 혹은 웃음을 잃지 않는 자세가 몸에 배어야 한다. 또한 얼굴을 깨끗하게 하고 복장에도 신경을 쏟아야 한다. 구두에 묻은 진흙이 눈에 띄어서도 안 된다. 반면에 미소 띤, 찌푸린, 감정적인, 화난, 장난스러운 표정들, 즉 매 순간 팀에 도움이 될 만한 얼굴은 가리지 말고 보여 주는 것이 좋다.

리더는 두려움과 같은 감정에 휘둘려서는 안 된다. 두려움에 신사적으로 대응할 필요도 없다. 가끔은 맹공격을 가해서 제거해야 할 때도 있다. 그러나 인간적인 감정을 해결하는 방법은 매우 다양하기 때문에 언덕 위로 달려가 기관총을 발사하는 것이 능사는 아니다.

자신감은 두려움을 극복하는 데 매우 효과적인 무기가 된다. 나라면 경쟁이 치열한 상황에서 우리가 상처받고 낙담하며 걱정하는 모습을 상대편의 눈에 띄지 않게 할 것이다. 감정에 휘둘린다면 경쟁 상대는 우리에게 문제가 있다는 것을 대번에 눈치챌 것이고, 그들의 기세는 곧 하늘을 찌를 것이다.

위기의 순간에도 자신감을 보인다면 더욱 강력한 팀이 될 수 있다. 그래서 선수들에게 항상 강조한다.

"자신감은 살리고 약점은 감추어라."

예비 리더들에게 고한다.

"팀이 이길 만한 말과 표정을 입과 얼굴에 담아라."

천국에 도달하라

NCAA 토너먼트 중 가장 값진 경기는 지역 챔피언십이다. 이는 미국 프로미식축구로 치면 NFC나 AFC 챔피언십과도 같다. 거기서 승리하면 슈퍼볼로 진출하게 된다. 마찬가지로 지역 챔피언십에서 우승하면 대학농구의 슈퍼볼급인 4강, '빅 댄스'에 진출할 수 있다.

4강을 꿈꾸지 않는 감독과 선수는 없다. 그곳은 메카이고 유토피아다. 팀을 막론하고 4강에 한두 번 혹은 그 이상 진출했다고 하면 경력이 화려해진다. 또한 누구나 내셔널 챔피언십에서 우승하고 싶어 한다. 최고의 팀을 가리는 대회이기 때문이다. 그런데 4강까지는 어떤 팀이 진출할지 가늠해 볼 수 있으나 우승은 그렇지가 않다. 이는 사람들이 골똘히 생각해서 기입한 대진표의 정중앙에 위치한다. 대진표를 보면 NCAA는 마치 4강을 가리는 토너먼트 경기처럼 보인다.

일단 지역 챔피언십에 진출한다면 우승 가능성은 얼마든지 있다. 지역 챔피언십은 최대의 스케일을 자랑한다. 우리는 중압감과 긴장감, 짜릿함을 느끼며 가장자리에 소속팀 이름을 채운다. '메카에 오를 자 누구이며, 천국에 입성할 자 누구냐?', '내가 들어가면 얼마나 좋을까?'

우리는 각자 희망을 건다. 지역 챔피언십 결승에서 가장 기억에 남는 경기는 1992년 3월 초만원을 이룬 관중이 지켜보는 가운데 필라델피아 스펙트럼에서 열린 '듀크 대 켄터키 전'이었다.

켄터키대는 준결승에서 유매스UMass와의 접전 끝에 승리를 거두었다. 명감독 릭 피치노와 자말 매시번이라는 2학년 에이스 그리고 4명의 노련한 선배들이 켄터키의 주축을 이루었다. 우리는 준결승에서 세튼홀을 상대로 완승을 거두었다. 그러나 이틀 후에 맞붙는 켄터키와의 경기는 결코 쉬운 일이 아니라고 생각했다. 실제로 정말 팽팽한 한판 승부였다.

경기 초반 듀크대는 무난하게 경기를 풀어 갔다. 20대 20에서 스코어 변동이 없던 차에 우리가 상대를 서서히 앞지르기 시작했다. 하프타임 때까지도 상승세가 유지되면서 후반전 중반까지 점수 차가 12포인트 벌어졌다. 그러나 탄력을 받은 자말의 9득점에 힘입어 켄터키대가 반격하기 시작했다. 결국 93득점 동점으로 경기 시간이 종료되었다.

곧 연장전이 시작됐다. 켄터키대가 기세를 몰아 동점까지 만들어 낸 상황이었다. 우린 슛에는 슛으로, 파울슛에는 파울슛으로 대응했다. 최후에 공을 잡은 팀이 4강에 진출할 것처럼 보였다. 종료까지

7.8초, 듀크가 102대 101로 앞서고 있었다. 때마침 릭 감독이 타임 아웃을 요청했다. 경기가 재개되자 리치 파머가 동료 숀 우즈에게 인바운드했고, 그는 파울라인의 오른편으로 볼을 몰고 갔다.

바비가 상대편의 저지를 당하며 바닥에 넘어졌다. 크리스찬이 대신 커버했지만 숀은 크리스찬이 뻗은 손 위로 볼을 힘껏 던졌다. 그의 철벽수비에 공이 바스켓에 들어가지 않으리라 생각했다. 그런데 어찌된 일인지 백보드에 맞고 튕겨 나와 링 주위를 맴돌더니 후프를 통과하고야 말았다. 스코어는 102대 103, 켄터키가 한 점 앞서게 되었다.

믿을 수 없는 숏이었다. 정말 보기 힘든 기막힌 숏이었다. 하지만 감탄보다는 화가 났다. 지금까지 잘 싸웠고 용기를 잃지 않은 탓에 지고 싶지가 않았다. 숀은 볼을 정면에서 쏠 의도가 전혀 없었던 것 같았다. 그래서 팀원들이 "오늘은 운이 나쁘네.", "경기가 안 풀리네."라며 질 게 뻔하다고 생각할까 봐 걱정되었다. 그건 있을 수 없는 일이었다.

종료까지 약 2초 남은 상황에서 너무 화가 나서 수건을 집어 던지면서 타임아웃을 요청했다. 동기를 부여할 수만 있다면 화는 얼마든지 내도 괜찮다. 분노는 종종 두려움을 제거하기 때문이다. 선수들도 나처럼 화를 내길 바랐다.

그러나 선수들은 화는커녕 얼굴에 강펀치를 한 대 얻어맞은 것처럼 넋 나간 표정을 짓고 있었다. 코트 반대편에서 걸어올 때 그들의 멍한 표정을 보면서 팀워크가 제대로 발휘되지 못하고 있다는 것을 알아챘다. 위기에 처한 사람들이 으레 그러하듯, 그들도 분명 개인플레이를 하고 있었다.

바비는 크리스찬이 슛을 막았더라면 상황은 달라졌으리라 생각했을 것이고, 크리스찬은 바비가 제대로 수비했더라면 역전은 당하지 않았을 거라고 그를 원망했을 것이다. 나중에 알게 된 사실이지만, 4강에 진출하지 못할 거라고 생각했던 그랜트는 다음 주에 어디로 놀러갈지를 고민 중이었다고 말했다.

위기의 순간에 봉착한 것이다. 나는 충격을 완화시키고, '우리는 이길 수 있다'는 긍정적인 마인드를 심어 주며 2분 내에 팀을 하나로 뭉칠 수 있도록 만들어야 했다. 그래서 타임아웃을 요청했을 때 선수들이 벤치까지 걸어오기를 기다리지 않고 직접 코트로 걸어갔다. 그들은 내 말을 듣기 전에 나의 당당한 걸음걸이와 확신에 찬 표정을 보았다. 하지만 여전히 그들의 눈에는 질 게 뻔하다는 표정이 역력했다.

"우린 이긴다! 반드시 이길 거다!"

나는 이렇게 말하고는 선수들을 벤치에 앉으라고 손짓하면서 선수들의 눈높이에 맞추어서 무릎을 꿇었다. 선수들이 내 눈을 똑바로 쳐다봤을 때 다시 외쳤다.

"우리는 반드시 이길 거다. 무슨 말인지 알겠지? 우린 이긴단 말이다!"

응급실에서 심장병 환자의 가슴에 전기충격패드를 대듯 말했다.

"우린 이긴다! 반드시 이긴다! 일어나! 활기를 되찾으라고!"

그들은 내 말을 들었고, 결국 살아났다. 다시 그들의 눈을 보니 충격에서 벗어나 있었다.

대부분의 사람들은 위기가 찾아오면 기회가 없어진다고들 생각한다. 그러나 리더는 그럴 때일수록 기회를 만들어야 한다. 이길 수 있

166

는 방법을 찾고, 이길 수 있다고 믿어야 한다. 그때 나는 우리가 정말 이길 거라고 믿었다. 젊은이들이 똘똘 뭉친다면 뭔들 못하겠는가? 난 그들을 믿었다.

그리고 전략을 내놓았다. 나를 믿는다면 내가 구상한 전략과 이길 가능성도 믿어야 했다. 선수들은 내 질문에 대답하며 대화에 참여했다.

"그랜트! 지금 필요한 건 롱패스인데, 할 수 있겠나?"

"예, 할 수 있습니다."

"크리스찬, 자넨 왼쪽 코너에서 키홀keyhole 끄트머리까지 달리면서 볼을 잡는 거야. 알았지?"

그는 고개를 끄덕였다. 나는 보드에 개략적으로 전략을 그렸다. 토마스 힐을 맞은 편 사이드라인 하프코트에, 토니 랭을 바스켓 밑에 표시했다. 크리스찬이 볼을 잡지 못했을 때 토니가 볼을 토마스에게 살짝 넘겨 줄 것이다. 그랜트가 크리스찬에게 패스하지 못할 때를 대비해서 바비는 미드코트에 넣었다. 그러면 그는 바비에게 패스할 수 있게 된다. 어쩔 수 없이 바비는 즉흥적으로 이를 소화해 내야 할 것이다.

"크리스찬, 할 수 있겠지?"

재차 물었다.

"그랜트가 패스하면 제가 잡아서 슛을 쏘겠습니다."

"좋아! 얘들아, 크리스찬이 볼을 잡기 전에는 시간이 카운트되지 않아. 우리에겐 아직도 2초란 시간이 있다."

코트에 들어가기 전에 우리는 손을 마주잡고 서로에게 확신을 주었다.

"우린 이긴다!"

그들은 흩어지면서 이제 우리에게 기회가 왔다는 것을 나에게 눈으로 말하는 듯했다. 선수들은 자신감에 불타올랐고, 긍정적인 마인드와 단결력 그리고 훌륭한 계획으로 무장되었다. 그랜트가 스로인 throw-in을 하려고 바스켓 밑에 섰다. 마침내 휘슬이 울리자 볼은 약 20미터를 지나 맞은 편 코트의 키홀까지 날아갔다.

크리스찬은 왼쪽 사이드에서 달려 나왔다. 마치 환상적인 풋볼 경기를 보는 듯했다. 키홀 꼭대기에서 볼을 잡은 크리스찬은 앞으로 2초가 남았다는 듯이 드리블하며 동작을 조절했다. 이내 몸을 돌렸고, 점프! 슛을 던졌다. 볼이 공중에 떠 있는 순간 시계가 경기 종료를 알렸고, 볼은 그물망을 통과했다!

경기장은 난장판이 되었다. 기쁨과 절망이 교차하는 가운데 서로가 자신의 눈을 의심하고 있었다. 토마스 힐이 머리를 움켜쥐며 말했다. "맙소사!"

최종스코어 104대 103으로 듀크대가 승리했다. 우리는 마치 천국에 입성한 기분이었다. 기쁜 마음에 이리저리 뛰어다니진 않았다. 사실 볼이 들어가는 것을 보지 못했다. 나는 선수들의 얼굴을 보고 있었다. 우선 슛을 제대로 쏠 줄 알았던 크리스찬의 얼굴을 보았다. 그리고는 켄터키대의 고참 선수 리치 파머에게 눈길을 돌렸다. 나는 이번이 그의 마지막 경기임을 알고 있었다. 리치의 얼굴에 깊은 충격과 함께 좌절감이 밀려드는 것을 느낄 수 있었다. 나는 그에게 다가가 팔로 어깨를 따뜻하게 감싸며 위로했다.

경기에서 이기는 것만이 내 일은 아니다. 팀과 선수들을 지도하고 보살피는 것도 중요한 일이다. 리더십은 어떤 순간에도 발휘돼야 한다. 라스트 슛에 내 책임이 끝나는 것은 아니다. 우리가 졌더라도 선수들을 위로하기 위해 그들에게 달려갔을 것이다. 하지만 지금은 그럴 필요가 없게 되었다. 그래서 도움이 필요했던 선수, 리치 파머를 찾아 위로해 주려 했던 것이다.

켄터키대 감독 릭 피치노에게 악수를 청한 뒤, 프레스 테이블에 가서 와일드 캣츠의 전설적인 스포츠중계 아나운서인 카우드 레드포드와 인터뷰를 나누었다. 나는 방송을 빌려 켄터키대 팬들에게 한마디 건넸다.

"켄터키대를 자랑스럽게 생각하시고 격려의 박수를 보내 주십시오. 그들은 여러분을 대신해서 전력을 다해 싸웠습니다."

COACH K TIPS

· 위기상황이 악화될수록 팀은 뭉치기는커녕 개인플레이만 한다.

· 행운의 여신도 서로를 신뢰하는 팀에 승리를 안겨 준다.

· 잘못을 저질렀다면 이를 시인해야 한다. 팀원들 앞에서 사과하라. 잘못을 인정하는 것은 약점이 아니라 장점이다.

· 위기의 순간에 팀원들이 당신에게서 등을 돌린다면 당신에겐 희망이 없다. 서로를 신뢰해야만 위기에 즉각 대처할 수 있다.

· 마음껏 즐기며 스트레스를 풀라.

· 유머감각을 키우라. 이마에 깊이 새겨진 주름살을 남들에게 보이고 싶진 않을 것이다.

· 리더는 팀에 도움이 될 만한 표정을 지어야 한다. 팀원들은 말을 시작하려는 리더의 얼굴과 눈 그리고 걸음걸이까지도 살핀다.

· 두려움에 신사적으로 대응할 필요는 없다. 맹공격을 가해서 제거해야할 때도 가끔은 있다.

· 자신감은 두려움을 극복하는 매우 효과적인 무기다. 자신감은 살리고 약점은 감추라.

· 동기를 부여할 수만 있다면 화는 얼마든지 내도 괜찮다.

· 리더는 기회를 만들어야 하며 이길 수 있는 방법을 찾아야 한다.

CHAPTER 11

집중력

Focus On The Task At Hand

세 번이나 4강에 진출했는데 우승하지 못했다는 이유로 선수들에게 미안해할 필요는 없다.
4강 문턱에도 못 들어간 것보다야 4강전에서 진 게 훨씬 낫지 않은가?

리더의 책임은 매우 중요하기 때문에 한시라도 사적인 감정을 표출해서는 안 된다.

기회를 포착해야 할 때, 리더십은 십분 발휘된다.

—— *Coach K* ——

1990년 콜로라도 덴버에서 우린 끝내 지고 말았다. 그것도 NCAA 토너먼트 역사상 가장 큰 점수 차로 패배했으니, 사실은 '졌다'는 말로도 충분하지 않다. 네바다대와의 결승전, 우리는 73대 103으로 '완패'했다.

기자들이 혹시 이런 작전을 썼다면 어땠을까 생각나는 것이 있냐고 물었을 때, 나는 "글쎄요, 팀을 싹 갈아치웠든지 감독을 바꿨든지 아니면 네바다대 선수들이 병이라도 났다면 결과는 달라졌겠죠."라고 대답했다. 애써 변명하지는 않았다.

그날 저녁 호텔에서 우리 부부는 코칭스태프와 이야기를 나누고 있었다. 때마침 어머니와 형님 내외가 우릴 찾아오셨다.

"마이크! 너무 걱정 마라. 내년엔 잘할 거야."

어머니께서 격려해 주셨다. 잠시 조용히 앉아 생각을 가다듬었다. '그래, 올해 우린 대단했지. 4강에 진출했고 결승까지 갔으니 말이야. 흠……, 내년에 더 잘하려면 우승을 노리는 수밖에 없겠군.'

"어머니, 제 기분을 달래 주시려는 것 알아요. 힘을 내란 말씀이 위로가 되네요."

"다음엔 잘할 거야."

어머니는 재차 말씀하셨다.

4강전

4강에 진출하면 주변 사람들 모두가 들뜬다. 선수와 감독, 부모, 팬들 할 것 없이 모두들 기뻐서 어쩔 줄 모른다. 그래서 4강을 '빅 댄스'라고 부르기도 한다. 말 그대로 흥분과 열광의 도가니다. 4강의 열기 때문에 내셔널 챔피언십은 그냥 묻혀 버리기 십상이다. 매스컴은 일제히 득점에 정신을 쏟고, 카메라맨들은 팀의 꽁무니를 이리저리 쫓아다닌다.

4강에 진출했을 땐 마치 마이크를 얼굴에 달고 사는 것 같다. 기자들은 기삿거리를 찾아다닐 뿐만 아니라 촬영 각도도 유심히 살핀다. 그들의 화두는 대략 이렇다.

"전 듀크대 매니저들을 한번 찍어 볼까?", "니카라과에서 빈민층

아이들을 돕는 캘리포니아대 학생의 근황은 어떨까?", "가정문제가 있는 코네티컷대 선수는 없나?"

4강전의 분위기가 얼마나 산만한지 모른다. CBS와 NCAA가 10억 달러짜리 텔레비전 계약을 체결했기에 더욱 그럴 것이다. 여기엔 선수들이 반드시 참여해야 한다는 요구사항이 명시되어 있다. 예를 들면 첫날 저녁에는 '현지조직위원회 프레젠테이션' 일정이 잡혀 있는데, 감독 4명이 연설을 해야 한다. 일주일 동안 엄청나게 많은 인터뷰가 잡혀 있다. 연습 때도 선수들은 45분이나 인터뷰에 응해야 한다. 라커룸의 공개시간은 30분이며, 감독들은 CBS 텔레비전과 30분간 인터뷰하고 나서 신문·잡지사 기자들과 30분 동안 회견시간을 가진다. 이렇게 3시간이 훌쩍 지나 버리면 연습시간은 고작 50분밖에 없다.

프로선수가 아니라는 점만 빼 놓고는 슈퍼볼의 경기 전 실황과 매우 흡사하다. 따라서 선수들이 기자를 상대하도록 내버려 두면 팀이 잘 뭉치지 못한다. 예를 들면 내가 팀원들과 함께 시간을 보내지 못하거나 일부 선수들만 스포트라이트를 받는 일들이 있다.

나는 평소 경기를 앞두고 팀과 떨어지는 법이 없다. 포스트시즌 토너먼트 경기도 별로 다르지 않다. 그러나 4강전에 접어들면 갑작스레 팀과 멀어진다. 식사도 같이 할 수 없다. 사생활을 빼앗기고 있기 때문에 연습 전에 선수들과 직접 이야기할 수 있는 시간도 확 줄어든다.

'4강전'이라는 무게감 아래서 우리는 서로에게 거리감을 느끼기 시작한다. 이렇게 되면 일이 제대로 돌아가지 않는 법이다. 앞으로 치를 경기에 대한 생각보다는 잡생각이 더 많이 들기 때문이다. 이럴 때는 팀의 약점이 노출되기 십상이다. 더욱이 팀이 긴밀하면 긴밀할수록 4강전이라는 대소동이 미치는 영향을 크게 받는다.

포스트시즌의 마지막 주가 되면 열차는 만원이 된다. 그런데 너도 나도 기차에 뛰어오르면 주위가 산만해진다. 이를 어떻게 극복할까?

나는 될 수 있는 한 많은 일을 팀원에게 맡긴다. 4강전을 취재하는 언론 매체들은 스포츠 정보 담당자인 마이크 크래그에게 맡긴다. 그러면 그는 듀크의 앞길을 막는 방해물을 제거하며 팀원들에게 최근 소식과 매스컴의 요구사항을 정리해서 통보해야 한다. 나 혼자서는 감당할 수 없는 일이다. 물론 그렇게 하고 싶지도 않다. 남는 시간은 팀의 전력을 다지는 데 써야 하기 때문이다.

행정보조원인 게리 브라운도 내게 큰 힘이 되는 사람이다. 그녀에겐 사람들이 가장 눈독을 들이는 4강전 티켓을 관리하는 막중한 임무가 부여된다. 경기는 누구나 관람하고 싶어 한다. 선수, 감독 혹은 매니저나 스태프를 조금이라도 아는 사람들은 '어? 저 사람, 고등학교 동창인데 아직도 나를 기억할까? 분명히 잊진 않았을 거야. 그럼 공짜표 한 장은 얻을 수 있겠지?'라고 생각하며 입장권을 기대한다. 그러면 팀원들은 알지도 못하는 '동창'이나 '사촌'이라고 우기는 사람들에게 곤욕을 치를 게 뻔하다.

또한 티켓을 많이 확보할 수 없는 탓에 게리가 이를 처리하고 있다. 팀원들이 게리에게 티켓을 부탁하면 그녀는 수요에 맞게 나눠준다. 게리가 하는 일이 별일 아닌 것처럼 생각될지도 모르겠다. 그러나 다음 경기에 주의를 집중해야 할 땐 티켓 한 장 때문에도 산만해질 수 있는 것이다. 팀의 경기력에 걸림돌이 된다면 이를 완전히 제거하는 게 감독의 일이다. 그래서 티켓과 취재에 관련된 일은 내가 전적으로 신임하는 스태프들에게 맡긴다.

내가 딴 곳에 정신이 팔려 있을 때 팀의 분위기를 끌어올리는 일은 부감독들에게 맡긴다. 그들은 시간이 날 때마다 나를 대신해 선수들을 주시하며 내 질문에 대한 모든 조언을 준비해 둔다. "기자회견은 어땠어요?", "라커룸에선 뭘 하던가요?", "자기 생각을 표현한답시고 말하던데 제가 알아채지 못한 것은 혹시 없나요?", "준비상태는 어떤가요?", "지금 겁을 먹고 있나요? 들떠 있나요?", "조니, 선수들은 어디 있죠?", "선수들이 내 눈을 피하는데 이유가 뭐죠?"

선수들은 흐트러졌던 마음을 추스르고 경기에 임해야 한다. 경기력을 업그레이드할 책임은 그들에게 있기 때문이다. 또한 집중력도 최대한 높여야 한다. 일 년 내내 집중력 훈련을 해 왔으니 지금은 갈고닦은 집중력을 발휘할 때다.

선수들은 30회가 넘는 경기를 치르면서 내내 카메라 앞에 서 왔다. 또 메디슨 스퀘어 가든에서, 메도우랜드에서, 노스캐롤라이나에서 수천 명의 함성을 들으며 경기를 치렀다. 우리 팀은 이 순간을 위해 일 년을 준비해 왔다. 그러니 모두가 준비를 끝마친 상태여야 한다.

그 순간을 이겨 내라

리더의 책임은 매우 중요하기 때문에 한시라도 사적인 감정을 표출해서는 안 된다.

4강전을 앞둔 때엔 매스컴이 팀을 와해시키지는 않을까 걱정되고 불안해지기도 한다. 그러나 그런 감정을 팀에 내색하지 않는다. 대신 이렇게 말하며 기분을 다잡곤 한다. "그래서는 안 되지. 그건 팀에 대한 약속을 욕보이는 일이야. 지금 내 신세를 한탄하거나 기죽은 모습을 보일 겨를이 없다. 화를 내서도 약한 모습을 보여서도 안 된다."

팀원들이 나를 의지하고 있는 걸 알기 때문에 감정을 억누르는 것이다. 그러고 있자면 어머니 생각이 난다. 어머니는 형과 내가 한창 자랄 때 가난하다는 사실을 내색하지 않으셨다. 그래서인지 우리는 우리 집이 가난한 줄도 몰랐고, 가난하다고 생각한 적도 없다. 차도 없고, 집과 돈이 없어 다소 걱정은 하셨겠지만 어머니는 우리에게 드러내지 않으셨다. 마찬가지로 나 역시 선수들에게 약한 모습을 보여 줄 수가 없다.

리더는 매순간 최선을 다해야 한다. 나는 개인적인 문제나 정신적인 걸림돌이 있다면 반드시 제거하려고 노력한다. 팀이 최선을 다하지 못할 수 있기 때문이다. 그래서 항상 스스로에게 묻는다. "지금 팀에 필요한 건 뭘까?"

농구와 마찬가지로 리더십은 융통성 게임이다. 리더가 너무 엄격하게 규칙을 따지면 순간적인 융통성을 발휘할 수 없을 뿐더러 결단력 있게 기회를 포착할 수도 없게 된다. 리더십의 핵심은 그 순간을 이겨 내는 것과 관련 있다고 생각한다.

1991년 인디애나폴리스에 있는 후지에 돔 경기장에서 펼쳐진 4강전 때 가장 결정적인 '순간'을 맛보았다. 감독으로 데뷔한 이후 그때보다 더 값진 48시간은 없었던 것 같다.

우린 3년 연속 4강에 진출했지만 우승 앞에서는 맥을 못 추었다. 그러나 실망감 때문에 나의 행동이나 태도가 달라져선 안 된다고 생각했다. 세 번이나 4강에 진출했는데 우승하지 못했다는 이유로 선수들에게 미안해할 필요는 없다. 4강 문턱에도 못 들어간 것보다야

4강전에서 진 게 훨씬 낫지 않은가?

1991년, 커다란 먹구름이 우리를 가리고 있었다. 당시 무패행진을 달리던 최강팀 라스베가스의 네바다대UNLV와의 경기가 우릴 기다리고 있었기 때문이다. 그들은 1990년 챔피언십에서 우릴 30점 차로 완파한 것을 포함해서 한 경기도 진 적이 없었다. 또한 일 년 내내 경기를 자기들 맘대로 주무르기도 했다. 상대팀과의 평균 점수 차가 25점이나 되었고, 45게임을 연이어 승리한 탓에 올해도 우리를 완파할 것이라는 예측이 무성했다. 전문가들은 우리에게 승산이 없다고 입을 모았다. 우리가 큰 점수 차로 완패하지만 않으면 다행이라고 생각했을지도 모른다.

네바다의 러닝레블스 팀이 훌륭하다는 데는 이견이 없었다. 우리를 꺾었던 1990년의 팀보다 더 높은 실력을 갖췄으리라 예상했다. 하지만 냉정하게 따지고 보면 그다지 월등하다고는 느껴지지 않았다. 듀크대는 비교적 젊은 선수들로 구성되었지만 30점 차로 졌을 때보다 1991년의 팀 기량이 훨씬 뛰어나다고 자부할 수 있었다.

이러한 분석에 따라 우리에게도 승산이 있다고 생각했다. 팀이 단결력을 보여 준다면 충분히 이길 수 있으리라 생각했다. 그래서 팀원들과의 대화 시간을 늘렸다. 그리고 매스컴에는 귀를 막고 신문에선 눈을 돌리라고 주문했다. "내가 매스컴에 퍼뜨리는 이야기도 듣지 말고 직접 너희들에게 이야기하는 것만 들어라. 알았지?" 그리고 나서 매스컴에는 불쌍한 패자의 이미지를 연상시키도록 연출했다.

그러나 네바다대를 이기려면 매스컴에 연막탄을 터뜨리는 것만으로는 충분하지 않았다. 우리에겐 4강전으로 빚어진 산란한 마음을 다스릴 수 있는 집중력이 그 무엇보다 필요했다. 앞으로 있을 네바다와의 경기가 팀 발전의 원동력이 되리라 믿었으나 쉽게 풀리진 않을 거라 예상했다.

'이길 수 있고', '이길 운명'이라는 게 당시 나의 좌우명이었다. "이젠 우리 차례다!" 선수들 각자에게 일러 줌으로써 '열심히 뛰고 점수 차만 많이 벌어지지 않으면 져도 상관없다'는 안일한 생각을 떨쳐 버리기 위해 노력했다.

4강에 든 것만 해도 대단하다고 말하지 않았다. 그래선 안 됐다. 이젠 우리가 우승할 때라고 말했다. '다음'이나 '내년'이 아니라 '바로 지금', '올해'여야 했다.

1990년도 네바다와의 경기를 담은 테이프를 꼼꼼히 분석했다. 상대가 압박을 시도할 때마다 우린 맥을 못 추었다. 바비와 팀 모두가 힘들어한다는 게 눈에 보였고, 나 역시 망연자실한 표정을 짓고 있었다. 그 당시 사이드라인에 서 있던 감독인 나에게서 열정이라고는 코빼기도 찾을 수 없었다. 그러나 이번에는 다를 것이라고 나 스스로에게 장담했다.

지난 시즌 때 선수 개개인을 촬영했던 짤막한 동영상 중에서 보기 좋은 장면들만 추려 놓은 게 있었다. 예를 들어 성공적인 패스라든가 숏, 또는 최고의 수비동작을 담은 영상을 각 선수들에게 개별적으로 두 번씩 보여 주었다. 인디애나폴리스로 떠날 때 보고, 또 한 번은 경기 직전에 보았다.

네바다대와의 경기를 기다리며 선수와 감독들은 라커룸에서 첫 경기인 노스캐롤라이나와 캔자스의 경기를 지켜보고 있었다. 나는 맞은편 방에 공간을 마련해 비디오와 텔레비전을 설치하고는 한 사람씩 불러서 각자 자신이 찍힌 영상을 틀어 주었다.

바비, 그랜트 그리고 빌리는 영상을 유심히 지켜봤고 나는 다음으로 크리스찬을 부르러 라커룸에 갔다.

"크리스찬, 이젠 네 차례다."

그는 모두가 있는 데서 벌떡 일어서더니 말했다.

"감독님, 전 볼 필요가 없습니다. 지금 출정해도 상관없어요."

그때서야 선수들이 입을 열기 시작했다.

"예, 맞아요. 감독님. 지금 가요!"

크리스찬은 감독인 내게 말한 것이 아니라 팀원들에게 말한 것이다. 크리스찬은 무엇을 해야 할지를 정확히 아는 선수였다. 그게 바로 그의 매력이다. 그는 가르칠 수 없는 영역까지 소화해 내는 그런 인물이다. 결정적인 순간, 그가 한 말은 내가 했을 때보다 훨씬 효과가 컸다. 크리스찬은 주장 후보 1순위로서 팀의 디딤돌 역할을 충실히 해냈고, 그 결과는 실로 놀라웠다.

워밍업차 코트에 나갈 준비를 하고 있을 때 캔자스가 준결승에서 노스캐롤라이나를 꺾었다는 소식을 듣게 되었다. 라커룸 안에서 안도의 한숨이 들려 왔다. 노스캐롤라이나가 패배하기를 바랐던 모양이다.

숙명의 라이벌이 토너먼트에서 탈락했으니 이젠 져도 여한이 없겠다고 생각한 선수도 있었을 것이다. 우리가 이번에 져도 노스캐롤라이나와 별반 차이가 없으리라는 생각이 우리의 집중력에 구멍을 내고 있었다.

"잘 들어라. 노스캐롤라이나와 비슷하기만 해도 감지덕지라며 져도 상관없다고 생각하는 사람들이 있을지는 모르겠지만, 그런 생각은 애초에 접어 두는 것이 좋을 것이다. 지금 당장 잊어버려라. 지는 게 뭐가 좋은가? 결코 좋은 일이 아니다. 이번엔 우리 차례다. 잊지 마라! 나가서 네바다를 꺾는 거야!"

드디어 경기가 시작되었다. 첫 출발이 무엇보다 중요하다고 생각했다. 상대팀이 우리를 힘으로 제압할 것이라 예상하고는 바비를 보호하는 데 촉각을 곤두세우라고 주문했다. 바비가 주요 타깃이었기 때문이다. 그러자 그는 "전 도움 따윈 필요 없습니다."라고 대답했다.

정말 그랬다. 뒤에서 밀치고, 당기고, 심한 언사로 모욕해도 바비는 서슴없이 도로 갚아 주었다. 경기 내내 바비의 개인기는 프로선수 이상이었다. 그는 특유의 표정을 지으며 훌륭한 백패스를 소화해 냈다. 거침없는 압박에도 볼 핸들링 실력은 흠잡을 데가 없었다. 바비는 주장으로서 과감한 플레이로 팀을 이끌었다.

환상적인 전천후 플레이가 저녁 내내 구사되었다. 우리는 15대 6으로 점수 차를 벌려 놓았고 2점 앞선 43대 41로 전반전을 마무리했다. 후반전이 시작되자 네바다는 좀처럼 꺾이지 않는 듀크의 맹활약에 점점 불안해했다. 그래서인지 몸싸움이 심해졌다. 몇 차례 밀치거나 태클을 걸었고, 고의적인 파울도 두 차례 있었다. 그렇게 일곱 번의 역전극이 반복되었지만 우리 팀은 지칠 줄 몰랐다.

종료까지 2분 30초 남은 상황에서 네바다는 5점 차로 경기 주도권을 쥐었다. 그때까지도 이길 수 있다는 생각은 가실 줄 몰랐다. 그때 마침 상대편의 지역방어가 '아메바amoeba' 전략으로 수정되었다는 것을 알게 되었다. 벤치에서 타임아웃을 부르려는 찰나에 바비가 자신 있게 3점포를 터뜨렸다. 그의 슛은 오늘날까지도 듀크대 최고의 슛으로 손꼽히고 있다. 그는 나에게 시선을 돌리지 않고, 그저 본능에 몸을 맡긴 플레이를 구사하고 있었다. 그가 자랑스러웠다. 지금도 생각하면 팔에 소름이 돋는다.

곧 경기의 주도권이 우리에게 넘어왔다. 스코어 74대 76, 2분 14초를 남겨 두고 2점 차로 뒤지고 있을 때, 우리 선수들은 더욱 전력을 가다듬은 반면, 네바다는 기가 꺾이고 말았다.

듀크대의 철벽수비로 상대팀은 45초 동안의 슛 기회를 두 차례나 살리지 못했다. 시즌을 통틀어 네바다대가 그런 적은 한 번도 없었다. 그때 그랜트가 패스한 볼을 브라이언이 받아 레이업슛을 성공함으로써 동점이 되었다. 파울슛을 두 차례 주고받으며 종료까지 30초를 남겨 두었을 때 양 팀의 스코어는 77이었다.

벤치에서 선수들을 주목시키며 '지연공격delay offense' 사인을 보냈다. "골밑으로 가라." 토마스 힐이 수비가 뚫린 것을 보고 볼을 골밑으로 몰고 갔으나 득점으로 연결시키지는 못했다. 그때 크리스찬이 바로 뒤에서 리바운드를 잡을 준비를 하고 있었다.

슛을 쏘려는데 상대편의 반칙으로 12.7초를 남겨 두고 파울이 선언되었다. 네바다대는 즉시 타임아웃을 요청했고 우리 선수들도 벤치로 돌아왔다. 2년 전 애리조나와의 경기 때, 크리스찬이 파울라인에서 승리를 향해 쏘았던 슛이 문득 생각났다. 비록 바스켓에 들어가진 않았지만 선수들은 주변에서 "괜찮아. 우린 함께 이기고, 함께 진다."고 그를 격려했다.

그때의 크리스찬은 예전과 똑같은 상황에 처해 있었다. 결승에 진출할 수 있는 유일한 관문인 4강전이 모든 것을 판가름한다. 크리스찬이 나를 보며 방긋 웃었다. 내가 무슨 말을 하려던 차에 그가 입을 열었다.

"감독님, 감 잡았어요."

관중석을 가득 메운 4만 7,000명과 집에서 텔레비전을 보고 있던 수백만의 시청자들이 동점상황을 지켜보며 "감 잡았다"는 크리스찬의 목소리를 들었을 것이다.

"좋아, 크리스찬이 슛을 쏘고 나면 더블팀으로 수비해서 볼이 상대방 손에 들어가지 못하도록 하자. 디펜시브 리바운드, 즉 파울을 해서는 안 된다는 것도 꼭 명심해라."

선수들이 코트로 돌아가자 파울라인에 선 크리스찬은 입가에 미소를 지었다. 슛 두 개가 들어가면서 다시 한 번 역전극이 벌어졌다. 듀크는 수비로 전환했고, 네바다대는 마지막 희망을 실은 3점슛을 쏘았다. 그러나 볼은 백보드에 맞으면서 바비의 손에 쥐어졌고, 그는 볼을 위로 힘껏 던졌다. 최종스코어 79대 77로 경기가 종료되었다. 캔자스와의 결승전이 확정되는 순간이었다.

크리스찬은 기자들에게 말했다.

"듀크대가 이길 거라고 생각했던 사람은 듀크의 선수들과 감독님, 부감독님들 그리고 팀과 함께 했던 분들, 합해서 약 30명밖엔 없을 겁니다. 이상입니다!"

나는 팀 전원이 이길 수 있다고 믿는 것이 가장 중요하다고 생각한다.

축배를 들 때가 아니다

한밤중에 우리는 숙소로 돌아왔다. 인디애나폴리스 공항 근처에 있는 홀리데이인 호텔에 묵고 있었는데, 그곳엔 듀크대의 팬과 가족 그리고 친구들로 가득했다. 수천 명의 인파가 우릴 기다리고 있었다.

버스에서 내려서 로비에 도착하기까지도 무척 힘들었다. 사람들의 열기는 대단했다. 미친 듯한 소란이었다. 그들은 손에 술잔을 들고 우리 팀과 건배했다. 학생들은 함성을 질러 댔고 부모들은 자기 아들을 껴안고 등을 두드리며 격려했다. "바비!", "아이고, 내 아들 빌리!", "토마스!", "토니야, 정말 멋졌다!", "사랑한다! 사랑해."

평소 나는 서로를 격려해 주고 가족 간의 끈끈한 정을 나누는 것을 중요시하는 사람이다. 그러나 거기에선 "안 됩니다. 이러지 마세요. 경기는 아직 끝나지 않았습니다. 우리는 결승전에서 캔자스를 이겨야 합니다."라고 말했다. 순간 겁이 났다. 결승전에 영향을 줄 수도 있으니 아직 축배를 들 때가 아니었다.

즉시 선수들을 각자 방으로 보냈다. 2층에 올라가자 복도에서도 파티가 벌어지고 있었다. 사람들이 북적댔다. 고개를 설레설레 저으면서 방으로 들어갔는데, 아내와 팔짱을 낀 채 맥주를 들이켜고 있는 어머니와 마주쳤다. 진귀한 광경이었다.

"지금은 축배를 들 때가 아니에요. 아직 월요일 밤이라고요. 너무 이르지 않나요?"

어머니가 잠시 멈칫하시더니 웃으면서 말씀하셨다.

"마이크, 넌 여기서 빠져라. 아직 할 일이 남았으니 방에 들어가서 비디오를 보렴."

듀크가 불패신화의 네바다를 꺾었다는 소식으로 모든 스포츠방송계가 뜨겁게 달아올라 있었다. 아나운서들은 스포츠 사상 가장 통쾌한 역전극이라 입을 모았다.

이땐 어떻게 대응하겠는가? 비즈니스 세계에서 거액의 수주를 따냈을 때 다시 마음을 잡고 또 다른 계약을 따내야 할 때의 상황과 같다. 아무리 훌륭한 회사라도 명성만으로는 성공을 지속적으로 이어 가기 어렵다. 몸소 뛰어 그것을 쟁취해야 한다. 캔자스와의 경기는 내가 가르친 내용을 전부 테스트하는 시험 날이 될 것이었다.

결승전

네바다와의 경기에서 우린 집중력과 에너지 그리고 열정을 모두 쏟아부었다. 라스베가스의 네바다대를 꺾었으니 이번에는 캔자스 차례였다. 경기까지 48시간밖에 남아 있지 않았다. 우린 또 다른 챔피언(4강에 진출한 팀은 모두 '챔피언'이라 부른다)을 꺾기 위해 출정해야 했다. 캔자스 또한 쉽지 않은 상대였다.

모두들 신이 나서 어쩔 줄 모르는 상황이긴 했지만, 캔자스와의 경기는 네바다와의 경기 종료 부저가 울렸을 때부터 준비해야 한다고 생각했다. 그날의 경기영상을 보면 코트를 걸어 나오면서 선수들에게 손바닥을 여러 차례 아래로 내리며 침착하라는 제스처를 보내는 내 모습을 찾을 수 있다.

"마음을 가라앉혀라. 냉정을 잃지 마라. 아직 경기가 끝난 것이 아니다."

환희의 순간에도 다음 경기를 생각했다. 떠들썩한 분위기가 다음 경기를 망칠 수 있기 때문이다. 한마디로 말해서 분위기에 도취되는 것은 도움이 안 된다. 그래서 일단 지나간 경기는 즉시 잊어버린다. 네바다와의 경기는 이미 과거일 뿐이다.

정규시즌 때도 우리는 지난 경기를 신속히 머릿속에서 지워 버린다. 승패를 떠나 어제 일은 깨끗이 잊어버리고 내일을 위해 다시 일어섰다. 4강전에서는 잊는 연습을 좀 더 빨리 해야 한다. 4강전이 끝나고 어머니가 나를 방으로 보내셨을 때 스태프진은 캔자스와의 경기 준비에 밤을 꼬박 샜다. 비디오테이프를 분석하고 토론하며 개괄적인 전략을 내놓았다. 그때까지도 복도와 옆방에서는 파티가 끊이지 않았다.

아침이 밝아오자, 우린 샤워를 하고 아침을 먹었다. 그리고 연습차 후지에 돔으로 떠날 셔틀버스에 올라탔다. 그런데 실망스런 일이 벌어졌다. 신입생 두 명이 인디애나존스 모자를 쓰고 있었다.

"이게 무슨 상황이지?"

내가 중얼거렸다.

운동복의 지퍼를 잠그지 않은 선수도 있었다. 완전히 해이해져 있었던 것이다. 어깨를 으쓱거리며 건방지고 오만하게 걷는 선수가 있는가 하면 능글맞게 웃으며 서로 말을 주고받는 학생도 있었다. 마음에 드는 구석이 하나도 없었다.

라커룸에 도착하자마자 나는 매니저와 트레이너 그리고 주치의에게 자리를 비켜 달라고 부탁했다. "선수들과 코치만 남고 모두 나가 주십시오." 내가 엄격한 목소리로 말했다. 그러고는 선수들을 호되게 꾸짖었다.

"자네들 태도가 그게 뭔가? 걸음걸이부터 말투, 옷차림새 그 어느 것도 마음에 드는 게 없어! 아직도 네바다와의 경기에서 벗어나지 못하고 있는 건가? 당장 호텔로 돌아가라. 사람들과 파티를 즐기고 등을 두드리며 칭찬해 주는 소리나 들으라고. 가서 지난 번 경기 테이프나 돌려 보게. 이 상태로는 대단한 팀인 캔자스를 꺾는 건 지옥에 가서도 절대로 불가능한 일일 테니. 평범한 팀은 지난 경기에서 이긴 것으로 만족하겠지. 하지만 강력한 팀과 붙는 내일 경기에선 이길 수 없다. 그럼 이제 여기서 썩 꺼져 버려라."

나는 문을 쾅 닫고 라커룸을 나와 사무실로 들어갔다.

5분이 지나고 나서 나는 선수들의 반응을 살피려고 밖으로 나갔다. 하지만 라커룸에는 아무도 없었다. 경기장에서도 아무런 소리가 들리지 않았다. 너무나 조용한 경기장에 들어서자 잊을 수 없는 일이 벌어졌다. 지금도 생각하면 가슴이 뭉클해진다. 선수들이 모두 코트 중앙에 모여 있었다. 나를 기다리고 있었던 것이다.

나는 그들의 태도에서 뭔가 특별한 것을 발견했다. 얼굴과 눈 그리고 함께 모여 있다는 사실만으로 우리가 이미 한 식구임을 알 수 있었다. 그들은 만반의 준비가 되었음을 행동으로 보여 주었다. 더 이상 무슨 말이 필요하랴?

그 순간 나는 우리가 내셔널 챔피언십 결승에서 우승할 거라고 확신했다. 어제 쟁취한 승리의 감동을 깨끗이 씻어 버리고 더욱 큰 승리를 잡으려는 선수들의 의지를 읽을 수 있었다.

다음 날 최종스코어 72대 65로 캔자스와의 경기가 끝났다. 듀크 대는 최초로 챔피언십 우승컵을 차지하게 되었다. 경기가 끝난 뒤 어머니가 말씀하셨다.

"마이크, 내가 뭐랬니? 올해는 더 나아질 거라고 했지!"

TIPS

· 일이 걷잡을 수 없이 많아질 때는 될 수 있는 한 많은 일을 타인에게 맡
  기라.

· 경기력을 업그레이드할 책임은 자신에게 있다는 것을 기억하라.

· 팀의 행동에 걸림돌이 된다면 이를 완전히 제거하는 게 리더의 일이다.

· 위기의 상황에 처하더라도 리더는 기가 죽은 모습을 보이거나 화를 내
  서도 안 되고, 약한 모습을 보여서도 안 된다. 즉, 사적인 감정을 보여선
  안 된다는 말이다.

· 감당하기 힘든 역경은 고도의 집중력으로 해결할 수 있다.

· 결정적인 순간에 허점은 없는지 유심히 살펴보고, 만일 있다면 이를 보
  완해야 한다.

· 팀원들이 스스로 행동하도록 격려하라.

· 아무리 훌륭한 회사라도 명성만으로는 성공을 지속적으로 유지하기 어
  렵다.

· 환희의 분위기가 다음 경기를 망칠 수 있다. 그러니 이를 잊어버리고 앞
  을 향해 다시 나아가라.

· 어제 쟁취한 승리의 감동은 깨끗이 씻어 버리고 더욱 큰 승리의 기회를
  잡아야 한다.

CHAPTER 12

전통

Celebrate Tradition

사람들은 팀에 소속되기를 바란다. 그들은 자신보다 대단한 무언가에 소속되길 바라며
원대한 목표를 달성하고 있다는 데 만족한다.

캐머론 크레이지스(Cameron Crazies)는 예비 선수들입니다.
팀원과도 같죠. 팬으로서가 아닌 팀원으로서 항상 우릴 응원하고 있는 겁니다.

우리는 과거와 현재를 잇는 유산을 만들어 간다.

시즌 마지막 경기가 끝나면 승패에 관계없이 선수들에게 고마움
을 전한다.

"자네들의 감독이 된 것을 감사하게 생각하네."

라커룸에서 이렇게 말하면서 각 선수들과 악수를 하고 포옹하면
서 진심으로 감사를 전한다.

매년 그냥 넘어가는 법은 없다. 그것은 나만의 전통이다. 마지막
경기를 하고 난 후에도 시즌은 끝난 게 아니다. 캐머론 실내경기장에

서 개최되는 연례졸업연회가 끝나야 시즌도 막을 내리기 때문이다.

선수, 감독, 매니저, 트레이너 등등 듀크대 농구팀 관계자와 그 가족들을 포함하여 해마다 약 1,000명 이상이 졸업파티에 참석한다. 대가족이 한데 모인 듯 파티 분위기도 범상치 않다. 개인 및 단체별 시상식도 있는데, 듀크대 농구팀을 거쳐 간 선수들이 상을 받는다. 파티장을 웃음바다로 만들어 버리는 희극공연도 관람한다.

나는 그해 선수들이 자신이 성취한 공로에 대해 긍지를 느꼈으면 좋겠다. 그들과 함께한 여정을 기념할 기회를 주고 싶기도 하다. 경기 일정이 연이어 잡히는 까닭에 시즌 중에는 파티를 열 수가 없다. 성공을 음미할 기회조차 없는 것이다. 그래서 그해의 하이라이트를 편집해 음악도 삽입하고 내레이션도 집어넣어 비디오를 제작한다.

파티는 팀 식구들을 위한 시간이다. 때로는 따뜻한 격려와 감사의 말 한마디 듣지 못했으면서도 자부심을 갖고 헌신하고 결단하며 일년 내내 고생했으니 밤늦도록 즐길 만도 하다.

베트남에서 한 몸 바쳐 싸우다가 고국에 돌아왔을 때 환영행렬이나 감사인사조차도 받지 못했던 장병들을 종종 떠올린다. 우리 선수들이 긴 여정을 마쳤을 땐 그런 일은 절대 없어야겠다고 늘 다짐한다. 그래서 졸업파티를 통해 그들의 노고를 치하한다.

연례파티는 졸업생들을 위한 자리이기도 하다. 그들은 듀크와 함께 4년의 여행길을 무사히 마쳤다. 그런 의미에서 모교를 떠나는 고참 선수들을 위해 우리와 함께했던 추억을 되새길 수 있도록 개별적으로 영상을 제작하는 것이다. 아내는 특별한 의미가 담긴 영상을 수 주 동안 선별해서 편집한다. 또 영상이 재생되는 동시에 각 선수들의 이미지에 맞는 특별한 음악도 삽입한다. 짤막한 영상물에 애정이 담겨 하나의 예술작품으로 거듭난다.

테이프를 받기 전, 졸업생들은 한 사람씩 일어나서 모든 사람 앞에서 소감을 발표한다. 이 시간에는 하고 싶은 말은 다 할 수 있다. 그러고 나서 슈셉스키 가족의 선물인 비디오테이프를 받는다. 미국 대표 선수든 별로 눈에 띄지 않은 선수든 상관없이 모두가 우리 가족이었고, 앞으로도 그럴 것이다. 그들이 학교를 떠나서도 우리가 가진 감사의 마음을 기억해 주었으면 한다.

유대와 자부심

가족적인 분위기에서 파티를 즐기며 졸업생들을 축하하고, 4년의 여정이 담긴 비디오테이프를 선사하기 시작한 것은 내가 듀크대 감독으로 데뷔한 지 얼마 안 되었을 때의 일이다. 처음에 사람들은 그저 재미있는 아이디어라고만 생각했는데, 20년이 지난 지금에 와서는 확고한 전통으로 자리 잡았다.

이 아이디어는 웨스트포인트의 졸업 퍼레이드에서 힌트를 얻은 것이다. 거기서는 연말이 되면 사관생도들이 연병장에 집합한다. 그러면 졸업생들이 일렬로 행진하면서 몸을 돌려 후배들과 얼굴을 마주보는데, 이때 후배들이 선배들 앞을 지나간다.

신입생일 때는 열병식이 마음에 들지 않았다. 어릿광대들의 행진처럼 느껴졌기 때문이다. 하지만 상징적으로나마 선배들을 기린다는 것이 마음에 와 닿았고 시간이 지나면서 점점 그 가치를 인정하기 시작했다. 그렇게 졸업할 때쯤 내게 열병식은 가장 소중한 행사가 되어 있었다.

졸업식 날, 생도들이 우리 곁을 스치며 지나갈 때의 느낌은 결코 잊을 수가 없다. 그때 내가 없는 부대 모습을 한번 생각해 보았다. 그제야 나 없이는 부대도 존재할 수 없다는 것을 깨닫게 되었다. 나는 웨스트포인트의 일원이며, 한 번 생도는 영원한 생도인 것이다.

듀크대 선수들도 '한 번 듀크 가족은 영원한 듀크 가족'임을 기억해 주기를 바란다.

전통에는 뭔가를 실현하는 능력이 있다. 전통은 사람들에게 동기를 부여하는가 하면, 회귀본능을 심어 주기도 한다. 사람들은 다시 여행을 떠나고 싶어 한다. 뿐만 아니라 전통은 자부심을 낳고, 단결심을 불어넣는가 하면 자신감도 준다. 그리고 뭔가 대단한 데 소속되어 있다는 생각을 심어 주기도 한다.

사람들은 팀에 소속되기를 바란다. 그들은 자신보다 대단한 무언가에 소속되길 바라며 원대한 목표를 달성하고 있다는 데 만족한다. 따라서 전통이 살아 숨 쉬는 조직의 일원이 된다면 동료들은 서로를 질투하지 않을 뿐 아니라 조직에 해가 되는 일도 하지 않을 것이다. 예를 들어 내가 사관학교 이름에 해가 되는 일은 하지 않는 것처럼, 그랜트는 듀크대 이름에 해를 끼치는 행동은 하지 않으려 노력한다.

전통에는 인간 본성의 부정적인 면이 새어나오지 못하게 막는 기능이 있다. '좀 더 신중하게 처신하자. 그랜트, 조니, 토미 그리고 마크가 남긴 유산에 먹칠을 해서는 안 된다.' 이런 생각들은 어느 리더에게라도 강력한 동기가 될 수 있을 것이다.

조직이 이미 이룩해 놓은 우수한 실력 덕분에 팀원들의 의욕이 상승하기도 한다. 최강팀의 멤버들은 늘 뿌듯해한다. 지난 20년간 4강 진출 경력 면에서 타의 추종을 불허하는 듀크대는 매년 최강의 정예

선수를 배출한다는 데 정평이 나 있다. 포스트시즌에 진출하면 팀의 자부심은 하늘을 찌른다. 그러면 덩달아 듀크대와 자매결연한 외부 조직들도 유명세를 탄다.

이 모든 업적이 저절로 이루어진 것은 아니다. 팬, 동창, 교직원 그리고 학생들, 그 외 동료들의 피나는 노력이 있었기에 듀크대가 그런 위치에 올랐다는 사실을 잘 알고 있다. 그들은 우리가 4강에 진출하지 못했다는 이유로 실망하는 게 아니라, 4강을 위해 최선을 다하지 않았다는 데 실망할 것이다. 그렇다고 오늘날의 듀크대가 거저 만들어진 것이 아님을 증명하기 위해 내셔널 챔피언십 우승을 따낼 필요도, 과거의 공로를 정당화할 필요도 없다.

긍지

뉴욕 양키즈의 가로줄무늬 유니폼과 해병대의 전투복 그리고 듀크대 농구팀의 운동복에는 뭔가 특별한 의미가 있다.

신입생이 유니폼을 처음 입는 순간, 왜 그런지는 모르지만 어쨌든 그들은 긍지를 느낀다. 그리고 우리는 4년 동안 그 까닭을 가르친다. 그랜트, 바비, 크리스찬과 같은 선수들도 모두 그 유니폼을 입었다. 대학 생활 동안 유니폼을 봐 왔던, 듀크대학을 졸업한 수만 명의 학생들은 'DUKE'라는 네 글자에 자부심을 느낀다.

때때로 유니폼의 치수와 색상이 달라지는 등 디자인이 바뀐다 해도 'DUKE'라고 쓴 굵직한 글자는 절대 변하지 않을 것이다. 그들에게 유니폼은 특별한 의미가 있다. 유니폼은 보고만 있어도 자부심이 생긴다. 가슴이 뭉클해지기도 하고 추억도 새록새록 떠오른다. 현재와 과거를 잇는가 하면 듀크대의 전통을 상징하기도 한다.

우리 홈경기의 주 무대인 캐머론 실내경기장도 마찬가지다. 4만 명을 수용할 정도여서 대단한 규모도 아니며 에어컨도 설치되지 않은 구식 캠퍼스 경기장이지만 고풍스런 목재장식과 나름대로의 개성을 자랑한다. 서까래에는 일부 졸업생들의 사진이 박힌 챔피언십 현수막이 걸려 있다. 1999년 《스포츠 일러스트레이티드Sports Illustrated》는 캐머론 경기장을 20세기의 4대 스포츠경기장 중 하나로 꼽았다. 위글리 필드, 양키 스타디움과 어깨를 나란히 하게 된 것이다.

친근하면서도 아담한 캐머론 경기장에선 어디에 앉더라도 경기를 한눈에 관람할 수 있다. 아래층에선 학생들이 사방으로 코트를 빙 둘러앉고 나머지 팬들은 위층에 앉는다. 홈팀에게는 뜨거운 격려를, 원정팀에게는 위협을 가하는 밴드부도 분위기 연출에 한몫을 한다.

듀크대는 반세기 이상이나 캐머론 경기장을 애용해 왔다. 그런데 지난 몇 년 사이 경기장을 현대식으로 재건하자는 제안이 나왔다. 나는 이에 반대했다. 의도는 좋을지 모르나 캐머론은 재건이 불가능한 유산이기 때문이다. 따라서 가족처럼 소중히 가꾸고 보살펴야 한다.

우리가 해마다 캐머론 경기장에서 마지막 경기를 치르는 날은 매우 특별한 날이다. 우리 사이에서는 '시니어데이Senior Day'로 통하는데, 이날 우리는 경기장의 조명을 받으며 현수막과 팬들 그리고 학생들 앞에서 마지막 경기를 펼치게 될 졸업생들을 축하한다. 한편 시니어데이 전날엔 아내와 딸을 대동하고 졸업생들과 함께 저녁을 먹는다. 게임 전, 모든 것을 뒤로 한 채 그들을 만나는 것 또한 나만의 전통이다. 이땐 지금까지 그들을 얼마나 아끼고 사랑했는지, 그들의 공로가 얼마나 컸는지를 이야기한다.

"너희 모두를 사랑한다. 지금까지 정말 잘 해냈다. 마지막까지 최선을 다하자!"

경기 시작 직전, 졸업하는 선수들이 하나하나 소개되어 팬들의 환호와 갈채를 한 몸에 받으면서 센터점프서클center jump circle 안에 선다. 마침내 게임이 끝나면 그들은 승패에 관계없이 코트를 나와 친구들과 작별인사를 나눈다. 학생들이 자리에서 일어나 선수들 주위에 몰려들면 졸업생들은 마이크를 잡고 4년 동안 보내준 팬들의 성원에 감사의 마음을 전한다. 그들만을 위한 순간이며, 굉장히 벅찬 순간이다.

그날 나는 보통 눈에 띄지 않는 뒷자리에 앉는다. 그들이 주인공인 날, 조금이라도 시선을 끌고 싶지 않기 때문이다. 하지만 그들의 말엔 귀를 기울인다. 지난 20년 동안 시니어데이 행사가 끝날 때 눈물을 흘리지 않은 적은 한 번도 없었다.

벤치수호자들

코트에서 뛰는 팀원들은 쉽게 눈에 띈다. '선수'라고 불리는 사람들이다. 그러나 팀의 성공에 기여한 다른 팀원들(팬과 후원자, 학생들 그리고 지역주민)을 모두 알아본다는 것은 그리 쉽지 않다.

스태프진과 선수, 부감독들은 이 사람들과의 관계를 다지기 위해 발 벗고 나선다. 매년 가을이 되면 우리는 동호회와 남녀 학생회 클럽, 그리고 캠퍼스 소모임과의 자리를 마련한다. 여기엔 한두 명의 선수들이 감독과 함께 참석하는데, 보통 40명에서 100명 정도가 그들과 함께 시간을 보낸다. 감독은 하이라이트 장면을 담은 테이프를 보여 준 뒤 짤막하게 프레젠테이션을 한다. 그러고 나서 질의응답 시간을 갖는다.

듀크대 총학생회가 후원하는 만찬에 참여하기도 하는데, 이런 모임은 학생들과 농구팀의 관계를 촉진하는 기회가 된다. 나는 젊은 학생들과 함께 이야기하며 어울리는 것을 좋아한다. 학생들도 싫어하는 것 같진 않다. 그들은 모임을 감사하게 생각하며 어느덧 자신들도 팀원이 되었음을 실감하게 된다.

학생들은 벤치에 앉아 있는 예비 선수들과 같다. 경기를 관람할 때면 어김없이 얼굴에 그림을 그리고, 익살스런 표정을 짓는가 하면 노래를 만들어 경기장이 떠나가라 불러 댄다. 그들이 바로 '캐머론 크레이지스Cameron Crazies'다.

그들은 마치 예비 선수들처럼 관중석 하단에 앉는다. 그런데 따지고 보면 앉아 있을 때가 거의 없다. 선수들이 서 있을 때는 같이 서 있는다. 코트에서 워밍업을 할 때도 마찬가지다. 경기가 한창 진행 중일 때도 앉을 생각을 하지 않는다. 하프타임이나 타임아웃 때 선수들이 앉으면 그제야 크레이지스도 앉는다.

경기상황에 따라 관중들의 응원 분위기는 달라진다. 그러나 크레이지스는 경기에 도움이 될 거라는 생각에 쉬지 않고 응원한다. 그들은 경기에 여러모로 중요한 역할을 해 왔다. 사그라질 줄 모르는 응원열기 덕분에 그들도 뭔가를 이뤄 낼 수 있었다. 예비 선수들이 그렇듯, 캐머론 크레이지스도 팀원의 득점에 흥분해서 응원한다. 언젠가 크레이지스가 팬으로서 팀에 어떤 도움이 되는지 질문을 받은 적이 있다.

"음, 크레이지스는 예비 선수들입니다. 팀원과도 같죠. 팬으로서가 아닌 팀원으로서 항상 우릴 응원하고 있는 겁니다."

우리가 홈경기를 할 때는 티켓이 금방 매진되어 한 장도 남지 않는다. 티켓은 항상 학생들이 먼저 구입한다. 그런데 선착순인 탓에 좋은 자리를 얻으려면 경기장 앞에서 밤을 지새워야 한다.

캐머론 경기장 주변에 텐트가 100개 정도 늘어설 때도 있다. 1,500~2,000명의 학생들이 줄을 서서 기다리는 것이다. 하지만 그들은 넋 놓고 경기를 그저 기다리는 게 아니라 놀이를 하거나 캠프파이어도 즐긴다. 짬을 이용해서 재미있게 시간을 보내는 것이다. 상대팀에 따라서는 2주간이나 입구를 '사수'해야 할 때도 있다.

학생들은 이 캠프촌을 '슈셉스키 마을Krzyzewski Ville'이라고 부른다. 이름도 마음에 들거니와 그들의 열정도 높이 평가한다. 나는 그들에게 피자와 음료수를 나눠주거나 티셔츠를 선물하는가 하면, 다정하게 인사를 건네기도 한다.

노스캐롤라이나와의 홈경기를 치르기 전, 나는 슈셉스키 마을 학생들을 경기장에 모아 놓고 대규모 미팅을 가졌다. 경기 당일에 어떻게 응원을 해야 효과적인지 그 방법을 말해 주고 싶었기 때문이다.

문제점이 있다면 이를 해결하는 시간을 갖기도 한다. 이를테면 관중석에서 테니스볼을 코트에 던진 적이 한두 번 있었고, 경기 전 상대편 선수들을 당혹스럽게 하는 불미스런 일이 있었다. 그때 나는 상대편을 깎아내리는 응원은 자제하고 듀크팀을 위해 응원하라고 당부했다. 그런 식으로 상대팀을 공격할 필요는 없다고 생각한다.

"여러분, 좀 더 적극적으로 생각하기 바랍니다. 여러분들도 보이지 않는 팀원이란 사실을 명심하십시오. 그러니 책임감 있게 행동해야 합니다."

수천 명의 크레이지스가 모임에 참석할 때도 있다. 그때도 어김없이 지금까지 보내 준 성원에 감사하는 마음을 전한다. 어느 해인가는 내 이름을 따서 건물을 지을 거라는 소문이 돌았다. 나는 이를 취소해 주기를 정중히 부탁하며 당시 경기장에 모인 학생들에게 이렇게 말했다.

"그건 좋은 생각이 아닌 것 같습니다. 제가 바라는 건 슈셉스키 마을이 영원히 존속하는 겁니다. 여러분들이 직접 지었을 뿐만 아니라 여전히 살아 있기에 저는 슈셉스키 마을에 긍지를 느낍니다. '빌딩'에는 생명이 없습니다. 그러나 슈셉스키 마을은 여러분과 함께 호흡하고 있습니다. 모두 여러분 덕분입니다. 저를 그렇게 생각해 주신데 대해 늘 자부심을 갖고 있습니다."

이 모임을 통해 나는 학생들에게 선발된 선수를 보고하는가 하면 다음 경기에서 내놓을 전략을 공개하기도 한다. 때로는 그들에게 과제를 제시하며 도움을 청하기도 하는데, 그때마다 손발이 척척 맞는다. 한번은 '볼이 사이드라인을 벗어나지 못하도록 한다'는 수비목표를 말하면서 상대편이 드리블 볼을 가로챌 때마다 "볼!"이라고 외쳐 달라고 부탁했다.

다음 날 경기가 시작되기 전, 자리에 앉아서 경기를 기다리는 일부 학생들에게 그들이 해야 할 일을 짤막하게 다시 언급했다. 그리고 경기 중, 앞서 말한 상황이 벌어졌을 땐 몇몇이 아닌 크레이지스 전체가 "볼! 볼!"하며 함성을 질렀다. 결국 우리는 1승을 따냈고 나는 코트에서 학생들을 가리키며 "여러분들이 해냈습니다. 여러분들이 해냈어요!" 하고 외쳤다.

NCAA에는 새해가 오면 정해진 날짜에 연습을 시작해야 한다는 규칙이 있다. 신년 초하루 오전 0시 1분이 지나야 연습을 할 수가 있다. 1997년 그날도 우리는 한밤중에 아주 많은 팬들 앞에서 한바탕 연습(속칭 '광란의 밤Midnight Madness')을 마치고, 팀 사진을 찍기 위해 코트 한가운데 모였다. 카메라맨이 멋진 사진을 찍기 위해 자리를 잡은 뒤 독특한 각도에서 촬영하려던 찰나 나는 관중석을 보며 주의를 한 곳에 집중시켰다.

"잠깐만요. 아직 찍으시면 안 됩니다. 빠진 사람들이 있어요. 예비 선수들 말입니다. 관중석에 계신 분들 모두 코트로 내려오세요. 함께 찍어요!"

곧 수천 명의 학생들이 내려와 품위를 유지하며 질서정연하게 줄을 섰다. 그들은 우리와 함께 사진을 찍는 것만으로도 대단한 영광으로 생각했다.

라커룸 벽에는 다양한 포즈를 취하고 있는 선수들의 사진이 걸려 있다. 슛을 쏘거나, 리바운드를 잡는 모습 그리고 사이드라인에 서 있는 모습, 그 밖에도 1997-98년에 학생들과 함께 찍은 사진도 걸려 있다. 이는 그들이 우리의 팀원이며, 우리도 그들의 팀이라는 사실을 방증한다.

내가 듀크대에 바라는 것이 바로 이런 것이다. 우리는 학생들에게 멋진 모습을 보일 수 있는 엘리트 팀이 아니다. 그러나 우리에겐 선수들 못지않은 학생들이 있고, 그들은 듀크대를 대표한다.

이것이 대학농구라고 생각한다. 이런 철학이 있기에 경기의 순수성을 보전할 수 있었으며, 학생들에게는 우수한 대학 교육을 지켜 내야 한다는 원대한 목표를 관철시킬 수 있었다. 이것이야말로 가장 중요한 전통이다.

우리는 듀크대에서 코트 위의 일관성을 깨지 않으려고 노력한다. 리그 챔피언십에서 경쟁을 벌이다가 NCAA 토너먼트를 거쳐 4강전에 진출, 챔피언십에서 우승을 따낼 때까지의 과정을 겪으며 매년 졸업생들을 배출한다.

이런 전통을 발전시킬 수만 있다면 그 결과는 실로 엄청나며 공들일 만한 가치도 충분하다. 성공하면 자신감과 실력, 단결력 그리고 자부심도 함께 자라기 때문이다.

훌륭한 전통은 토양에 자연스럽게 스며드는 이슬과도 같다. 이는 토양이 좀 더 많은 수분을 흡수하는 데 도움을 줄 뿐만 아니라 땅을 비옥하게 하며 최대한의 수확을 얻는 데 결정적인 역할을 한다. 나는 선수들이 수분 역할을 감당하며 강력한 캐릭터와 리더로 성장했으면 좋겠다. 또한 선수들이 듀크대 생활을 자랑스럽게 여기길 바란다.

시즌 말이 되면 토너먼트에서 번번이 지는 경우가 있다. 그렇다고 해서 선수생활의 마지막을 패배한 경기로 장식했다는 데 아쉬워하지 말고 우리가 지금까지 달려온 여정(승리와 패배, 정상과 내리막길, 희망과 꿈)을 생각했으면 좋겠다.

서로와의 끈끈한 인연에 감사하고, 모든 여정을 '토미 아메이커처럼' 끝마치길 바란다.

NCAA 토너먼트 16강에서 아쉽게 패배한 뒤 졸업반이던 토미는 나를 안으며 마치 어린아이처럼 엉엉 울었다. 경기에서 졌기 때문이 아니라 선수와 감독으로서 그동안 함께했던 여정이 곧 막을 내릴 걸 생각하니 못내 아쉬웠던 것이다.

선수들과 나와의 관계가 항상 지속되리라는 것과 종착지에 도착해도 친구는 사라지지 않는다는 것을 깨달았으면 좋겠다. 우정은 마음먹기에 달린 것이다. 나의 모든 친구들은 가슴속에 영원히 남아 있을 것이다.

 TIPS

- 시즌 마지막 경기가 끝나면 팀원들에게 감사의 마음을 전하라.
- 함께 즐길 수 있는 시간을 마련함으로써 팀과 함께 한 여정을 축하할 기회를 가지라. 그들은 축배를 받을 만한 자격이 있다.
- 기발한 아이디어도 전통으로 자리 잡을 수 있다.
- 전통은 사람들에게 동기를 부여하는가 하면 '회귀본능'을 심어 주기도 한다. 이 사람들은 다시 여행을 떠나고 싶어 한다.
- 전통이 살아 숨 쉬는 조직의 일원이 된다면 동료들을 질투하지 않을 뿐아니라 조직에 해가 되는 일도 하지 않을 것이다.
- 전통에는 인간 본성의 부정적인 면이 새어나오지 못하게 막는 기능이 있다.
- 우수한 실력은 타인에게 긍지를 갖게 한다.
- 선배, 혹은 선임자의 명예를 존중하라.
- 후원자들과의 돈독한 관계를 유지하라.
- 전통이 일단 자리 잡으면 자신감과 실력, 단결력 그리고 자부심도 함께 자란다.

AII-SE

올 시즌

남편이 사관학교 감독이었던 신혼시절에 나는 언젠가 책을 쓸 것이고
이미 '시즌은 끝나지 않는다(The Season Never Ends)'를 제목으로 생각해 두었다고 얘기했다.
— 미키 슈셉스키(Mickie Krzyzewski)

ASON

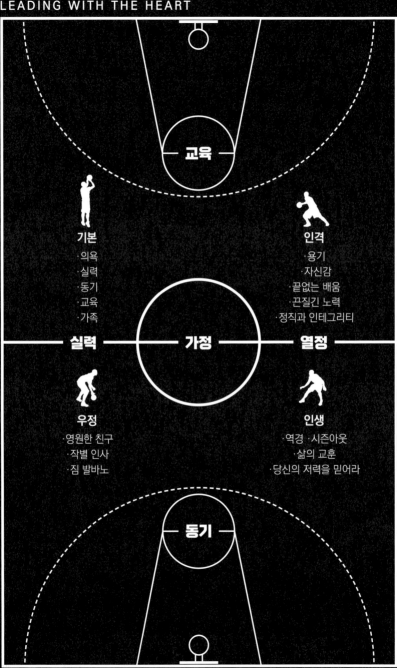

교육

기본
· 의욕
· 실력
· 동기
· 교육
· 가족

인격
· 용기
· 자신감
· 끝없는 배움
· 끈질긴 노력
· 정직과 인테그리티

실력 — **가정** — **열정**

우정
· 영원한 친구
· 작별 인사
· 짐 발바노

인생
· 역경 · 시즌아웃
· 삶의 교훈
· 당신의 저력을 믿어라

동기

CHAPTER 13

기본

Blueprint Basics

사람은 모두 다르며 동기부여 방법도 천차만별이라는 사실을 기억해야 한다.

최선을 다하는 데 목표를 두며 만반의 준비와 희생정신에
좀 더 집중한다면 패배란 있을 수 없다.

나는 감독이자 교육자다.

—— *Coach K* ——

1991년 4월, 처음으로 내셔널 챔피언십에서 우승한 후 이틀이 지났을 때 크리스찬이 사무실로 찾아와서 소파에 털썩 주저앉으며 말했다.

"감독님, 힘들어서 죽을 지경입니다. 이젠 지쳤어요."

"그래, 나도 안다. 올해 열심히 했으니 지치는 게 당연하지."

"그런데 주위에서는 저보고 팬앰Pan American Games에 나가라고 난리예요. 사실 그러고 싶지 않거든요. 좀 쉬고 싶어서요."

"그렇긴 하겠지만 크리스찬, 팬앰이 중요한 이유가 두 가지 있단다. 우선 팀에 굉장히 중요하지. 내셔널 챔피언십 우승을 또 한 번 노리려면 지금의 실력으로는 어림도 없을 거야. 그러니 주장으로서 팀원들이 실력을 업그레이드하고 싶은 마음이 들게끔 의욕을 보여 줘야 한다. 그리고 다음 시즌이 끝날 때까진 여유를 부리지 않겠다는 각오도 가져야 할 거야. 그렇게 한다면 팀의 주장으로서 훌륭한 모범이 될 것이다."

"그럼 저는 언제 쉬어요?"

"이렇게 한번 해 보자. 농구협회에 전화를 걸어서 포기신청을 하렴. 그러면 예선전은 참여하지 않아도 되겠지. 관계자에게는 휴식이 필요하다고 말하면 팀을 조직하고 있으려니 생각할 거다. 우리도 네가 팀을 조직할 거라고 알고 있을 거야. 너는 그 6주 동안 농구공은 만지지도 말아라. 게임은 잊어버리고 평범한 대학생으로 돌아가는 거다. 학교에서 재미있게 놀다가 팬앰 팀의 연습이 시작되기 2주 전부터 몸을 풀면 되잖니?"

"괜찮은 생각인데요."

"그러고 나서 팬앰에서 뛰는 거야. 경기가 끝나면 한 달 동안 또 여유가 생기겠지. 프리시즌에서는 열외시킬 테니 걱정하지 마라. 그러면 여름 동안 충분히 쉴 수 있을 거다. 팬앰에 참가한다면 팀에도 좋고, 너에게도 리더십을 발휘할 기회가 생겨 좋을 거야."

"예, 그렇게 할게요."

"네 자신에게도 좋은 일이다. 크리스찬, 왜 그렇지?"

"제가 미국을 대표하니까요."

"그래 맞다. 그게 가장 중요하지. 또 한 가지 이유가 있다면 내년 여름 올림픽에 참가할 대학생 선수로 선발될 가능성과 내셔널 챔피언십에서 또 한 차례 우승할 가능성이 더 높아진다는 것이다. 올해의 플레이어로 등극할 기회가 올 수 있다는 것도 염두에 두어라. 그땐 이미 굿윌 게임즈와 팬앰, 월드 챔피언십까지 두루 휩쓴 뒤겠지. 이번이 올림픽대표 선수가 될 절호의 기회다."

"구미가 당기는데요, 감독님. 한번 해 보죠."

"좋아."

의욕

그해 여름, 크리스찬은 내 조언을 순순히 따랐다. 그리고 우리가 대화했던 그대로 다음 해 내셔널 챔피언십에서 우승했고, 그는 올해의 플레이어로 등극했다. 또한 올림픽대표 선수(대학 1학년도 올림픽에 참가할 수 있다)로 선발되기도 했다. 그는 대학생으로서 유일하게 올림픽드림팀에 선발되어 금메달을 목에 걸었다.

지친 상황에서도 크리스찬과 나는 서로에게, 혹은 팀에게 의욕을 보여야 한다고 생각했다. 여름 내내 빈둥거리도록 그를 내버려 두었다면 팀이나 그 자신에게 전혀 도움이 되지 않았을 것이다. 또한 억지로 팬앰에서 뛰게 하거나 "미국을 대표한다면 어떻게 팬앰에 참가하지 않을 수 있지?"라며 양심의 가책을 유도했더라도 그 역시 아무런 효과가 없었을 것이다.

대신 여러 가지 방법을 제안하며, 그가 스스로 올바른 결정을 내리도록 안내만 했을 뿐이다. 크리스찬이 지쳤다는 걸 잘 알고 있었으니 그 순간 스스로의 판단에 맡겼다면 그릇된 결정을 내렸을지도 모른다. 또한 여름이 지나고 나면 크리스찬 역시 팬앰에서 뛰지 않은 것을 후회할지도 모른다고 생각했다.

일찍이 감독으로서, 교육자로서 그에게 필요한 모든 것을 100퍼센트 지원해 주기로 그와 그의 부모에게 다짐했다. 팬앰을 계기로 그는 선수로서도 인간으로서도 성숙해졌고, 탁월한 리더로 부상했으며, 경기력도 몰라보게 성장했다.

그가 그릇된 결정을 내렸다면 나는 유감스럽게 생각했을 것이다. 그러나 그는 팀에 도움이 될 만한 결정을 내렸다. 크리스찬이 자신의 의욕을 유감없이 보여 준다면 팀원들도 그렇게 할 것이다. 리더에게 의욕이 있다면 팀원들의 의욕도 솟구친다.

팀의 주장을 맡은 크리스찬의 역할은 매우 중요했다. 동료 선수들도 크리스찬이 지쳤다는 것을 잘 알고 있었다. 오히려 그래서 그의 몸가짐은 팀원들에게 다음 챔피언십에서도 우승해야겠다는 더 큰 의욕을 불어넣었다. 크리스찬은 다음 해에도 '큰 사건'을 터뜨려야겠다는 마음, 아직도 승리에 목말라하는 모습을 팀에 보여 주었고 그것이 곧 엄청난 의욕을 불러일으켰던 것이다.

리더는 팀원들이 자신의 의욕을 마음껏 펼칠 기회를 주어야 한다. 사람들은 조직에 필요한 멤버가 되기 위해 무엇인가에 시간과 열정을 쏟는다. 그래서 나는 여름이 되면 선수들이 자신의 의욕을 보여 줄 수 있는 기회를 마련한다.

일반적으로 여름은 자아성찰의 시기로 좋다. 선수들이 자신에게 기대되는 역할에 항상 머물러 있다면 그 역할에만 국한될 가능성이 높다. 그러면 그는 자신의 한계를 받아들이기 시작한다. 그러나 기회가 주어진다면 어떤 일을 해낼 수 있을지는 그 누구도 모르는 일이다.

그래서 여름엔 선수들이 좀 더 성숙해질 수 있도록 적극적으로 뭔가 다른 일을 해 보라고 권한다. 팬앰이나 굿윌 게임즈가 아니어도 좋다. 예를 들어 셰인은 월스트리트에서 증권분석가로 활동하기도 했고, 어느 해에는 시카고의 마케팅회사에서 근무하기도 했다. 8월이나 9월초가 되면 선수들은 새로운 기술을 습득하고 더욱 성숙한 모습으로 복귀한다. 이는 팀원 모두가 성숙해지는 데도 큰 도움이 된다.

많은 다국적 기업들이 이와 비슷한 전략을 취한다. 회계사나 엔지니어에게 몇 주 동안만이라도 다른 부서를 견학하도록 하는 것도 좋은 생각이다. 그러면 조직 내의 다양한 분야를 체험하는 동시에 다른 기술에도 관심을 가질 수 있게 된다. 향후 리더십을 발휘하는 데 도움이 되도록 이들을 경영프로그램에 참여시키는 것도 괜찮은 아이디어다. 더 높은 곳을 향해 나아가려고 한다면 조직 내의 복잡하고 다양한 분야에 발을 담가 봐야 하기 때문이다.

리더에겐 팀원을 키우고자 하는 욕심도 필수다. 나에겐 각 선수들이 자신의 최대역량을 발견하고 최선을 다할 수 있도록 도와주고 싶은 욕심이 있다. 우리는 조직과 팀 그리고 동료들을 돕는 데 전념해야 하며, 팀원들도 실력을 쌓고자 하는 의욕을 가져야 한다.

실력

듀크대 학생이라면 모두가 알고 있을 듀크성당과 연단 위의 아름다운 목조장식이 화두가 될 때가 있다.

"연단 위에 놓인 장엄하고 세련된 목조작품은 다들 기억하겠지?

그걸 만든 사람은 단지 '위대하다'는 말로는 부족한 예술가일 거다. 누구에게 주려고 조각했을까?"

"돈 주고 살 사람이겠죠."

"그럴지도 모르지. 하지만 그 사람이라면 개울가에 널브러진 나뭇가지를 다듬을 때도 한결같이 세심한 정성을 기울일 거다. 자기 일이라면 모든 일에 자부심을 갖고 스스로 만족하길 바라기 때문에 그럴 수 있는 거야. 결국 진정한 예술가를 결정짓는 것은 바로 실력이다. 우리도 그래야 한다. 무엇을 하든 최고의 실력을 발휘해야 스스로가 만족할 수 있어. 사람들이 우리를 바라볼 때 마치 듀크성당 연단 위의 장식품을 본 것처럼 "정말 환상적이군!"이라는 감탄사를 절로 내뱉는다면 좋겠구나. 예술가도 저마다의 기대수준이 있다. 1달러를 받든 100만 달러를 받든 상관없이 자기 일엔 최선을 다할 것이며, 작품 속에 자신의 모든 열정을 불어넣을 것이다. 그게 바로 실력이며 자부심이다."

우수한 실력을 추구할 땐 항상 의욕이 넘친다. 어느 날엔 정상을 차지했다가도 어느 날엔 중간까지만 가듯 등락을 반복하지 않고 꾸준히 우수한 실력으로 최고의 작품을 만들어 내고 싶다. 그렇다고 다른 사람이 나의 실력을 가늠하도록 내버려 두지도 않을 것이다. 나는 '뭔가를 하고 있다'는 사실만으로도 기분이 좋아진다.

리더가 대중의 눈앞에 노출되어 있을 땐 팀의 자질을 매스컴이 평가해 주길 은근히 바랄지도 모른다. 하지만 조각가나 화가는 사람들의 이런저런 주문에 귀를 막아야 한다. 훌륭한 조언을 얻을 수도 있겠지만 그림을 그리는 주체는 바로 자기 자신이기 때문이다.

'성공'을 이루는 것보다는 '실력'을 갖추는 데 목마르다고 하는 편이 더 정확하다. 탁월한 실력을 갖춘다면 성공은 저절로 따라오기 때문이다.

동기

NCAA 토너먼트에서 첫 우승을 따낸 후 팬앰 출전에 대해 크리스찬과 이런저런 이야기를 나누었을 때, 매스컴은 듀크대가 '내셔널 챔피언십 우승자리를 끝까지 수호할' 거라고 떠들어 대기 시작했다.

나는 즉시 팀원들을 소집했다.

"팀원 중 누구라도 매스컴이 우리의 목표나 꿈을 대신 규정토록 해서는 안 된다." 라커룸에 모두 집합했을 때 내가 말했다.

"우리는 우승자리를 '수호'하지 않을 것이다. 수호한다는 말은 뭔가를 지킨다는 말이다. 하지만 명성이 자자하다고 해서 차기 챔피언십 우승자리가 저절로 지켜지지는 않는다. 우린 발 벗고 나서서 그걸 쟁취해야 한다. 가만히 앉아서 수호할 수는 없다. 그러니 챔피언십 우승을 '추구'한다고 해야 옳다. 우린 우승을 추구하는 것이다!"

동기를 끄집어내기 위해 선수들을 소집해야 할 것인지를 고민하지 않았다. 중요하다고 생각되면 무슨 일이든 즉시 행동에 옮기기 때문이다. 쪽지에 뭔가를 적고 이를 건네주면서 "적힌 대로 하면 돼!"라고 지시하는 리더는 팀원의 동기를 유발할 수 없다. 우선 사람들을 파악하고 상황에 따라 달리 대응하는 법을 터득해야 한다. 그러면 어제와 오늘의 대처방법이 달라질 것이다.

나는 각 선수들과 팀 전체가 긍정적인 생각을 가지고, 자신의 역량을 최대한 발휘하며, 실패를 두려워하지 않기를 바란다. 이 목표들을 이루기 위해 팀에 동기를 부여하는 것이다. 팀원 모두가 리더의 목표대로 움직이고 있다면 리더는 탁월한 리더십을 발휘하고 있는 셈이다.

그러나 동기가 부여되려면 개인과 팀 전체가 함께 노력해야 한다. 평소 의욕적인 선수가 있는가 하면 그렇지 않은 선수도 있다. 따라서 각 선수들이 자신의 기량을 최대한 발휘하는 가운데 팀 전체의 경기력까지 끌어올릴 수 있도록 팀에 동기를 부여하는 것이 리더가 해야 할 일이다.

그렇다면 '어떻게' 해야 할까? 무슨 수로 습득했는지는 기억나지 않지만 어쨌든 자연적으로 터득한 나만의 비결이 있다. 시카고에 사는 옛 친구 밀린스키는 개구쟁이 시절, 아이들이 내 팀에 들어오고 싶어 했다고 기자에게 말한 적이 있다. 그는 "슈셉스키만 있으면 이긴다고 생각했기 때문"이라고 말하며 몇 마디를 덧붙였다.

"고등학생일 때도 농구 잘하는 법을 알고 있었죠. 지금 생각해 봐도 당시 농구 실력엔 흠 잡을 데가 없었습니다. 그에겐 특별한 재능이 있는 게 분명합니다."

나에겐 인간의 본성을 자연스럽게 들여다보는 능력이 있는 것 같다. 나는 다양한 상황에서 각기 다른 반응을 유심히 살펴본다. 리더는 팀원들의 머릿속에 들어가서 상황에 따라 어떤 버튼을 눌러야 할지 파악해야 한다.

나는 융통성을 중시한다. 예를 들면 얼굴을 보고 이야기해야 할 때가 있고, 언성을 높이지 않고 문제를 보류해 두어야 할 때가 있는가 하면, 등을 두드리며 격려하고 때로는 꼭 안아 줘야 할 때도 있다.

순간마다 대응방법이 다르기 때문에 언제 어떻게 대처할지 알려면 각 상황을 다르게 볼 수 있는 '눈'이 있어야 한다.

이런 맥락에서 사람은 모두가 다르며 동기부여 방법도 천차만별이라는 사실을 아는 게 중요하다. 등을 두드려 줄 때 의욕이 생기는가 하면, 엄격하게 대하거나 특별히 관심을 갖지 않아도 동기가 유발되기도 한다. 도전을 받을 때, 혹은 따뜻한 격려의 말 한마디에 동기가 생기는 사람도 있고, 호되게 꾸짖을 때 오히려 열정이 솟구치는 사람이 있는가 하면, 조금만 비난해도 움츠러드는 사람도 있다.

리더는 팀원 각자에게 효과적으로 동기를 부여할 수 있을 만큼 모두를 잘 알아야 한다. 그런 의미에서 인간관계와 커뮤니케이션을 다시 짚어 보기로 한다.

한 고등학교 감독은 선수들에게 동기를 부여할 책임이 자기에겐 없다고 하면서 선수들 스스로가 의욕을 보여야 한다고 주장한 적이 있다. 물론 나는 고개를 저으며 그 말에 절대 수긍할 수 없다고 했다. 팀원에게 동기를 부여하고 모범을 보이는 것이 감독과 리더의 본분이기 때문이다.

이는 리더가 끊임없이 관심을 가져야 할 일이기도 하다. 나는 팀원들에게 의욕을 불러일으킬 만한 읽을거리를 한 달에 적어도 두 번은 나눠준다. 신문기사 혹은 귀감이 될 만한 명언을 읽게 하거나, 일 년 내내 선수들의 동기를 불러일으킬 수 있도록 노력한다. 예를 들어 여름방학 땐 선수들에게 편지를 보내고, 또 집에 초대해서 서로의 근황을 이야기할 때도 있다. 시즌 동안에는 최고 수준에서 경기할 수 있도록 팀원들에게 열정을 불어넣는가 하면, 하계 체력 단련 프로그램에 참여하고 학업에 열중하는 선수들을 격려하는 것도 잊지 않는다.

개인이든 팀이든 성공하려면 노력해야 한다. 그런데 일단 뭔가를 성취하고 나면 그 다음도 쉬울 거라는 안일한 생각이 찾아오기 쉽다. 그래서 최고의 자리에 도달하는 것보다는 그 자리를 유지하는 것이 훨씬 힘들다고 생각한다. 나는 성공하겠다는 마음가짐보다는 훌륭하게 해내겠다는 마음가짐을 더 중요하게 여긴다. 성공은 훌륭한 상태를 지속하다 보면 저절로 따라오는 것이다.

교육

나는 감독이자 교육자다. 스태프진 중에도 훌륭한 교육자들이 많다. 우리 코칭방식의 중심에는 항상 교육이 자리 잡고 있다. 훌륭한 농구팀 감독으로 인정받으려면 일단 잘 가르쳐야 한다. 교육은 곧 예술작품과도 같기 때문에 한 치의 실수도 용납되어서는 안 된다.

교육에 성공하는 방법은 다양하지만 일단 가르칠 내용을 계획하는 것이 가장 중요하다. 감독이라면 이미 농구에는 박식할 것이다. 그러나 감독의 실력은 선수들의 지식과 그들이 실전에서 경기를 어떻게 풀어 가느냐에 따라 결정된다. 즉, 리더의 지식을 팀의 경기력 향상으로 연결시키는 능력이 코칭의 핵심이다.

선수들이 배운 지식을 실전에서도 본능적으로 적용하고 공격 혹은 수비 시 상황에 따라 순발력 있게 대응할 수 있는가? 팀의 교육목표는 위의 질문에 "그렇다"라고 대답할 수 있도록 노력하는 것이다.

매년 여름 우리는 '듀크농구캠프'를 개최하고 약 1,200명의 젊은 이를 모집한다. 아내와 딸도 캠프에 참여하는데, 해마다 북새통을 이룬다.

차를 타고 멀리 가는 일엔 신물이 나 있지만 캠프가 열린다면 언제 그랬냐는 듯이 그날이 기다려진다. 학생들의 열정이 기대되기도 하고, 교육하는 일을 가장 좋아하기도 해서 마음이 설레는 것이다.

캠프에서 가장 중요한 것은 교육이다. 우리는 회원들의 나이와 수준에 따른 기초교육을 항상 강조하고 있다. 대학을 졸업한 회원들이 캠프에서 보냈던 소중한 시간들을 잊지 않고, 사회에 나가서는 발전된 자신을 보여 주길 바란다. 나 또한 그들이 어엿한 사회 구성원이 될 수 있도록 돕고 싶다.

선수들에게는 원하는 사람에 한해 회원들을 가르칠 기회를 주기도 한다. 회원들과 함께 시간을 보냄으로써 자기계발에 도움이 될 거라 믿기 때문이다. 젊은이들에게 농구의 기초지식을 가르칠 땐, 그들의 본분이 무엇인지도 아울러 이야기한다. 선수들은 회원들과 함께 이야기하고, 행동으로 몸소 보여 준다. 그러면서 자기도 배운다. 속담에서도 말하듯이 "가르치는 것은 두 번 배우는 것"과 같다.

다시 정규시즌이 돌아오면 캠프에 참여했던 선수들은 지도하기가 한결 쉬워진다. 이것이 내가 선수들에게 다른 감독들 밑에서도 뛰어 보도록 권하는 이유 중 하나다. 국제 경기에 참여하면 팀에 합류한 유수의 코칭스태프들로부터 새로운 지식을 습득할 기회를 얻을 수 있기 때문이다.

리더라면 팀원들이 타인에게 배우는 것을 꺼려해선 안 된다. 그를 통해 생각의 폭을 넓힐 수 있기 때문이다. 여름 동안 바깥에서 더 나은 성품과 스포츠지식을 배우고 학교로 복귀한 선수들을 매년 보아 왔다. 뿐만 아니라 그들은 듀크대에서 선수생활을 하게 된 것이 무척이나 감사하다고 입을 모은다.

"감독님과 함께 선수생활을 하게 되어 정말 뿌듯해요."

이렇게 말하는 선수가 한둘이 아니다.

"감독님, 그곳에 가길 잘했다는 생각이 들어요."

그들이 돌아오면 우리 팀이 활용할 만한 것이 있었는지 꼭 질문한다.

"마음에 드는 게 있었나? 그렇다면 솔직히 말해 봐."

"연습이 다소 깔끔하다고나 할까요?"

"시범을 보여 주게. 우리도 해 보면 좋을 듯해서 그래."

선수들을 가르치는 동안 그들에게 배우기도 한다. 훌륭한 교육자라면 학습은 양방향으로 이루어진다는 것을 잘 알고 있을 것이다. 팀에 지식을 전달하면 팀도 나에게 무언가를 전달한다. 물론 선수들을 다른 감독에게 보내려면 상당한 자신감이 있어야 한다.

경쟁이 치열한 비즈니스 세계의 리더들은 특출한 인재를 외부에서 스카우트해 갈까 봐 노심초사한다. 그러나 평소 직원과의 관계가 돈독하고, 그를 능력에 걸맞게 대우했다면 그런 위험은 감수해도 좋다. 혹시 도움이 될지 모르는 지식과 경험을 물어다 줄지도 모르기 때문이다.

나는 지금까지 선수나 감독으로서 스포츠와 인연을 맺어 왔다. 오로지 스포츠를 통해 나 자신과 타인에 대해 배웠고, 지금도 순간순간 맞닥뜨리는 상황들과 가르치는 선수들로부터 많은 것을 배우고 있다.

내가 터득한 진실 중 지금까지도 굳게 믿는 한 가지가 있다면 최고 수준의 교육은 대학 스포츠에 참여함으로써 성취될 수 있다는 것이다. 스포츠는 이 나라에 사는 모든 젊은이들에게 자신을 알아 가고, 그들의 경험을 서로 공유할 기회를 제공한다. 신뢰와 팀워크, 인테그리티, 우정, 헌신, 공동책임을 포함한 다수의 가치관을 배우기에 대학 스포츠계보다 더 좋은 곳은 없다.

성공과 실패를 배울 수 있는 더 나은 곳이 있을까? 타인과 함께 방해물을 뛰어넘고 잠재력을 일깨우는 방법을 배우기에 더 적합한 곳은 있나? 열정을 불러일으키고, 규율을 따르게 하며, 커뮤니케이션 능력을 신장시킬 수 있는 법을 여기 말고 또 어디서 가르치겠는가? 학교에서 배운 내용을 활용하는 곳으로서 대학 스포츠계는 '고등교육의 산 체험장'이다.

나는 개인적으로 교육에 최고의 가치를 두고 있다. 지금까지 쌓아온 선수들과의 인간관계, 그리고 그들의 인성계발에 내가 끼칠 수 있는 영향력은 내겐 아주 큰 가치다.

'교육'은 내 코칭스타일의 핵심이다. 따라서 잘만 가르치면 승리는 자연스럽게 따라오게 되어 있다. 목표가 승리에만 있었다면 나는 결코 감독이 되지 않았을 것이다.

매사에 최선을 다하고 자신의 한계를 알아 가며 이를 극복하도록 노력하는 것이 리더가 가져야 할 비전이다. 무조건 이기는 데만 목표를 둔다면 실망과 실패가 찾아올 것이라는 사실을 교육자나 감독은 잊지 말아야 한다. 이젠 점수판에서 눈을 떼자! 최선을 다하는 데 목표를 두며, 만반의 준비를 하고 희생정신에 좀 더 집중한다면 패배란 있을 수 없다.

가족

어렸을 때 나는 슈셉스키 일가에서 태어났다는 데 자부심을 느졌다. 가족은 가장 강력한 단일공동체였고 나는 지금도 우리 고향과 가족이 늘 자랑스럽다. 돈이 많다고 해도 자부심만은 살 수 없을 것이다.

나를 강하게 만들었던 가족이었기에 팀도 그처럼 이끄는 게 당연했다. 그래서 애당초 선수들에게 농구팀 소속인 동시에 한 가족의 일원임을 일러두었다. 가족처럼 팀을 이끌다 보니 장점도 많았다. 팀원들은 정직한 성품과 강인한 정신력, 그리고 서로에 대한 관심을 갖추어 갔다. 무엇보다도 가족 같은 팀의 구성원들은 언제나 혼자가 아니라는 게 가장 큰 장점이다. 가족은 나와 떼려야 뗄 수 없는 사람들이다.

하나로 똘똘 뭉친 가족의 일원이 된다면 서로 힘을 나누기 때문에 성취할 수 있는 것도 많아진다. 일이 생기면 즉각 도움을 줄 수도 있다. 일이 잘 풀릴 땐 함께 파티를 열어 주고, 실패할 땐 함께 울어 주는 게 가족이다. 누군가 곤경에 처했을 때 그를 돕기 위해 구성원들이 몸소 나선다. 가족은 난관을 극복할 수 있게 하는 힘을 주기 때문에 한방에 쓰러지는 일은 없다. 이는 감독에겐 큰 힘이 된다.

어릴 적 나는 실패를 두려워하지 않았다. 화재로 연기가 자욱한 고층빌딩에서 떨어져도 안전망이 나를 기다리고 있을 거라 생각했다. 그 안전망은 바로 우리 가족이었다. 선수들도 그렇게 생각하기를 바란다.

부모님과 형만큼은 항상 나를 지켜 주리라 믿어 의심치 않았다. 그들이 언제나 나를 사랑한다는 걸 알았기 때문이다. 나 역시 선수들에게 스스럼없이 말할 수 있다.

"너희들을 사랑한다."

이 말은 가식이라고는 찾아 볼 수 없는 나의 진실한 고백이다. 이러한 사랑의 감정은 관계가 진전되면서 더욱 커진다. 서로에게 인사하고 악수하며 꼭 껴안아 주는 것은 나와 선수들, 혹은 선수들 사이에서 자주 있는 일이다.

나는 선수들이 '농구만 잘하면 그만'이라는 생각을 버릴 수 있도록 노력하며, 코칭스태프들이 그들을 얼마나 사랑하는지 알아주길 바란다. 이미 대학을 졸업한 선수들도 듀크대와 동료들 그리고 그들이 보냈던 시간들을 모두 사랑하면 좋겠다.

서로의 생각을 나누고, 서로에게 관심을 표현하는 것이 바로 사랑이다. 가족도 마찬가지다. 가족은 커뮤니케이션, 관심, 신뢰, 자부심 그리고 공동책임이 한데 뭉치면 완성되는 주먹을 쥔 손과 같다. 가족이 있기에 개개인은 커다란 조직의 일원이 된다.

기업이 가족과 같다고 생각하는 리더가 있다면 성공은 머지않아 그를 찾아갈 것이다.

1994년, 플로리다대와의 4강전 첫 경기를 앞두고 아내와 두 딸 데비, 제이미는 나와 함께 샬롯데로 향했다. 딸 린디는 오후에 도착할 예정이었다. 그런데 린디가 더햄의 한 쇼핑센터 주차장에 있을 때, 총을 든 남자가 그 아이의 차문을 강제로 열고 들어오려 했던 사건이 있었다. 급박한 상황이었지만 린디는 가까스로 주차장을 빠져 나왔고, 범인은 차를 탄 채 도주해 버렸다.

린디가 무사히 빠져나왔다는 소식을 듣고 나는 친구에게 즉시 전화를 걸어 린디를 샬롯데로 데려와 달라고 부탁했다. 딸아이가 도착했을 때 우리는 아이를 꼭 안아 주고는 질문을 쏟아 내기 시작했다. "나를 뒤에서 쏠까 봐 걱정했어요." 린디가 말했다. 자식이 있는 부모라면 생각하기조차 끔찍한 일이었다.

그렇게 얼마 후 린디는 쏟아지는 질문에 점점 지쳐 갔다. 짜증이 날 법도 했지만 계속 대답을 해 주었다. 아내가 범인의 인상착의를 묻자, "청바지에 검은색 셔츠를 입었고요, 검은색 허리띠에 야구모자를 쓰고 있었어요."라고 대답했다.

"모자에는 뭐라고 쓰여 있었니?"

아내가 말을 이었다.

린디는 더 이상 대답하기조차 힘들다는 표정을 지었다. 린디는 우리가 4강전에만 집중하기를 바랐다. 딸아이는 깊은 한숨을 내쉬며 내 눈을 보고 말했다.

"플로리다요!"

자신은 무사하니 그 일은 접어 두고 지금 눈앞에 닥친 경기에 집중하라는 말이었다. 그도 그럴 것이 4강전 첫 경기는 꼭 이겨야만 했다. 다음 날 저녁, 우리는 플로리다를 꺾고 챔피언십 결승에 진출했다.

TIPS

- 리더에게 의욕이 있다면 팀원들의 의욕도 솟구친다.
- 리더는 팀원들이 자신의 의욕을 마음껏 펼칠 수 있는 기회를 주어야 한다.
- 성공을 이루는 것보다는 실력을 갖추는 데 목말라 하라. 또한 타인이 당신의 실력을 가늠토록 해서는 안 된다.
- 동기를 부여하려면 개개인과 팀 전체가 함께 노력해야 한다.
- 매 순간 대응하는 방법은 각각 다르다.
- 항상 성공을 생각해야 한다. 안일한 생각이 끼어들 틈을 주어선 안 된다.
- 가르칠 내용을 미리 계획하라.
- 가르치면서 배운다.
- 팀이 가족처럼 똘똘 뭉친다면 팀원은 난관에 쉽게 무릎 꿇지 않을 것이다.
- 가족은 커뮤니케이션, 관심, 신뢰, 자부심 그리고 공동책임이 한데 뭉치면 완성되는, 주먹을 쥔 손과 같다. 가족이 있기에 개개인은 커다란 조직의 일원이 된다.

성품

The Core Of Character

> 용기가 있다면 모진 풍파 속에서도 요동치 않고
> 꿋꿋이 제자리를 지킬 수 있다.
>
> 성취감 뒤에는 자신감이,
> 자신감 뒤에는 확신이 따라온다.
>
> ─── *Coach K* ───

감독생활 3년차였던 1983년 말 어느 날 새벽, 나와 스태프진 그리고 내 친구들은 데니스 레스토랑 한쪽 구석자리에서 서로를 바라보며 앉아 있었다. 그날 저녁 우리는 ACC 토너먼트에서 버지니아에게 최종 스코어 66대 109로 완패했다. 그렇게 11승 17패로 시즌을 마감했는데, 당시 듀크대 농구 사상 두 번째로 큰 치욕이었다. 그 전해엔 10승 17패로 최악의 승률을 기록했었다.

경기가 끝나고 후원자들이 마련한 모임에 참석했다. 아내는 내가 나타나지 않더라도 사람들이 이해할 거라고 말했지만, 나는 "숨어 있기 싫다"고 말했다.

새벽 3시, 도로의 외딴 구석에 있는 레스토랑에 앉아 있는 것이 마치 숨어 있는 모습처럼 비쳤을지도 모르겠다. 그러나 나는 집으로 돌아가기 전에 스태프진과 모임을 가져야겠다고 생각했다.

"잘 듣게. 이제 급한 불은 다 껐네. 선수들을 이미 기용했으니 더 이상 보충할 사람은 없어. 그들을 잘 가르친다면 다음엔 이길 걸세. 또 지면 난 감독으로서 자질이 없는 거야. 하지만 난 무조건 이길 거라고 확신하네. 왜냐면 난 빌어먹을 자질이 있는 감독이니까."

홍보 담당자였던 조니 무어가 아이스티 잔을 들고 말했다.

"좋습니다. 오늘 경기는 잊어버리자고요."

나도 잔을 들었다.

"아니, 오늘의 수모는 절대 잊지 말기 바라네. 절대로!"

용기

당시 나를 믿는 사람은 그리 많지 않았다. 2연패를 한 탓에 열성 팬들과 서포터즈들은 감독 자리를 내놓으라고 요구했다. 그러나 선수들과 부감독들, 그리고 경기담당자인 톰 버터스는 내 편이 되어주었다. 물론 아내와 딸들, 어머니, 형 그리고 형네 가족은 항상 내 편이다.

신문이나 방송관계자들은 듀크대가 앞으로 얼마 동안은 시즌에서 우위를 점하는 일은 없을 거라고 장담했다. 그리고 이름도 발음하기 힘든 감독을 갈아치우지 않는다면 희망이 없다고 떠들어 댔다.

매우 어려운 시기였지만 나는 성공적인 프로그램을 내놓을 수 있을 거라 확신했다. 우린 절대 실패하지 않을 거라 믿었기에 나 자신과 비관적인 평론일색인 매스컴 그리고 듀크대의 운명을 점치는 사람들에게 미안하다기보다는 오히려 화가 났다. 레스토랑에서 스태프들을 격려했던 것도 실은 화가 나서 한 행동이었던 것 같다. "듀크대는 이제 안 돼."라고 말하는 사람들에게 뭔가를 보여 주고 싶었다.

어쩔 수 없는 일에 몰두하거나 걱정하지 말아야 한다는 생각이 들기도 했다. 사실 우리를 헐뜯는 사람들에게 당장 보여 줄 거라곤 아무것도 없었다. 할 수 있는 일은 오로지 역경을 반면교사로 삼고 이를 효과적으로 극복하여 앞으로의 훈련에 박차를 가하는 것뿐이었다.

우리는 버지니아에게 패배한 경기를 우리 자신을 자극할 동기부여책으로 삼았다. 특히 당시 스타선수였던 조니 도킨스, 마크 앨러리, 제이 빌라스 그리고 데이빗 핸더슨이 실패의 괴로움을 마음속 깊이 새기기를 바랐다. 그 결과 승리의 쾌감을 맛보고 성공가도를 달리려면 얼마나 수고해야 하는지 모두가 알게 되었다.

리더십에 있어서 용기란 약방의 감초이며, 남들이 가고 싶어 하지 않는 어두운 골목길을 걸어가는 데 필요한 것이다. 진정한 용기는 신념의 정도에 따라 달라진다. 그런 용기는 자기 자신을 끝까지 믿는 인내와 칠전팔기의 탄력성이 있어야 얻을 수 있다. 모든 사람이 "할 수 없다"고 말할 때 자신의 계획과 입장, 의지를 끝까지 추구하는 것이 바로 용기다.

그렇다면 리더에게 용기가 필요한 까닭은 무엇일까? 리더 주변에는 항상 그를 끌어내리려는 사람이 있기 때문이다. 어떤 풍파가 찾아오더라도 우유부단해선 안 된다. 세상사에는 일이 순조롭게 풀리면서 모두가 따르는 순풍이 있는가 하면, 풀리지 않거나 모든 사람들이 등을 돌리는 역풍도 있게 마련이다. 하지만 용기가 있다면 어떤 바람이 불더라도 요동치 않고 꿋꿋이 제자리를 지킬 수 있다.

거센 풍랑이 일 때에 전략을 바꿀 수는 있지만 신념까지 바꾸어서는 안 된다. 프로그램과 팀원들 그리고 자신의 능력을 믿는다면 11승 17패에 심지가 흔들리진 않을 것이다. 그러나 믿음이 없고 소신을 지키려는 용기가 없다면 11승 17패는 전부를 흔들어 놓을 것이다.

1983년 스태프들과의 모임에서 나는 끝까지 소신을 지켰고, 선수들을 믿었기에 결국에는 성공할 수 있다는 자신감을 그들에게 심어 주었다. 그들도 흔들리지 않았다. 신입생 시절에는 11승 17패로 부진했으나 그로부터 3년이 지난 1986년에는 37승 3패를 기록하는 쾌거를 이루었다. 그해 정규시즌에서는 여론조사 결과 톱 1위에 랭크되기도 했다. 루이스빌과의 결승전에서는 안타깝게 패배했지만, 4강전에도 진출했다.

리더는 자신의 정체성과 자신이 현재 무엇을 대표하는지 분명히 알고 있어야 하며, 팀원들이 자신을 따르길 바란다면 이를 분명히 밝히고 증명할 수 있어야 한다. 일단 강풍에 요동치지 않는다면 용기를 얻는 것은 그다지 어렵지 않을 것이다.

자신감

1998년 엘튼 브랜드가 1학년을 마쳤을 때, 기자와 스포츠 분석가 등 모두가 그를 탁월한 선수라 호평했다. 나 역시 그가 곧 에이스로 부상할 거라고 생각했다. 그러나 정작 본인은 그 사실을 모르고 있었다.

그는 부상으로 시즌 중 7주 동안 경기에 참가하지 못했다. 그리고 회복되어 팀에 복귀했을 때도 유망주의 모습은 아니었다. 몸이 따라 주지 않았기 때문이었다. 모두들 이구동성으로 극찬할 만큼 훌륭한 선수로는 보이지 않았다.

그해 여름, 엘튼에게는 극복해야 할 문제가 놓여 있었다. 그는 사람들이 자신을 너무 치켜세운다며 부담스러워하고 있었다. 그래서 사무실에서 그와 이야기를 나누었다. 그는 NBA에서 뛰고 싶지만 그럴 수 있을지 모르겠다는 반응이었다. 그래서 NBA 진출은 문제도 아니며 매스컴에서 말하는 것은 모두 사실이라고 일러 주었다. 또한 아직 회복이 덜되었을 뿐이라고 말하면서 오프시즌 경기에 참가할 것을 권했다.

"굿윌 게임즈 예선전에 참가하는 게 좋겠구나. 팀에 합류한다면 넌 분명 핵심 멤버가 될 거야."

몇 주가 지나고 엘튼이 팀에 합류했을 때 나는 직접 뉴욕으로 가서 연습상황을 체크하고 일부 경기를 관전했다. 그가 얼마나 흠잡을 데 없이 탁월한 선수인지를 보여 주기 위해서였다.

만약 야구에서 투수가 완봉승을 하거나 한 경기에서 타자 열둘을 삼진아웃 시킨다면 탁월한 선수라는 것이 명확해지겠지만 그 전까진 스스로도 자기의 실력을 모를 것이다. 엘튼도 마찬가지로 자신의 역량을 파악하지 못하고 있었다. 우리는 여름철 오프시즌 경기를 그가 자신의 실력을 가늠할 기회로 삼았다. 역량을 최대한 발휘하기 위해 엘튼도 자신감을 가져야 했다.

리더가 자신감을 가져야 함은 물론, 팀원들 역시 자신감을 가져야 한다. 내가 어느 기업의 관리자로서 전도유망한 인사부장을 알고 있다면 부장도 자신의 역량을 십분 이해하길 바랄 것이다. 전 세계의 큰 재목이 될 거라는 사실을 자신도 알아야 한다.

그렇다면 어떻게 확신을 심어 줄 수 있는가? 내 생각을 말해 주는 것도 중요하다. 그러나 말만으로는 부족하다. 내가 그렇게 확신하고 있다는 것을 그가 알아야 하며, 본인 스스로 자신의 역량을 증명해야 한다. 따라서 리더로서 내가 할 일은 그럴 기회를 마련해 주는 것이다.

굿윌 게임즈에서 그가 빛을 발하리라 확신했기 때문에 참가를 권유한 것이다. 그리고 생각대로 그는 승리의 일등공신이 되었다. 스타급 플레이어로서 손색이 없었던 엘튼이 듀크대로 복귀했을 땐 경험과 확신에서 우러나온 자신감으로 무장되어 있었다.

1999년은 엘튼에게 매우 뜻깊은 해였다. 그해 우리는 4강에 진출했다. 결승전에서 유콘과의 접전 끝에 패배하긴 했지만, 우리는 정규 시즌 막판에 실시된 여론조사에서 37승 2패의 성적으로 1위에 랭크되었다. 1986년 NCAA 역사상 최다승을 기록했던 때와 비슷한 성적이었다. 그리고 엘튼은 '올해의 선수'로 뽑혔다. 그가 굿윌 게임즈에 참가하지 않았더라면 평소와 다를 바 없는 1999년이 되었을 것이다. 나와 엘튼은 이를 분명히 알았다.

무언가를 이루면 확신이 생기고, 확신과 함께 신뢰와 믿음도 따라온다.

끝없는 배움

1992년, 듀크대는 두 번 연속 내셔널 챔피언십 우승을 차지했다.

당시 나는 마흔다섯 살이었는데 우승을 차지한 감독치고는 상당히 젊은 편이었다. 우승이라는 최고의 영예를 얻었으니 이제는 더 이상 배울 필요가 없을까? 성공한 리더가 계속 발전하려면 어떻게 해야 할까?

고민이 많던 차에 다행히 나는 1992년 올림픽 드림팀의 척 데일리 감독 밑에서 부감독으로 일해 달라는 요청을 받았다. 기분이 매우 좋았다. 그런데 챔피언십 우승을 두 번이나 차지하고 대학농구 감독으로서는 최고의 위치에 있던 내가 몇 달 동안 다른 사람 밑에 들어가는 것은 생각만큼 쉬운 일이 아니었다. 그래도 나는 기꺼이 받아들였다.

그해 여름은 나 자신의 성장 면에 있어 매우 의미 있는 시간이었다. 척 데일리와 레니 윌켄스 그리고 P. J. 칼레시모라는 대단한 코칭 스태프들과 함께 일할 수 있는 특권을 누렸을 뿐만 아니라 농구계의 전설이라 불리는 선수인 매직 존슨, 마이클 조던, 래리 버드와 데이빗 로빈슨과도 호흡을 맞췄다.

세계적인 선수들은 나를 존중해 주었다. 연습이 끝나면 "감독님, 감사합니다."라며 어김없이 인사했고 경기에 관한 지식을 높이 평가해 주기도 했다. 우리는 단순하면서도 산만하지 않은 분위기를 만들었고, 실력이 출중한 선수들을 마치 주먹처럼 하나로 뭉치게 했다. 그리고 바르셀로나 올림픽에서 금메달을 획득하는 쾌거까지 이뤄 냈다. 자랑스러운 순간이 아닐 수 없다.

여름 내내 프로정신을 발휘하고 나니 스포츠에 대해 훨씬 깊이 이해하게 되었다. 두 달 동안 돈독해진 우정도 값진 것이었다. 무엇보다도 경험을 통해 자신감이 높아진 것이 가장 큰 배움이었다.

주변 사람들은 내게 NBA에 진출하면 돈도 많이 벌 수 있을 것이고 팀을 승리로 이끌 수도 있을 거라고 수년 동안 이야기해 왔다. 그러나 나는 NBA 팀들로부터의 제안을 정중히 거절했다. 큰돈을 버는 데는 그다지 관심이 없다. 하지만 NBA가 어떻게 돌아가는지 궁금하긴 했다. 경험해 보니 매 순간이 도전이었고 나를 설레게 만들었다. 솔직히 드림팀에서 프로선수들과 호흡하며 NBA 감독이 되어도 괜찮겠다는 생각이 들긴 했다.

1992년 한 해 동안 자신감을 높이고 나니 이듬해 가을에 복귀했을 땐 좀 더 업그레이드됐다는 기분이 들었다. 드림팀에서 일하면서 새로운 것들을 배울 수 있었다. 나는 그것을 매년 봄·여름, 그러니까 정규시즌과 포스트시즌이 막을 내린 후에 적용하려고 노력했다.

챔피언십에서 첫 우승을 따낸 이후 매년 수백 건의 강연요청을 받았다. 사람들은 내가 마치 보물이라도 발견한 듯 비결을 묻곤 했다.

"'그것'은 어떤 모습이던가요?"

"어떻게 발견했는지 말씀해 주시겠습니까?"

나는 뭔가를 배울 수 있을 것 같은 사람들에게 강연한다. 은행관계자들이나 대기업들이 매스컴과 직원 혹은 경영상 문제로 골머리를 앓을 때가 종종 있다. 우리는 그것에 대해 대화하고 문제에 성공적으로 대치할 수 있는 방법을 모색한다. 혹은 그들이 어떤 어려움을 겪고 있는지에 대해 귀를 기울이기도 한다. 나는 이렇게 하면서 당사자를 도와줄 뿐만 아니라 내가 배울 점을 찾아 분석한다.

나는 감독을 대상으로 한 '1:1 원데이 클리닉One-man one-day clinic'을 개설하여 듀크대에서 적용했던 비결을 가르쳐 주고 질의응답을 받았다. 이론은 유창하게 설명한 것 같은데 좀 더 자세히 말해 달라는 감독들도 가끔 있다. 그러면 '좀 더 쉽게 풀어서 이야기할 줄도 알아야 겠구나.' 하고 생각하게 된다. 클리닉을 준비하면서 과거 일을 회상할 때도 있다. '과거엔 효과가 좋았는데, 왜 지금은 이 방법이 먹히지 않을까?' 하고 스스로에게 묻는다. 클리닉을 운영하면서 하나라도 뭔가 새로운 것을 배우지 않은 적이 없다.

일상생활에서 조언을 구하기도 한다. 예를 들어 프로팀에서 스카웃을 담당하는 친구들을 초대해서 우리 팀이 연습하는 모습을 봐 달라고 하거나 테이프를 보여 주고 함께 앉아 다음 시즌을 이야기하는 것이다. 친구들은 팀원들을 잘 모르기 때문에 객관적인 평을 해 준다.

"다른 팀도 많이 봐 왔을 테니 우리 팀은 어떤지 비교 좀 해 주겠나? 다른 팀에 비해 연습은 열심히 하는 편인가?"

어떤 감독은 자아도취에 빠져 '잘하고 있겠거니' 생각하는 경향이 있다. 하지만 그건 착각일 수 있다. 형편없을지도 모르고 어쩌면 다른 감독보다 월등히 잘하고 있을지도 모른다. 그러니 다른 비슷한 프로그램과 비교하고 확인하지 않으면 상황이 어떻게 돌아가는지 알 길이 없다. 그래서 다른 프로 팀의 선수 혹은 감독들에게 조언을 구해야 한다.

일단 대학만 졸업하면 배움도 끝난다고 생각하는 사람들이 있다. 나는 듀크대에 약 20년간 있으면서 엄청난 지식을 축적했지만 그래도 아직 배울 게 있다고 생각한다. 나에겐 아직 개발해야 할 잠재력이 남아 있다. 자신의 잠재력을 개발할 수만 있다면 발전기회는 항상 존재한다.

나는 인생의 현 단계에서 좀 더 많은 가능성을 가지고 있다고 생각한다. 물론 그렇다고 해서 100미터 달리기에서 세계 신기록을 세우진 못할 것이다. 분명 육체적으로 한계에 달한 부분도 있을 것이다. 그런데 과학자들의 말에 의하면 우리는 뇌의 10퍼센트만 사용하기 때문에 성취할 수 있는 일은 얼마든지 있다고 한다.

완벽한 비결이 없다는 게 리더십의 매력이다. "여기에 적힌 열 가지만 해 봐. 그럼 리더가 될 수 있다."라고 말해선 안 된다. 그 열 가지는 리더가 되는 데 도움을 줄 수는 있으나 그것만으로 리더가 될 수는 없다.

리더십을 위한 '청사진'은 참고자료로만 활용돼야 한다. 그것을 짜임새 있게 구축하되 창의력도 발휘해야 한다. 더불어 리더는 자기만의 리더십 스타일이 있어야 한다. 배우고 또 배워야 유능한 리더가 될 수 있다. 필요한 것을 모두 알고 있는 사람은 아무도 없다. 또한 팀을 이끌어갈 때 늘 모든 것은 변한다. 사건도 변하고, 상황도 변하고, 사람도 변한다. 사실 리더십은 변화에 대처하는 것이다. 리더는 사람들을 전에 가보지 못했던 곳으로 데려간다.

리더는 항상 새로운 상황에 부딪치기 때문에 문제를 만나면 대응방법을 수정하거나 변경하고, 정면으로 맞서 싸우며 해결책을 찾아야 한다. 리더의 일은 고리 모양이다. 끝나는 지점이 없이 계속된다.

리더십은 절대 멈추지 않는다. 배움의 끈을 놓지 않을 수 있는 방법을 여러 가지 생각해 두는 것이 좋다. 배우지 않으면 퇴보하기 때문이다. 인생은 승패를 떠나 쉼 없이 흘러간다. 이기든 지든, 다음엔 더 좋은 결과를 맺으려고 노력해야 한다.

사람은 누구나 성공, 혹은 실패로부터 뭔가를 배워야 한다고 생각한다. 레스토랑에서 스태프진에게 버지니아에 완패한 일을 잊지 말자고 했던 까닭도 바로 그 때문이었다. 패배를 잊어선 안 된다. 패배는 향후 승리의 열쇠가 될 수 있기 때문이다.

끈질긴 노력

청소부였던 어머니와 엘리베이터 기사였던 아버지는 하루도 결근하신 적이 없었다. 정말 단 한 번도 없었다. 아침에 기침이 나거나 열이 있어도 출근하셨다.

나도 마찬가지로 어렸을 때 결석한 적이 없다. 아침에 열이 나서 "아프니 좀 쉬고 싶다."라고 하면 부모님께선 "학교 가라고 돈을 냈는데 학교에 가지 않겠다고? 폴란드 차를 마시고 땀을 좀 내거라. 그런 후에 학교에 가렴, 알았지?"라고 말씀하셨다. 땀을 내는 한이 있더라도 학교엔 하루도 빠지지 말아야 한다고 가르쳐 주셨던 것이다. 그분들을 닮다 보니 어느새 믿음직한 사람이 된 것 같다.

어떤 의미에서 '열심히_hard_'와 '일한다_work_'는 말은 부정적인 뉘앙스를 풍기기도 한다. 그러나 '일'은 좋은 말이다. 일에는 존엄성과 위엄이 있고 '노력_hard-work_'은 강력한 리더십을 만들어 낸다.

열심히 노력해서 무언가를 성취하고 나면 아주 짜릿하고 날아갈 것만 같은 기분이 든다. 따라서 노력이란 고통을 유발하기보다는 사람들에게 기쁨과 만족감 그리고 자부심을 준다.

"그걸 해낸다면 기분이 정말 좋을 것 같다고요? 겨우 4시간밖에 안 걸리는데요? 그렇다면 한번 해 보죠!"

듀크대 성당 연단의 목조장식을 완성한 공예가도 몇 시간, 며칠, 아니 몇 주 혹은 몇 달을 작품에만 전념했을 것이다. 그리고 마침내 조각을 완성했을 때 기분이 어땠겠는가? 자신의 친필 사인이 담긴 작품에 자부심을 느꼈을 것이다.

성공하려면 일을 해낼 수 있는 방법들을 찾는 데 힘을 쏟아야지 변명을 늘어놓아선 안 된다. 변명을 달고 사는 사람들에게는 항상 '할 수 없는 일'만 생길 것이다. 최선을 다하지 않는다면 실패하게 마련이다. 성공의 길은 항상 열려 있다. 할 수 없다는 변명보다는 할 수 있는 방법을 찾으라.

정직과 인테그리티

듀크대의 승승장구는 '성품character'과도 관계가 깊다. 성품의 중심에는 정직과 인테그리티가 있다. '정직'이 무엇을 뜻하는지는 잘 알 테고, '인테그리티integrity'는 남들이 보든 그렇지 않든 옳은 일을 한다는 뜻이다. 남이 볼 때만 그렇게 행동하는가? 아니면 항상 그런가?

듀크대 팀은 모든 일에 솔직해야 한다. 진실보다 강한 것은 없으며, 따라서 진실만큼 중요한 것도 없다. 우린 서로에게 거짓을 이야기하지 않는다. 팀원들은 서로에게 솔직해야 하며 어떤 식으로든 거짓은 용납되지 않는다. 리더인 나 또한 정직해야 한다. 리더가 정직하다면 타인에게도 솔직하기가 쉬워진다. 내가 가장 보람 있게 여기는 것은 선수들에게 거짓이 없고, 그들도 이를 인정한다는 것이다.

시카고에 갈 때마다 '난 정말 행운아야. 정말 놀라울 따름이야.'라고 되뇐다. 가정형편이 나쁘거나 애당초 시작이 미약했다는 이유 때문이 아니라, 고향사람과 친지 혹은 친구들이 가르쳐 준 가치관 때문이다. 하나님을 믿고, 진실을 말하며, 조국과 농구를 사랑한다는 매우 단순한 이 가치관들은 지금 내 모든 행동의 기본이 된다.

 TIPS

· 진정한 용기는 자기 자신에 대해 확신을 갖는 것이다.

· 강풍에 일단 요동치 않는다면 용기를 얻는 것은 그다지 어렵지 않을 것이다.

· 역량을 최대한 발휘하려면 자신감이 있어야 한다.

· 항상 새로운 뭔가를 배울 수 있는 기회를 만들라.

· 패배를 잊어선 안 된다. 패배는 향후 승리의 열쇠가 될 수 있기 때문이다.

· 성장이 멈추면 퇴보하기 시작한다.

· 열심히 노력해서 무언가를 성취했을 때 기분은 아주 짜릿하고 날아갈 것만 같은 기분이 들 것이다.

· 최선을 다하지 않는다면 실패하게 마련이다.

· '인테그리티'는 남들이 보든 그렇지 않든 옳은 일을 한다는 뜻이다. 이를 행동의 기초로 삼아라.

CHAPTER 15

우정
Friendship

하나님, 짐을 위해서 뭐라도 좀 해 주십시오.
또한 제게 그와의 시간을 허락해 주신 것에 감사드립니다.

사랑과 더불어 우정은 살맛 나는 인생을 만든다.

—— *Coach K* ——

1999년 3월, 듀크대는 NCAA 동부지역 챔피언십에서 템플대를 꺾고 4강에 진출했다. 종료까지 얼마 남지 않은 상황에서 경기가 우리 쪽으로 기울자 상대팀이 주전 선수들을 교체하기 시작했다. 벤치에서 오른쪽으로 몸을 돌려 보니 선임부감독인 퀸 스나이더의 뺨에 눈물이 흐르고 있었다. 나는 그를 안으며 말했다.

"이제 감독의 기분이 어떤지 알겠지?"

그는 우리가 4강에 진출해서가 아니라 일 년 내내 고생한 선수들이 대견스럽고, 드디어 우리의 꿈이 이루어지는 순간이었기에 눈물을 흘린 것이다. 때 묻지 않은 순수함을 가진 어린아이 같았다. 사랑이 가득했던 그 순간은 천만금을 주고도 살 수 없는 시간이다.

영원한 친구

1999년, 4강전이 끝나자 퀸 스나이더에게 미주리대 감독 제의가 들어왔다. 그가 자랑스러웠고 매우 기뻤다. 그 소식을 전해 들었을 때, 10년 전 연례졸업파티에서 그가 연설했던 게 생각났다. 그는 당시 선수생활을 마치며 4년이란 세월이 자신에게 어떤 의미가 있었는지 이야기했다.

"감독님, 말로는 표현할 수가 없네요. 감독님에 대한 감정을 말하려니 자꾸 말문이 막히는군요. 어젯밤, 경기에 보탬이 되고자 감독님께서 하신 말씀, 그러니까 이기는 것이 전부가 아니라는 말씀이 떠올랐습니다. 감독님은 우리가 영원히 간직해야 할 가치관을 심어 주셨는데, 그중 일부를 되뇌고 싶습니다. 헌신, 인테그리티, 강인함, 정직, 공동책임, 자부심 그리고 사랑……, 말마다 풍기는 느낌은 각기 다릅니다. 하지만 이런 가치관 덕분에 오늘의 듀크대가 있다고 생각합니다. 그런데 그중에도 제가 영원히 간직하고 싶은 말이 있습니다. 시애틀의 어느 호텔에서 감독님은 저희를 '친구'라 부르셨습니다. 그 말이 다른 어떤 가치관들보다 기억에 남습니다. 저는 '친구'를 마음속에 항상 소중히 간직하겠습니다."

퀸이 언급한 '친구'는 바로 그 지난주에 내가 했던 말이었다. 4강전에서 세튼 홀에 패한 뒤 시즌이 끝났을 때의 일이다. 퀸은 워싱턴

주 머서 아일랜드 출신으로서 친구와 가족들이 보는 앞에서 경기를 치렀기 때문에 패배라는 결과에 크게 실망했다. 호텔에서 나는 선수들과 이런저런 이야기를 나누었다.

"난 자네들이 이 방을 나갈 때 한 사람도 자책하지 않기를 바란다. 슛과 리바운드에서 실패했던 일은 잊어버리고 올해는 정말 멋진 해였다는 사실만 기억해 줬으면 좋겠다. 정말 멋진 해였다. 당분간 시애틀에 머물면서 가족들과 오붓하게 보내다가 월요일 저녁 결승전은 다 같이 보자꾸나. 너희들이 우승할 때의 기분을 알았으면 좋겠다. 그리고 너희들에겐 친구가 있다는 사실을 명심해라. 나도 너희의 친구다. 무슨 일이 있어도 우리의 우정은 변하지 않을 것이다."

밀린스키를 포함한 코홀리개 친구들과 함께 결성한 '콜롬보' 시절부터, 고등학교, 사관학교를 거쳐 듀크대 감독으로 있기까지 나는 우정을 항상 중요시했다. 선수, 코치, 비서, 매니저 할 것 없이 모두가 나의 친구들이다. 나는 그들에게 자주 연락하려고 노력한다. 그럼으로써 우리의 관계는 쭉 지속될 것이다.

작별 인사

1999년 시즌이 끝날 무렵 팀을 떠난 사람은 퀸만이 아니었다. 우리는 선수 일곱을 보내야 했다. 그중 트레이전 랭돈, 타이먼 돔잘스키, 저스틴 콜드백은 졸업해서 떠났고, 엘튼 브랜드, 윌리엄 애버리, 코리 마겟 그리고 크리스 버제스는 졸업할 나이는 안 됐지만 프로선수로 진출하거나 이런저런 이유로 전학을 결정했다.

나는 엘튼이 NBA에 진출하고 싶어 한다는 걸 이미 알고 있었으나 그는 쉽사리 결정을 내리지 못했다. 조기에 프로선수로 전향한 전례가 없었기 때문에 팀에 악영향을 줄까 봐 걱정했던 것이다. 나는 엘튼이 죄책감에 시달리지 않길 바랐다. 언젠가는 분명히 NBA에 진출할 텐데 지금 편승한다면 경사가 아니겠는가? 그래서 내 고관절 이식수술이 끝난 다음 날, 엘튼을 병원으로 불렀다.

"NBA에 가고 싶지?"

"예, 감독님."

"하지만 듀크에 누를 끼치고 싶지는 않습니다."

그의 어머니가 말했다.

"그것이 엘튼과 어머니께 최선의 일이라면 듀크대 선수들도 모두 좋아할 겁니다. 저도 그렇습니다."

나는 이후에도 그들과 좋은 관계를 유지하고 싶었다. 그것은 내가 그 상황을 어떻게 대처하느냐에 따라 달라질 것이었다. 서로가 다른 길을 택한 것은 아니었다. 서로 다른 길이라고 여기지도 않길 바랐다. 나중에 차세대 선수가 픽스킬 고교를 나와 엘튼 밑으로 들어가서 "슈셉스키 감독과 듀크대가 어땠냐"고 묻는다면 엘튼이 '공정한 대우와 실력'을 서슴지 않고 자랑할 것이라 믿었다.

졸업생 셋과 엘튼, 윌리엄, 코리 그리고 크리스를 떠나보내야 했기에 하루라도 빨리 수술 부위가 회복되어야 했다. 퇴원 후 먼저 신예 주장 셋(셰인 베티에, 크리스 캐러웰, 네이트 제임스)을 집에 초대해서 약 10분 정도 자초지종을 이야기했다. 그리고 80분은 다음 시즌을 어떻게 준비할지 집중적으로 논의했다.

선수들이 대거 빠져나가도 잘할 수 있을 거라고 말했고, 우수한 신예들이 영입되었기 때문에 올해도 대박을 터뜨릴 가능성은 충분하지만, 그들 셋이 열심히 뛰어야 한다고 덧붙였다.

"할 수 있겠지?"

내가 묻자, 크리스에게서 일품의 대답이 돌아왔다.

"감독님이 말씀하시면, 그렇게 될 줄 믿습니다."

팀원 혹은 친구 일곱을 잃은 것과 다름없는 난국에도 정규시즌에서 패배한 기억을 뒤로하듯 의연한 그들이 자랑스러웠다. 또한 친구가 서로를 신뢰하듯 이 셋과의 관계가 매우 돈독해졌다는 데 감사했다.

1999년, 팀원 중 4명이 빠져나갈 때 느꼈던 상실감을 회고하며 그들이 4년을 모두 채웠다면 우리 사이가 얼마나 돈독했을까를 생각했다. 몹시 안타까운 일이었다.

다음 해 팀이 역량을 제대로 발휘하지 못할까 봐 걱정이 되기도 했지만 그렇다고 좌절하진 않았다. 사실 나는 탈퇴결정이 떨어지자마자 신인을 뽑기 시작했다. "참 안됐어요. 다음 해엔 결과가 어떨지 걱정되네요." 많은 사람들이 이렇게 말했다. 그러나 이에 동요하지 않고 팀에 남아 있는 선수들과 앞으로 어떻게 해 나갈지를 생각해 보았다.

스포츠세계는 시시각각 변한다. 나는 이런 불안정한 상황에 대처하는 법을 배워 왔다. 팀을 떠나는 선수들에게 행운을 빌어 주고 우정을 유지하고 싶어 하는 사람들과는 자주 연락하려고 노력했다.

누구나 그때그때 자신이 옳다고 여기는 바를 행할 자유가 있다. 코리가 프로선수가 되기로 결심했을 땐 그의 가족이 집에 찾아왔다. 나는 그에게 이렇게 말해 주었다.

"이 점은 꼭 알아야 한다. 넌 이제 진실이 통하지 않는 세계에 발을 들여 놓을 것이다. 하지만 난 진실한 사람이니까 도움이 필요하면 언제든지 찾아오너라."

리더라면 종종 이런 상황에 맞닥뜨리게 된다. 그러나 조기에 프로가 된 선수는 그때껏 없었다. 감독생활 24년 만에 처음 겪는 일이었다. 최고의 실적을 자랑하던 직원이 더 높은 연봉과 보너스 패키지를 지급하는 타 회사로 스카웃된 상황이 벌어진 것이다.

팀원들에게 좋은 것을 주고 퀸이 연설에서 언급했던 '가치관'을 심어 줘도 결과가 달라지지 않을 때가 있다. 어떤 이는 자신에게 주어진 의무만 이행하는가 하면, 팀을 떠나기도 한다.

리더는 이에 어떻게 대처해야 할까? 안타깝고, 실망스러운 데다 배신감까지 느낄지도 모르겠다. 그러나 프로다운 리더는 사적인 감정을 배제할 수 있어야 한다. 팀원의 노고에 감사하고 팀이 항상 잘 되기만을 바라며 마음을 추슬러야 한다. 다음 시즌과 경기가 우릴 기다리고 있기 때문이다.

또한 원한을 품어서도 안 되며 우정이 깨지지 않도록 각별히 노력해야 한다. 사랑과 더불어 우정은 살맛나는 인생을 만들기 때문이다. 이 둘이 없었다면 나는 감독생활에 싫증을 느꼈을지도 모른다.

짐 발바노

50년이 넘는 시간 동안 나는 많은 사람들과 다양한 인간관계를 맺어 왔다. 모두가 소중한 만남이었다. 하지만 그중 가장 값졌던 것은 짐 발바노의 생애 마지막 여섯 달 동안 그와 나눴던 우정이다.

대학시절, 짐과 나는 다른 팀에 소속된 탓에 서로 맞붙어야 했다. 짐은 럿거스대에, 나는 육군팀에 있었다. 우린 소속팀의 포인트가드이자 주장이었다. 감독 초년시절 그는 이오나 팀으로, 나는 웨스트포인트 감독으로서 또 맞붙게 되었다.

여기서 끝이 아니다. 둘 다 소수민족이 많이 사는 지역 출신으로서 그는 뉴욕의 이탈리아계, 나는 시카고의 폴란드계 출신이었다. 결혼해서 딸 셋을 두었고, 자신의 일에 매우 열정을 쏟는다는 것까지 똑같았다. 딱 하나, 그는 외향적이고 활달한 편이었으나 나는 내성적이면서 격식을 차린다는 점이 달랐다.

코칭스타일은 감독 성격에 따라 다르므로 각 팀의 플레이방식은 현격히 차이가 난다. 1980년과 81년에 그는 노스캐롤라이나대, 나는 듀크대 감독이었는데 당시 ACC 시즌에서의 첫출발 또한 무척 달랐다.

당시 ACC는 국내 최고의 대회였으며, 소속 감독으로는 버지니아의 테리 홀랜드, 메릴랜드의 레프티 드라이젤, 클램슨의 빌 포스터와 노스캐롤라이나의 저명한 딘 스미스 그리고 일 년 후 조지아 공대에 기용된 바비 크레민스 등이 있었다. 짐과 나는 ACC에 갓 들어간 신참이었다. 우리는 노스캐롤라이나 프로그램이 타의 추종을 불허하고 딘 스미스가 가히 전설적인 인물이라는 데 겁을 내지 않았다. 그가 그럴 만하다는 건 인정했지만 그게 두렵진 않았다.

당시 우린 30대 초반으로 비교적 신세대였다. 그래서 짐과 더 가까워질 수 있었다. 사실 여덟아홉 살 때 놀이터에서 만났더라도 그랬을 것이다. 그런데 짐은 문제를 터트리고 싶어 하는 반면 나는 문제를 수습하는 편이었다.

지루한 ACC 회의 휴식 중에 우리는 어김없이 잡담을 늘어놓았다. "넌 저 거짓말을 믿어?", "도대체 어떻게 돌아가는 건지 모르겠군.", "이렇게 하자. 회의가 시작되면 넌 이 문제를 꺼내는 거야. 그럼 내가 그와는 다른 이야기를 할게. 하지만 서로의 편을 들어 주는 거야. 재밌겠지?", "그래, 그러자."

이런 식으로 수차례나 장난을 쳤다. 정말 재미있었다. 장난꾸러 기처럼 행동했을 때도 있었고, 무례한 언동으로 빈축을 사기도 했다. 예를 들면 ACC 감독회의 때 딘 스미스는 항상 늦었는데, 짐은 그게 늘 불만이었다. 마치 '스타'는 가장 나중에 모습을 드러낸다는 것을 보여 준다는 식으로 비꼬기도 했다. 그러던 어느 날, 회의시작 전에 짐이 나와 바비의 손을 잡으며 말했다.

"제군들, 이번 미팅 땐 딘이 제일 마지막에 들어오는 걸 막아야겠 어. 따라와 봐."

우리는 복도 끝에 있는 화장실로 들어갔다. 꽤 오랫동안 기다리고 또 기다렸다. 마침내 딘이 회의실로 들어갔을 때 우리 셋은 조용히 화장실을 빠져나와 왈츠를 추면서 회의장에 들어갔다. 짐은 씩 웃으 며 마지막에 들어왔다.

짐과 나는 둘도 없는 친구였다. 처음엔 마지못해 그랬지만, 서로 를 끔찍이 배려했다. 우린 프로그램을 함께 구축하며 선의의 경쟁을 벌였고, 수년 동안 성공을 만끽했다. 성공반열에 먼저 오른 건 짐이 었다.

내가 두 시즌에서 참패하고 있을 때, 그는 최고의 자리까지 오른 듯 보였다. 1983년 듀크대가 11승 17패로 고전을 면치 못하고 나와 코칭스태프들이 레스토랑에서 모였던 그때 짐 발바노 감독은 노스캐 롤라이나 팀과 함께 챔피언십 우승의 영예를 차지했다.

그 후 1991년, 듀크대가 최초로 챔피언십 타이틀을 따냈을 때 그와 비행기에 동석한 적이 있다. 우린 일등석에서 몇 시간 동안 대화를 나누었다.

"1983년에 자네가 우승해 줘서 고맙다고 말하고 싶었어. 자네 덕분에 살았네."

"무슨 소리야?"

그가 황당하다는 듯 되물었다.

"노스캐롤라이나의 우승에 모든 매스컴이 집중됐었지. 숱한 접전을 승리로 이끌었다거나 ACC 토너먼트에서 우승을 차지하는 등, 자네가 별안간 유명세를 타서 듀크대가 형편없었다는 기사를 다룰 틈이 없었지. 그래서 아직까지 내가 건재하단 소리야."

내가 웃으며 말했다.

"마이크, 지금 우린 40대야. 그런데 뭔가 잘못되었다는 생각은 안 해 봤나? 혹시 너무 서두른 감이 있진 않은지 생각해 본 적 없나?"

"무슨 뜻인가?"

"너무 일찍 성공했다는 얘기야. 이젠 모두들 우리에게 뭔가를 기대하겠지? 50대 중반까지는 기다렸어야 했는데. 20승 12패라는 무난한 성적을 낸 감독들도 우승을 쉽게 기대하진 않지. 하지만 우린 달라."

"자네 말이 맞는 것 같군. 순식간에 기대치를 너무 높이 올려 놨다는 거지?"

그때 짐은 나를 똑바로 보며 말했다.

"계속 감독을 할 수 있을지 의문이야."

감독에 남다른 애정을 보였지만 다른 일에도 관심이 많았던 그였기에 그렇게 말한 것이다. 짐의 머릿속은 이런저런 생각들로 가득했다. 이제 감독을 그만두고 다른 일을 해 보고픈 생각이 들었나 싶었다.

그는 곧 노스캐롤라이나 주립대 감독으로 있으면서 선수담당자의 역할을 맡게 되었다. 일각에서는 이를 탐탁지 않게 여겼다. 또한 직설적인 성격에다 쇼맨십이 강했던 그였기에 많은 안티팬들이 그를 혹평하기 시작했다. 가령, 선수기용 과정에서 있었던 부정행위 의혹을 무자비하게 파헤치는 책도 있었다.

이런저런 사건으로 짐은 인생과 가정, 명성에 커다란 타격을 받았다. 그렇게 극심한 스트레스를 받으며 어쩔 수 없이 대학을 떠나긴 했으나 이후 ABC와 ESPN 소속 방송인으로서도 제법 활약했다. 농구전문가에다 말주변도 둘째가라면 서러울 정도였고 일에 대한 열정도 있었다. 짐은 텔레비전 방송에서 제2의 전성기를 누렸다.

더 이상 경쟁을 벌일 필요가 없었으니 우린 더욱 가까워졌다. 둘 사이를 가로막던 보이지 않는 장벽이 완전히 허물어졌다. 짐은 방송인이 된 것과 감독으로서 너무 일찍 성공에 맛을 들인 걸 후회했지만 나는 오히려 다행이었다고 생각한다. 그가 50대 중반을 채 넘기지 못했으니 말이다.

1992년 여름이 되자 짐은 허리통증을 호소하기 시작했다. 1차 검사를 받아 본 결과 흔치 않은 종양이 뼈에서 발견되었다. 처음 그 소식을 들었을 때 아내와 나는 그다지 놀라지 않았다. 아직 젊은 데다 암을 조기에 발견했으니 치료할 수 있을 거라고 생각했기 때문이다. 하지만 당시 11살이던 딸 제이미는 걱정스러운 표정이었다.

학교 프로젝트의 일환으로 딸아이가 쓴 글 〈스트레스가 암을 유발한다〉에서 제이미는 '매스컴 보도 때문에 스트레스가 가중되면서 짐이 암에 걸렸다'고 가정했다.

딱히 짐이 할 수 있는 일이라곤 없었다. 그리고 머지않아 시련의 시기가 닥치고 말았다. 그는 이루 말할 수 없는 통증에도 방송 일에서 손을 떼지 않았다. 그래서 시청자들은 짐의 병세를 전혀 눈치채지 못했다. 그는 "강한 모습은 보이고 약한 모습은 감추라"는 노장 감독의 말을 몸소 행한 셈이다.

어느 날 짐을 우리 팀 연습에 참관토록 했다. 해 주고 싶은 말이 있냐고 물었더니, "물론 있다"고 하며 지금까지도 기억 속에서 떠나지 않을 만큼 감동적인 연설을 했다.

"여러분, 인생이 언제 뒤바뀔지는 아무도 모릅니다. 지금 내 소원이 있다면 다음 시즌에 여러분들을 이 자리에서 다시 만나는 것입니다. 내일 무슨 일이 벌어질지 우린 알 수가 없습니다. 저는 무슨 일이든 당장 끝장을 봤던 사람이었는데요, 지금에 와서는 더욱 그리고 싶습니다. 내일이 올지도 장담할 수 없기 때문입니다. 무엇을 망설이십니까? 아직 젊다고 미래가 보장되진 않습니다. 여러분 또한 한 치 앞도 내다볼 수 없지 않습니까? 오늘이 무의미하다고 생각지도 말고, 앞으로 시간이 무한정 남아 있다고도 생각지 마십시오. 당장의 기회를 최대한 활용하십시오."

그러지 않아도 되는데, 짐은 말을 아꼈다. 선수들의 눈에 눈물이 글썽였다. 진실한 마음과 말솜씨에도 모두들 감동했다. 그는 재킷을 벗고 넥타이를 풀어헤치면서 선수들과 담소를 나누기 시작했다. 한두 시간 정도가 지난 후엔 농담을 주고받으며 함께 연습도 했다. 또한 기술을 전수하는가 하면 놀이터에서 놀듯 슛을 두어 번 쏘기도 했다. 그는 오랜만에 다시 감독이 되어 재미있는 시간을 보냈다.

짐은 함께 코트를 나오면서 재킷을 어깨에 걸치고는 내게 미소를 보냈다. 내가 그의 어깨에 팔을 얹으며 말했다.

"고마워, 짐. 선수들에게 큰 도움이 됐어."

"나도 마찬가지야. 즐거웠어."

얼마 후 그는 듀크대 병원에서 치료를 받았다. 병원에 들어섰을 땐 그가 나를 반길지, 자주 문병을 해야 할지 알 수 없었다. 그런데 그가 나를 찾을지도 모른다는 생각이 불현듯 스쳤다. 그래서 가능한 한 자주 병원을 찾으려고 노력했고, 시즌이 끝난 후엔 거의 매일 가다시피 했다.

그러면서 우리는 더욱 가까워졌다. 앉아서 농구나 일, 혹은 가족에 대해 시간 가는 줄 모르고 이야기했다. 그는 우리가 이야기를 나누기 전엔 모두에게 자리를 비워달라고 부탁했다. 심지어 그의 아내 팸에게까지도 그랬다. 가족들은 때때로 대기실에서 우리가 나누는 얘기를 들었을 것이다.

내가 문병할 때마다 그는 활기가 넘쳤다. 심판이나 다른 감독을 흉내 내는가 하면 가장 인상 깊었던 일을 재연하기도 했다. 그야말로 짐은 나와 함께 인생을 다시 살고 있는 셈이었다. 하지만 나는 병실을 나올 때마다 웃음, 혹은 울음을 터트렸다.

언젠가 그에게 물은 적이 있었다.

"오늘은 어떤가? 솔직히 말해 보게."

"오, 마이크! 허리가 끊어질 듯 아파. 죽는 게 무서워. 두렵다고."

그러더니 통증이 날 때마다 과거 일이 생각난다면서 어느덧 추억의 향연으로 빠져들었다. 이야기를 하는 동안 그는 고통을 잊어버렸고, 우린 또 웃고 떠들었다. 그는 감독으로서 절망을 희망으로 바꾸려고 노력했다.

어느 날 그는 "죽는 게 두렵네. 아직은 죽고 싶지가 않아. 하지만 언젠간 죽겠지."라고 무심코 말했다. 그러고는 종양을 극복한 사람들에 대해 이야기했다.

"암 환자들 모두가 농구 감독처럼 뭔가 색다른 걸 해 보자거나 어떤 일도 두렵지 않다는 자신감을 보이면서 의연하게 대처했으면 좋겠네. 그리고 약발이 받지 않을 땐 다른 걸 또 해 보는 거야. 효과가 있는 것을 시도해 보고, 절대 포기하지 않으면 되지 않겠나? 우리가 감독을 하면서 포기한 적이 있었나? 절대로 없지!"

그는 놀라운 열정으로 말을 이었다.

"가끔 인상을 쓰거나 슬픈 기색을 하고 들어오는 사람들이 있어. 그런데 왜 내가 사람들이 침울해 하는 모습을 봐야 하지? 난 절대 선수들에게 그런 모습을 보인 적이 없어. 나를 보면서 '오늘은 질 것 같다'는 생각을 갖게 한 적은 없단 말이지."

짐 발바노는 진정한 감독이었다. 감독은 어떤 상황에서든 자기 팀원들이 봐야 할 표정을 보여 주어야 한다.

병실을 나왔을 때 의사와 간호사에게 당부했다.

"요즘 고생하시는 것 잘 압니다만, 짐을 진료하실 땐 가능하면 밝은 표정을 지어 주십시오. 굳은 표정을 보는 게 힘든가 봐요. 그리고 그의 기분을 북돋아 주도록 애써 주세요. 부탁드립니다."

암을 극복해 보려고 그는 최선을 다했다. '빌어먹을 암 덩어리'가 그를 좀먹는다는 건 나로선 상상도 할 수 없는 일이었다. 짐 자신도 이를 용납할 수 없었을 것이다. 그래서 암을 치료할 수 있는 방법이 분명히 있으리라 스스로 확신했다. 꼭 그래야만 했다.

짐은 이길 수 있는 방법을 찾으려고 노력했고, 마침내 게임플랜을 내놓았다. 내가 병실에 들어서자마자 그는 전략을 상세히 이야기해 주었다.

"재단을 창립할 생각인데 자네도 동참해 주면 좋겠어. 암연구재단을 설립하는 거지. 하지만 평범하게 운영하는 건 딱 질색이야. 의사나 연구자들이 참신하고 창의적인 방법으로 치료법을 찾을 수 있도록 자금을 조달하려고 해. 지금 정부는 연구보조금 신청자 여섯 명당 한 명 꼴로 연구자금을 지급하고 있어. 우리가 나머지 다섯을 지원하는 건 어떤가? 정말이지 정부는 믿을 수가 없단 말이야. 보조금이라야 5만 달러 정도인데, 그다지 많은 액수도 아니지. 그 정도는 우리도 모을 수 있지 않겠는가? 암은 누구에게나 발병할 수 있어. 그러니 재단을 통해서 우리가 연구자들에게 직접 자금을 전달하자고. 그러면 치료제를 개발할 수 있을 거야. 나 혼자서는 할 수 없지만 그들에게 연구비를 제공한다면 승산이 있을 거라 믿어."

병실을 나와 짐이 한 말을 생각하며 운전석에 앉았다. 곧 가슴에 십자가를 그으며 기도했다.

"하나님, 짐을 위해서 뭐라도 좀 해 주십시오. 또한 제게 그와의 시간을 허락해 주신 것에 감사드립니다."

여기 놀라운 인간인 내 친구 짐 발바노가 안타깝게도 불치병에 걸려 죽어 가고 있다. 무슨 일이든 기를 쓰고 해 봤자 죽을 게 뻔하다는 사실을 그는 알고 있다. 자신의 처지를 비관하거나 남을 탓하고 싶거나 자신이 한없이 초라해 보일 수도 있었을 것이다. 그러나 짐은 감독답게 말한다.

"할 말 없습니다. 변명하지 않겠습니다."

그는 자신이 세상에 없더라도 승리할 수 있는 게임플랜을 짜냈다.

"세상을 떠나도 이놈의 암만큼은 꼭 없애 버리고야 말리라. 그러면 암에 걸릴지 모를 사람들을 도울 수 있겠지?"

그의 감독다운 면모는 타인에 대한 연민에서 나타난다. 짐은 만난 적도 없고 아직 태어나지도 않은 남들에게 관심을 보였던 것이다. 아이디어만으로도 대단하다고 생각했다. 그리고 세상을 떠나기 두 달 전, 그는 정말로 암치료의 발판을 마련했다. 그가 내놓은 게임플랜은 지미 발바노 재단을 창설하는 것이었고, 이는 그가 세상에 없어도 결국엔 승리할 수 있는 완벽한 플랜이었다. 짐의 마지막 게임은 단연 최고였다.

1993년 4월 28일 아침, 사무실에 있을 때 짐의 아내에게서 전화가 왔다.

"짐이 위독합니다. 빨리 오십시오."

캠퍼스를 가로질러 병원으로 달려갔다. 짐은 의식불명인 채 조용히 누워 있었고, 아내 팸과 세 딸도 함께 있었다. 나는 그들을 안아 주며 위로해 주고 싶었지만 그냥 뒤에서 상황을 지켜봤다. 침묵과 신음이 교차하더니 그가 몸을 약간 떨기 시작했다. 그러더니 끝내 숨을 거두고 말았다. 큰 충격을 받았다. 도저히 믿을 수가 없었다.

다들 예상했던 일이었지만 나의 마음 한구석은 짐이 정말 죽으리란 사실을 받아들이지 않았던 것 같다. 그것은 감독의 사고방식과도 관련이 있다. 감독은 패배를 생각하지 않는다. 확고한 의지만 있다면 오로지 승리만 생각하기 때문에 그랬을지도 모른다. 짐은 살려는 의지가 강했다. 그러나 몇 달 동안 암과의 싸움에서 패하고 말았다. 너무 이른 나이에 세상을 떠났다는 생각이 들었다. 아직 세상에 베풀어야 할 게 많았지만 이젠 소용없게 되었다. 가족과 보내야 할 시간이 많이 남아 있었다. 아직 죽을 때가 아니었다.

하지만 시간은 종료되었고 게임은 끝났다. 모든 것이 완전히 끝나 버렸다. 이렇게 누군가에게 아무런 도움이 되지 못한 적이 있었나 싶었다. 감독이라면 자신의 본분을 잘 알고 있어야 한다. 그러나 이번엔 뭘 해야 할지 감조차 잡히지 않았고, 아무런 도움이 되지 못했다. 그저 팸을 위로해 주고 뒤쪽으로 사라지는 것밖엔 달리 도리가 없었다. 상황을 반전시킬 만한 힘은 나에겐 없었다.

내 앞에 친구의 주검이 놓여 있었으나 그의 죽음을 받아들이고 싶지 않았다. 가족들과 그를 지켜보고 있자니 더욱 마음이 아팠다. 병원을 나와 혼자 캠퍼스를 돌아다녔다. 혼자만의 시간을 가졌다고 해야 맞을 것이다. 나는 홀로 짐을 생각했다.

화창한 봄날이었다. 눈부신 햇살과 새싹이 돋아난 나무, 만개한 꽃 그리고 지저귀는 새들과 이리저리 분주하게 뛰노는 다람쥐들이 어우러졌다. 봄은 생명력과 기쁨 그리고 아름다움이 가득한 탓에 짐을 생각하기 참 좋은 계절이다.

정답이 없는 문제를 생각해 보았다. '짐에게 왜 그런 일이 생겼을까? 나와 나이도, 배경도, 직업도 같고 비슷한 점도 상당히 많았는데 왜 난 그렇게 되지 않았을까.' 신앙적으로 생각해 봐도 딱히 정답을 찾을 수는 없었다. 그래서 기도했다.

"하나님, 짐을 당신 곁에 두시고 고통이 없도록 그를 보호해 주십시오. 또한 제 직무를 잘 감당할 수 있도록 지혜의 눈을 주시어 저 또한 가족과 이별하는 날이 있음을 알게 하시고 그날이 오기 전까지 오랫동안 가족과 함께 지낼 수 있도록 해 주십시오."

짐이 세상을 떠난 후 나는 한동안 말을 잃은 채 살았다. 그동안 그와 함께 지냈던 지난 6개월을 회상했다. 짐과 나눈 대화 중에서 특히 두 가지가 인상에 남는다. 그는 목표를 이루는 데만 너무 열중한 탓에 자신과 가족을 돌보지 못했다고 하면서 "내 탓이야. 자넨 그러지 말게, 마이크."라고 말했다. 또한 "조직의 일원이 되지 않고는 훌륭한 선수가 될 수 없지."라는 말을 남겼다.

그의 말이 떠오를 때마다 가족을 시카고의 옛 정착촌에 데려가고 싶은 생각이 든다. 또 친구 밀린스키를 비롯한 여러 콜롬보스 멤버들과 놀이터에서 다시 만나고도 싶다. 지금도 예배당에 가면 짐을 위해 촛불을 켠다. 그를 기리며 그와 보낸 시간 그리고 우리만의 특별한 우정을 생각한다.

우정은 가장 값진 것이다.

COACH K TIPS

· 우정이 더욱 돈독해지도록 자주 연락하라.

· 팀원들에게 좋은 것을 주어도 결과가 달라지지 않을 때도 있고, 누군가가 팀을 떠나야 할 때도 있다.

· 리더는 불안정한 상황에 대처하는 법을 배워야 한다.

· 팀원을 떠나보내야 할 때는 그의 노고에 감사하고, 항상 잘 되기만을 바라며, 원한을 품어서는 안 된다.

· 사랑과 더불어 우정은 살맛 나는 인생을 만든다.

· 무슨 일이든 당장에 끝장을 보라. 내일이 올지는 아무도 장담할 수 없다.

· 진실한 마음과 감동을 전하는 이야기로 모두의 마음을 사로잡으라.

· 잘 되지 않을 땐 다른 걸 시도해 보고 절대 포기하지 말라.

· 감독다운 면모는 남을 동정할 때 나타난다.

· 최후의 게임을 최고로 만들라.

· 이기는 방법을 모색하라.

CHAPTER 16

인생
Life

팀에 복귀한 이후 줄곧 자문해 보았다.
'네 본분이 뭔지는 알고 있어?'
지금은 내가 사랑하는 사람들과 일의 균형을 유지하려고 노력 중이다.

농구를 지도하는 일은 내 인생,
즉 '원대한 여정'에 필요한 수단이기도 하다

—— *Coach K* ——

1995년 1월, 정규시즌의 3분의 1이 끝나 갈 무렵, 캐머론 홈경기 장에서 70대 75로 클렘슨에 패함으로써 우리 팀의 승률은 9승 3패 로 떨어졌다. 경기 종료 후 부감독들은 우리 집에 모여 여느 때와 같 이 약점을 보완하고자 경기내용을 분석하고 검토했다.

"다들 앉게."

부감독들(마이크 브레이, 피트 고데, 토미 아메이커)에게 말했다. 아내 도 함께 자리했다. 나는 코치들의 얼굴이 잘 보이는 곳으로 몸을 움직이며 한숨을 길게 내쉬고 말했다.

"내일 사임하기로 했네. 한 사람보다는 '팀'이 중요하다고 늘 생각해 왔네. 듀크는 최정예 팀이지. 그런데 말이야. 내가 늙었는지 더 이상 최선을 다할 수가 없어. 그렇다고 미적거릴 순 없다고 판단했네."

모두들 할 말을 잃은 채 가만히 앉아 있었다. 토미는 아내의 눈치를 살폈다. 그는 나중에 그날을 회상하며 이렇게 말했다. "사모님이 고개를 떨어뜨리시더니 '오, 마이크!' 하며 놀라시던 모습이 떠오릅니다. 한 번 졌다고 이렇게까지 나오실 분은 아니었기에 뭔가 더 큰 문제가 있으리라 생각했죠."

난 매우 심각했다. 클렘슨과의 경기에서 패한 후 감정이 상당히 무뎌졌다. 감정에 아무런 변화가 없었기에 뭔가 잘못되었다는 걸 깨달았다. 또한 그때쯤부터 몸무게가 확 줄었고, 열정도 식었다. 지칠 대로 지친 상태에서 감독생활을 계속한다는 건 팀에도 도움이 되지 않는다. 중도하차라기보다는 좀 더 나은 감독이 팀을 이끌어야 할 때가 왔다는 걸 깨달은 것이다. 사관학교에서 배웠듯이 나는 듀크대와 프로그램, 선수들을 책임져야 한다. 그러니 그들을 지도할 수 없다면 한 발짝 물러나 누군가에게 이임할 수 있어야 한다는 게 내 지론이었다.

토미와 피트 그리고 마이크는 나를 전적으로 돕겠다며 서두르지 말라고 부탁했다.

"다시 한번 깊이 생각해 보세요, 감독님."

"계속 감독을 할 수 있을지 의문이네."

"감독님의 기분은 감독님이 제일 잘 아시리라 생각합니다만, 솔직히 그만두고 싶으시다는 말씀은 도저히 믿기질 않습니다. 누구보다 감독님을 존경해서 드리는 말씀입니다."

그러자 아내가 나를 꼭 안아 주며 말했다.

"그만두게 내버려 두진 않을 거예요. 지금까지 잘해 놓고 이런 식으로 그만두면 안 되잖아요."

역경

그 지난해 여름 왼쪽 다리에 통증이 있을 때부터 문제는 점점 커지기 시작했다. 아마 슬와근(오금)이 늘어나서 그럴 거라고 의사에게 말했다. 석 달 동안 집중적으로 치료를 받았다. 그러나 9월까지도 통증이 가실 줄 몰랐다. 아내는 오금이 늘어났다면 그렇게 통증이 오래 갈 리가 없다며 병원에 가서 진찰을 받으라고 권했다.

의사는 허리디스크가 있고, 오금이 늘어났음에도 운동을 계속해서 병세가 악화된 거라며 운동요법을 권했다. 그러나 몇 주가 지나 선수모집 차 캔자스에 갔을 땐 디스크가 파열되어 걸을 수도 없게 되었다. 주치의는 진통제를 처방해 주었고, 더햄으로 돌아왔을 땐 몇 차례 주사를 놓아 붓기를 뺐다.

그래도 호전될 기미가 보이지 않았다. 오히려 다리의 감각은 점점 더 무뎌지고 있었다. 그래서 신경외과를 찾아가 정밀검진을 받았다. 의사는 오른쪽 다리에 무게를 실어 발끝으로 서 보라고 했다. 어렵지 않게 설 수 있었으나 왼쪽 다리에 체중을 실었을 땐 곧 넘어지고 말았다. 난 깜짝 놀랐다.

"어떻게 된 거죠?"

"왼쪽 장딴지 근육이 약해졌습니다. 쿼시모도Quasimodo(이탈리아 시인, 1959년 노벨문학상 수상자)처럼 휠체어 신세를 지고 싶지 않으시다면 수술을 받아야 합니다."

덜컥 겁이 났다. 이틀이 지난 1994년 10월 23일, 연습이 시작된 지 8일 후 추간판 복원수술을 받았다. 며칠 후 몸이 한결 나아졌다. 완전히 회복된 것은 아니었으나 팀에 복귀할 수 있으리라는 희망이 보였다.

그러나 주치의는 무리하지 말고 회복 시기를 10주 정도로 잡자고 했다. 또한 기본적인 동작이 아니면 가급적 몸을 움직이지 말라고 했다.

"선생님, 이제 다 나은걸요. 다음 주면 퇴원해도 될 것 같습니다."

"글쎄요, 정 그러시다면 될 수 있는 한 몸을 움직이지 마십시오. 특별히 제작된 의자에 앉으시면 도움이 될 겁니다."

나는 10일도 채 안 되어 코트로 돌아왔다. 그랬더니 병이 다시 악화되기 시작했다. 체중이 줄고 몸도 쇠약해졌으며 요통도 갈수록 심해졌다. 그리고 늘 피로를 느꼈다. 아내는 나와 의사들에게 화를 냈다. 내가 의사의 말을 무시했다는 것과 의사들이 '슈셉스키 감독'의 말을 단호히 거절하지 못했다는 데 실망했던 것이다. "다른 환자들은 그렇게 설치고 다니지 못한다고요!" 아내 말이 옳았다.

하지만 나는 내 식대로 밀어붙였다. 우리는 레인보우 클래식 Rainbow Classic에 출전하기 위해 하와이로 떠났고, 결국 2승 1패의 성적을 거두었다. 그런데 8시간 동안 비행기를 타고 올 땐 무척 힘이 들었다. 어떤 자세도 편하지가 않았고, 허리도 매우 아팠다. 토너먼트 기간 내내 잠도 못 잤다.

집에 도착하자 완전히 녹초가 되어 버렸다. 식사도 제대로 못할 때가 많았다. 언젠가는 친구와 아홉 살짜리 어여쁜 딸 제이미에 대해 이야기를 나누다가 "자네 딸은 열넷 아닌가?"라는 그의 말에 번뜩 정신이 들었다. 막내딸의 나이도 잊을 만큼 기억력이 현저히 떨어졌던 것이다. 그러던 중에 클렘슨과의 경기에서 70대 75로 졌고, 그 후 부감독들에게 사임의 뜻을 전한 것이다.

이틀 후, 아침에 일어났을 땐 거의 움직일 수조차 없었다. 간신히 일어나 샤워를 하고 비틀거리며 침대에 누웠다. 잠시 후 일어나 면도를 하고 나서 다시 침대에 누웠고, 운동복을 입고 나서 또다시 침대에 누웠다. 아내는 내 건강이 매우 악화되었다는 것을 알고 있었다. 내 눈은 항상 움푹 패여 있었고, 자세는 구부정했다. 더 이상은 보고 있을 수 없었던지 아내가 말했다.

"병원에 예약해 놓을 테니 진료 받으러 가세요."

"연습 일정 때문에 못 갈 거요. 조지아공대와의 경기가 있어서 그럴 여유가 없어요."

"당신은 일어날 힘도 없잖아요."

아내는 방을 나와 병원에 전화를 걸었다. 예약을 마친 후, 미키는 오후 2시 반에 진료를 받으라고 말했다.

"하지만 2시 반에 연습이 있다고 말했잖아요."

"마이크, 지금껏 한 번도 이런 얘기 한 적은 없었지만 이번만은 꼭 해야겠어요. 나와 농구, 둘 중 하나를 택하세요. 2시 반까지 병원에 나오지 않으면 나를 포기한 걸로 알게요."

아내의 최후통첩에 나는 화가 났다. '왜 저렇게 부담을 주지? 도대체 오늘 왜 저러는 거야? 안 그래도 신경 쓸 게 산더미 같은데.'

사무실로 차를 몰고 가면서 아내가 한 말을 곱씹다 보니 내가 보지 못한, 아니 보고 싶지 않은 뭔가를 아내는 깨달았으리라는 생각이 들었다. 나는 아내를 신뢰하고 사랑한다. '아무래도 병원에 가는 편이 낫겠다.'라는 결론을 내렸다. 부감독들에게 연습을 부탁하고 2시 반에 코트가 아닌 병원으로 갔다. 감독생활 15년, 연습에 불참한 것은 그때가 처음이었다. 거기에서 인생의 한 획을 긋는 사건이 날 기다리고 있었다.

시즌아웃

존 피진 박사의 진료실에 들어가자 그는 나를 한번 보더니 "다양한 검사를 통해 상태가 어떤지 살펴봐야겠습니다."라고 말했다. 겉으로만 봐도 병세가 심각했던 탓에 그는 진찰도 하지 않았다.

"예, 알겠습니다. 그런데 우선 할 일이 있습니다. 사무실에 들러서 조지아공대엔 갈 수 없게 되었다고 스태프들에게 알려 줘야 하거든요."

"그렇다면 서두르십시오."

박사가 동의했다. 검진 때문에 경기엔 참여할 수 없다고 말하자니 못내 아쉬웠다.

"자네들을 버려두는 것 같아 정말 미안하네."

가장 하기 힘든 일이었다. 손을 흔들며 전우를 떠나보내지 말고 함께 있으라고 배웠다. 죽기보다 싫었지만 지금은 그들을 보내야만 했다. 스태프들은 그 어느 때보다 더 듬직하게 날 도와주었다.

"걱정 마시고 병원에 가셔서 의사에게 맡기세요. 저흰 괜찮습니다. 조금도 염려하지 마세요. 저희에겐 감독님밖에 없습니다."

결국 병원에 입원했다. 엑스선 단층촬영과 각종 심리검사를 비롯하여 모든 검사를 받고 나자 다소 걱정이 되기 시작했다. 짐도 암이 발견되기 전엔 요통으로 고생했었는데 혹시 나도 암은 아닐까 하는 생각이 들었다. 그건 그저 걱정일 뿐이었지만 확실한 사실이 하나 있었다. 지금껏 내 자신이 그렇게 비참했던 적은 없었다는 것이다.

검사 결과 허리수술 후 너무 일찍 무리하게 활동한 탓에 병이 악화된 것으로 나타났다. 내가 나 자신을 혹사시켰던 것이다. 그저 쉬는 것 말고는 달리 할 게 없었다. 그런데도 암이나 디스크에 걸리지 않았다는 사실에 마음이 놓였다. 기분이 한결 나아졌다.

"언제까지 입원해야 합니까? 화요일에 경기가 잡혀 있는데 가도 되겠습니까?"

의사들은 단단히 벼르고 있었다. 그들은 팀을 구성해서 나를 만류하고자 했다. 팀원으로는 선임 내과전문의 존 피진 박사를 필두로 정신과전문의 진 스폴딩, 의과대학장 랄프 스나이더맨, 전 총장이자 절친한 친구인 케이스 브로디 그리고 생활의료센터 책임자겸 의과대교수 짐 클랩 박사가 있었다.

농구팀 출전 선수들의 머릿수, 손가락 개수와 똑같은 다섯 명이었다. 이들은 마치 주먹을 굳게 쥐듯 한데 뭉쳐 나를 붙들었다. 나는 자주 얘기했었다. "둘이 하나이듯 움직여야 하나보다 나은 것이다." 그런데 다섯이 뭉쳤으니 당해 낼 재간이 있겠는가? 그들은 때때로 모여서 내가 있는 곳에서 회의를 하는가 하면 여럿이 나를 호되게 비난하기도 했다.

"책임자는 감독님이 아니라 우리입니다! 2주 동안은 활동하실 수 없습니다. 아시겠습니까? 그리고 재활치료도 받으셔야 합니다. 2주가 지나면 중간점검을 실시하겠습니다."

나는 2주 동안 쉬어 가면서 하루에 두 번씩 물리치료를 받았다. 경기는커녕 연습 참관도 금지되었다. 선수나 스태프진과의 연락도 삼가야 했다. 그동안 팀은 무너지기 시작했고 이를 바라보는 난 힘겨운 나날을 보냈다. 할 수 있는 일이라곤 편히 앉아서 팀이 패하는 모습을 지켜보는 게 전부였다.

그때 우리 팀은 캐머론 홈경기장에서 버지니아대와 경기를 벌였다. 25점 차로 듀크대가 앞서갔을 땐 한 번 이기나 싶어서 걱정 없이 경기를 지켜봤다. 그러나 결국엔 연장전에서 2점 차로 지고 말았다. 난 아연실색했다. 선수들은 고전을 면치 못하고 있는데 집에만 있어야 했으니 괴로울 수밖에 없었다. '아무래도 돌아가야겠어.'

2주가 지났음에도 물리치료사는 병세가 호전되지 않고 오히려 더 악화되었다고 말했다. 마침내 의사들은 회의를 소집했다.

"슈셉스키 감독님은 치료에는 별 관심이 없나 봅니다. 자꾸 복귀할 궁리만 하고 계시니 병이 악화될 수밖에요. 특단의 대책을 세워서라도 병이 진전되지 못하게 해야겠습니다. 앞으로 일 년간 농구에서 손을 떼십시오. 복귀할 생각은 아예 접어 두시란 얘깁니다. 아시겠습니까?"

그 소식에 망연자실하여 앉아 있었다. 꼬박 일 년을 손 놓고 있어야 하다니 그건 상상도 할 수 없었다. 꿈에도 생각해 본 적이 없는 일이었다. 그러나 의사들은 반드시 그래야 한다고 입을 모았다. 그들은 나의 눈을 바라보며 그렇게 말했다. 나로서는 선택의 여지가 없었다. 아내를 비롯하여 친구, 동료들도 의사 편을 들었다.

그러자 이상하게도 마음이 편안해졌다. 주위에서 감정과 의욕에 눈이 먼 내게 조언해 주기를 바랐던 것이다. 감독 주변에도 충고해 줄 사람이 항상 있다는 것과 출중한 감독 혹은 리더라도 그들의 말에 귀를 기울여야 한다는 사실을 깨닫게 해 주는 것 같았다. 그래서 담당자였던 톰 버터스를 찾아가서 자초지종을 이야기했다.

"톰, 병원에서는 시즌이 끝날 때까지 일에서 손을 떼라고 하네요. 일과 회복 중 한 가지만 택하라고 하더군요. 이참에 감독직을 포기하라면 그렇게 하겠습니다. 사실을 말씀드리지 않으면 죄책감에 시달릴 것 같아 이렇게 말씀드립니다."

그는 내 말을 주의 깊게 듣더니 어깨에 손을 얹으며 말했다.

"언제 복귀하시든 계속 감독 일을 하셨으면 좋겠습니다. 내일이든 6주, 6개월 혹은 6년이 지나든 상관없습니다. 전 다른 사람이 듀크대 감독이 되는 건 원치 않습니다."

그 순간 기분이 한결 좋아졌다. 건강을 되찾으려면 달리 방법이 없었던 탓에 생전 처음으로 나 자신에게 헌신해야 했다. 그때까지 나 자신을 돌본 적은 없었다. 그러나 그래야 할 때였다.

삶의 교훈

1994-95년 시즌 동안 쉬면서 생각할 여유가 많았다. 재활치료를 받을 땐 나를 반성하고 평가했다.

이길 때보다는 패배의 쓴잔을 마실 때 생각이 더 깊어지는 것 같다. 적어도 난 그렇게 생각한다. 일단 이기면 승리 이면을 장식했던 공신들은 잊히기 쉽다. 그러나 난국에 처했을 땐 두 번 다시 같은 실수를 저지르기 않기 위해 모든 원인을 샅샅이 캐내려고 애를 쓴다.

지나치게 욕심을 부렸다는 생각이 들었다. 성공은 많은 부수적인 결과를 낳는다. 유쾌한 일도 많겠지만 그렇지 않은 것도 더러 있다. 때로는 본분에서 벗어나도록 우릴 강요하기도 한다. 애당초 감독으로 출발했지만 매년 '감독하기'가 힘들어졌다.

우린 미친 듯이 앞을 향해 달려왔다. 5회 연속 4강 진출, 우승 2회라는 쾌거는 나 자신을 극단으로 치닫게 했다. 그러면 웬만한 성공은 성에 차지도 않게 된다. 그럴 때일수록 바짝 긴장해야 한다. 그렇지 않으면 평상심이 깨지게 되고 급기야는 자기밖에 모르는 치졸한 사람으로 전락할 수 있다.

그래서 '또 도전해 보는 거야. 4강에 다시 진출하는 거야. 그리고 한 번 더 우승하자.'라며 긴장을 늦추지 않는다. 나는 단수 대명사 '나'보다는 복수 대명사 '우리'가 중요하다고 늘 가르친다.

미친 듯 달리다 보면 내가 자주 말하는 개념인 '기차'도 초만원이 된다. 여행의 즐거움을 잠시라도 빼앗기지 않기 위해 '성공 급행열차'가 쉬지 않고 달린다면 기관사는 녹초가 되어 버릴 것이다.

공로가 하나둘 쌓이다 보면 수백 건의 제의가 들어온다. 명분이 고상한 요청들이 대부분이다. 원래 우린 편지를 주당 약 서른 통 받았는데, 지금 받는 편지함에는 편지가 가득 차 있다. 오찬회의 때 기조연설을 부탁하는 사람들도 있고, "미국 농구협회USA Basketball 위원으로 수고해 주셨으면 좋겠다.", "농구감독협회 일 좀 도와주십사 보냅니다." 혹은 "슈셉스키 감독님, 기금마련운동에 적극 동참하시죠?"라고 쓴 편지도 있다.

일 년이 수천 일이라도 되는가? 명분이 좋다고 모든 요청을 일일이 다 들어 줄 수는 없는 노릇이다. 그래도 웬만큼 노력은 하고 있다.

다 들어 주려고 애는 쓰고 있다는 소리다. 사실은 그게 문제다.

시카고 오거스타 거리 출신이라는 사실을 되새길 땐 이렇게 성공했으니 뭔가 돌려줘야 하지 않겠느냐며 스스로를 설득한다. 그래서 참여하는 행사 때마다 늘 최선을 다한다. 많은 사람들은 "저러니 우선순위가 뒤바뀔 수밖에"라며 내 문제를 꼬집는다. 그러나 그건 오판이다. 지난 30년 동안 누가 물어도 우선순위에는 변동이 없었고, 언제 묻더라도 내 대답은 같았다.

우선순위에 매달리는 시간이 서로 뒤바뀔 뿐이다. 너무 바빠 시간을 제대로 관리하지 못하는 경우도 물론 있다. 이런저런 일을 겪으면서 배웠던 교훈 가운데 하나는 시간을 지혜롭게 관리해야 한다는 것이다. 그래서 프리시즌이 되면 선수들에게 빼 놓지 않고 가르치는 원칙 중 하나가 바로 '시간 관리'다. 이를 가르쳐 보고 나서야 나 스스로도 시간을 제대로 활용하게 되었다.

내가 배운 교훈이 또 있다. 리더가 일단 성공에 맛을 들이기 시작하면, 특히 매스컴의 지대한 관심을 받을 때 그에게 바른 말을 해 줄 수 있는 사람이 주변에 있어야 한다는 것이다. 챔피언십 우승을 차지했을 때 나는 감독뿐만 아니라 아이디어의 대상이 되기도 했다.

"감독님께 이 일을 말씀드려 보자. 특별 이벤트를 마련하고 감독님을 앞세우면 5만 달러는 족히 모을 수 있을 거야."

"좋은 생각이야! 그렇게 해 보자!"

누군가가 원대한 아이디어를 가지고 왔는데 "안 된다"고 뚝 잘라 말하면 분위기는 가라앉는다. 그래서 나는 한순간에 '존경' 혹은 '증오'의 대상이 되기도 한다. 하지만 난 일단은 거절하는 편이다.

"슈셉스키 감독이 뭘 잘못 먹었나? 많이 변했네. 내가 생각하던 그분이 아닌걸? 성공하더니 완전히 안하무인이구만. 이렇게 사소한 일도 못하겠다니 원."

이런 말들이 난무하지만 나는 먼저 스포츠 정보 담당 마이크 크래그와 행정 보조원 게리 브라운에게 조언을 구한다. 내 스케줄을 꿰고 있는 그 둘은 일정에 차질이 생길 것 같으면 즉시 거절해 버리지만 우선적으로 고려해야 할 중요한 요청이 들어오면 그것부터 처리하라고 권한다.

게리는 한때 나 대신 결정을 내려야 한다는 사실에 부담을 느꼈다. 자신의 실수 때문에 내게 폐를 끼칠까봐 두려웠던 것이다. 그러나 실수를 용납하지 않는 사람은 내가 아니라 그녀였다. 아내는 그녀가 나와 가깝기 때문에 대부분 옳은 판단을 할 것이며, 설령 실수를 저지르더라도 소신을 끝까지 밀어붙이라고 그녀에게 말했다. 게리는 아내와 가깝게 지내면서 우리 모두가 상부상조할 수 있다는 걸 알게 되었을 것이다.

물론 도움을 요청하는데 무조건 거절하진 않는다. 다양한 사람들이 저마다의 명분을 가지고 도와달라고 하면 될 수 있는 한 그들을 존중해 준다. 나는 어린이들을 좋아한다. 경기에서 패배한 후 분위기가 침체되었다면 선수들 몇 명을 데리고 듀크 의료센터에 가서 어린이들을 만난다. 그러면 선수들은 기분이 확 풀린다. 뿐만 아니라 지역사회에서 운영하는 학교를 찾아가 청소년들에게 독서를 권장하고 마약은 입에 대지도 말라고 충고하기도 한다.

나는 아내와 함께 듀크 어린이병원을 위해 많은 일을 해 왔다. 현재는 듀크대학 병원 자문위원회의 의장직을 맡고 있고, 15년간 아동 미라클네트워크Children's Miracle Network에서 의장을 역임했으며 암 종합

센터와 코치 vs 캔서Coaches vs. Cancer에서 하는 일에도 다수 참여했다. 뿐만 아니라 지미 V 재단 이사회 회원으로 활동하고 있다. 대규모 재단에 가능한 한 많은 도움이 되려고 노력해 왔으나 사실은 내가 얻은 것이 훨씬 더 많다.

사회적으로 성공해서 명성을 얻게 되면 사람들에게 영향을 미칠 수 있는 발판이 생기는데, 성공한 사람들은 이를 지혜롭게 사용해야 한다. 기회가 있을 때마다 사람들을 돕고 힘겹게 살아가는 사람들에게 한줄기 희망을 심어 주며, 적극적인 행동을 통해서 사랑과 동정이 허울뿐인 말이나 공염불이 아니라는 것을 직접 보여 줄 책임이 있는 것이다.

나는 매년 전 세계에서 수천 통의 편지를 받는다. 행운을 빌어 주거나 대학팀에 감사하는 농구팬들의 편지도 많기는 하지만 대부분은 농구가 아닌 다른 일에 감동을 받은 사람들로부터 온 것이다. 몇 가지만 예를 들어 보면 다음과 같다.

암 투병 중인 한 소년의 할아버지가 보낸 편지를 받았다. 아이는 화학치료를 받은 탓에 머리카락이 다 빠지고 마음껏 뛰어놀지도 못하고 있었다. 우리는 가족 전부에게 입장권과 격려의 편지를 보냈는데 며칠 후 할아버지가 답장을 보내왔다.

"그 후로 손자 녀석이 불평하는 소리를 한 번도 듣지 못했습니다. 여러분이 우리 아이를 비롯한 많은 어린이들에게 친절을 베푼 데 대해 깊은 감사를 드립니다."

또 한 편지는 12세 소년이 보냈는데, 그 아이는 ESPN방송에서 '지미재단'에 대한 나의 인터뷰를 봤다고 했다.

"저는 방송을 보고 큰 감동을 받았습니다. 그래서 신문배달을 해서 번 돈을 보내드리고 싶어요. 얼마 되지 않지만 제 정성이니 받아 주시고, 특히 암환자들이나 지미재단에 기부해 주세요. 저도 남을 돕고 싶습니다."

1970년대 내가 지도했던 선수가 쓴 편지도 있었다. 그는 폐 이식 수술을 받았는데, 의사로부터 '의지와 결단력'이 있었기에 살 수 있었다는 말을 듣고 그게 내 덕분이라며 감사의 마음을 전했다.

언젠가 큰 점수 차로 앞섰던 상황에서 그를 투입했는데, 그가 중요한 순간에 경솔하게 점프슛을 날렸다고 했다. 그때 나는 '패스 실력이 남다르다'며 그를 격려했고, 우리가 우세했던 시즌 마지막 경기 막판에 그를 투입했다. 그는 상대방의 포워드로부터 볼을 빼앗아 선수들을 이리저리 따돌렸다. 그때마다 나는 그를 칭찬하며 용기를 심어줌으로써 그를 존중한다는 뜻을 내비쳤다.

편지에서 그는 "자네가 내 인생에 큰 힘이 될 수 있다는 걸 명심하라"던 내 말을 인용하면서 25년이 지난 지금에서야 감사하다는 말을 전하게 되어 죄송스럽다고 했다.

사람들은 관심이 있기에 편지를 보낸다. 나 또한 그들에게 관심을 가지고 있다. 그래서 스태프진의 힘을 빌려서라도 팬레터엔 모두 답장해 주려고 노력한다. 팀원들에게 편지를 소개할 때도 종종 있다. 그럼으로써 선수들은 인생관을 확립하고, 옳은 일을 했을 때 사람들에게 선한 영향력을 끼칠 수 있다는 사실을 깨닫는다.

감독으로 복귀했을 땐 그동안 내가 배웠던 교훈들을 선수들에게 일러 주었다.

"지나치게 욕심을 부려선 안 된다."

"'나'가 아니라 '우리'라는 것을 잊지 마라."

"'성공 급행열차'도 가끔은 쉬어야 한다."

"시간을 지혜롭게 관리하라."

시간에 쫓길 정도로 청탁을 많이 받는다면 이를 거절하라고 귀띔해 줄 사람이 주변에 있어야 한다. 그러면 아무도 당신을 비난하지 않을 것이다. 팬레터가 너무 많아 일일이 답장을 할 수 없다면 스태프진이 도와줄 것이다. 스태프들은 늘 대기하고 있다. 병원 일을 하거나 아이들을 도울 수 있는가? 물론 그럴 수 있다면 좋겠지만, 무엇보다 먼저 자신을 돌보는 게 가장 중요하다.

당신의 저력을 믿어라

내가 팀을 떠나 있을 때 듀크대는 결국 13승 18패라는 부진한 성적으로 시즌을 마무리했다. 그래서 복귀하자마자 프로그램을 쇄신하여 원래의 자리로 돌아가기를 꾀했다. 그러려면 일단 팀원들과 내가 핵심적인 자질을 발휘하지 못한 탓에 팀이 부실해졌고 나 역시 몸이 많이 망가졌다는 사실을 받아들여야만 했다.

성공에 급급한 나머지 목표를 잊어버릴 때가 가끔 있다. 우리가 애당초 성공할 수 있었던 기본원칙을 무시하는 것이다. 그럴 땐 다시 기본으로 돌아가야 한다.

나는 졸업행사 실황이 담긴 테이프를 꺼내서 퀸 스나이더가 했던 연설 내용을 받아 적었다. '헌신', '인테그리티', '강인함', '정직', '공동책임', '자부심' 그리고 '사랑'과 '우정'을 적어서 가지고 다녔다. 그리고 리스트에 담긴 자질을 되찾겠노라고 다짐했다. 그것이 우리가 진일보할 수 있는 유일한 길이었기 때문이다. 그 원칙으로 돌아가기만 한다면 우리가 ACC 정규시즌부터 4강까지 휩쓸어 버리는 것도 어렵지 않은 일이었다.

또 나는 시카고에서 최초로 코치를 맡았던 어린 시절을 떠올렸다. 그땐 체계적인 리그도 트로피도 없었다. 그래도 농구는 계속되었다. 그저 재미있어서 했을 뿐이다. 바라는 것도 없이 친구들과 함께 농구를 즐겼다. 당시의 나는 친구들과의 우정을 돈독히 하는 수단이 농구라는 것을 알았다. 나이를 먹은 지금도 농구는 내 우정과 인간관계에 필요한 수단이며 내 인생, 즉 '원대한 여정'에 꼭 필요한 방편이기도 하다.

내가 단지 우승만을 노리는 감독이었다면 인생은 너무 허무했을 것이다. 감독이라는 직분을 즐길 뿐만 아니라 젊은 선수들을 지도하고 그들과 대화할 수 있기 때문에 이 자리에 있는 것이다.

매 시즌 말이 되면 이긴 횟수나 내셔널 챔피언십 순위보다는 팀원들과 함께 겪어 왔던 날들을 생각한다. 그럴 때면 크리스 콜린스와 토니 랭, 제프 케이플, 체로키 파크스, 제이 빌라스 그리고 수년 동안 함께 뛰어 온 수십 명의 선수들이 떠오른다. 선수들을 직접 만나거나 방송에서 보면 절로 웃음이 난다. 내가 그들의 인생에 영향을 주었다는 것을 알기 때문이다. 그들 역시 내 인생에 적잖은 영향을 끼쳤다.

이런 사실과 우리의 친밀한 관계 덕분에 부담이라고는 전혀 없었다. 내셔널 챔피언십 우승을 놓쳤을 때조차 밤잠을 설쳐 가며 이를 안타까워한 적은 없었다. 인생의 점수는 이긴 경기 수나 '너보다 점수가 높다'는 결과로 가늠하는 것이 아니기 때문이다.

팀에 복귀한 이후 줄곧 자문해 보았다.

'네 본분이 뭔지는 알고 있어?'

'듀크대 감독으로서 나의 본분은 농구팀을 이끌고, 가정에서는 남편과 가장으로서의 역할을 충실히 하는 것이다. 마이크, 이제 일을 제대로 해 보자.'

우리 모두는 자신의 기량을 잘 다듬어야 한다. 그러면 가정에서뿐만 아니라 감독의 역할도 잘 해낼 수 있다. 콜롬보 회원들 중에서 아홉 살 때 가졌던 꿈을 이룬 사람은 나밖에 없을 것이다. 그러니 나는 꿈을 현실로 만든 행운아임에 틀림없으며 꿈보다 현실이 더 낫다고 여기고 있다.

지금은 내가 사랑하는 사람들과 일의 균형을 유지하려고 노력 중이다. 꼭 농구가 아니더라도 숱한 경기나 떠들썩한 파티가 우릴 기다리고 있다. 농구경기에 인생 전부를 걸고 싶지는 않다. 그런데 흥미로운 사실은 힘들었던 시즌이 지나면 언제나 희망을 주는 새로운 날들이 찾아왔다는 것이다.

인간이 영원히 살 수 없다는 사실에 감사하다. 때때로 인생이 그릇된 방향으로 가고 있다면 다음엔 같은 일을 되풀이하지 않을 방법을 찾으면 된다. 내 경우에, 그렇게 했을 때 그 시즌은 '잃어버린 시즌'이 아니라 '새로 찾은 시즌'이 되었다.

내가 복귀했던 1995년과 96년 시즌에 최대의 위기가 찾아왔다. 우린 시즌 내내 성적이 부진했고, 약체팀으로 평가받았을 뿐만 아니라 자신감도 부족했다. 우리가 과거의 모습을 완전히 탈피했다는 것을 보여 주려면 NCAA 토너먼트에 참가해야 한다고 생각했다.

2월 중순경의 상황은 너무나도 암울했다. 특히 컨퍼런스 플레이에서 웨이크 포레스트에 참패함으로써 4승 7패를 기록했다. 토너먼트에 진출하려면 적어도 8승 8패까지는 치고 올라가야 했다. ACC 토너먼트는 당시 5경기가 남아 있었고 팀의 분위기는 절망적이었다. 나는 스태프들을 소집하고 우리가 이길 수 있도록 팀을 밀어붙여야 한다고 말했다.

"당장 손을 쓰지 않으면 토너먼트 진출이 어려워지네. 크리스가 뭔가를 해야 해. 지금부터 우리는 그의 마음을 따라야 할 거야."

당시 크리스 콜린스는 4학년이자 주장이었고, 핵심 카드였다. 전년도 시즌에서 그는 발에 골절상을 입었고, 그해는 발에 핀을 박은 채로 경기를 했다. 모두들 그의 집념과 용기에 큰 감명을 받았다. 연습이 끝나고 나는 크리스를 불러서 함께 비디오테이프를 보며 약점을 보완할 방법을 모색했다. 그러고 나서 전원을 끄고 조용히 말했다.

"크리스, 부탁이 있다. 시즌이 끝날 때까지 아무 생각하지 말고 경기에만 집중해라. 본능에 충실해라. 하프코트를 가로질러 슛을 쏘고 싶다면 그렇게 하고, 수비에 허점이 보인다면 골밑슛을 터뜨려라. 아무런 제약이 없다고 생각하고 실패를 두려워하지 마라. 실패할 리가 없다고 생각하고 그냥 질러 버리라는 얘기다, 알았나? 다른 선수들에게는 말하지 않을 거야. 네가 무엇을 하든 다 괜찮다. 끝까지 네 편이 되어 줄 테니 지금부터 우리의 승패는 너에게 달렸다는 걸 명심해라. 혹시 부담스럽나?"

"아닙니다."

"무슨 말인지 잘 알겠지? 너 하고 싶은 대로 하는 거야. 뭐든지 괜찮다."

"예, 알겠습니다. 그렇게 할게요."

크리스는 신들린 플레이를 선보였고 우리는 남은 다섯 경기를 모두 이겼다. 버지니아와의 경기에선 23득점, 노스캐롤라이나 주립대와는 12득점, 플로리다와는 27득점, UCLA와는 27득점, 나머지 메릴랜드와는 27득점을 올리며 완승을 안겨 주었다. 그는 정말 대단했다. 플로리다 주립대와의 경기에서 종료 몇 분을 남겨 두고 3점슛 라인 뒤에서 3점포를 터뜨리기도 했다. 내 뒤에 있던 관중들은 난리가 났다.

"저 볼이 어떻게 들어간 거야? 하프코트를 약간 넘었을 뿐인데!"

노스캐롤라이나와의 마지막 경기에서 그는 초반 25분 동안 18득점을 올렸으나 발목에 또 부상을 입은 탓에 퇴장해야 했다. 우리는 마지막 경기에서 패배하긴 했지만 8승 8패라는 컨퍼런스 기록을 초과하며 안전하게 4강에 진출할 수 있었다.

그다음 주 동부 미시건 팀과의 첫 경기에서 우린 패배하고 말았다. 경기 종료 후 크리스는 절뚝거리며 흐느꼈다. 부상이나 패배 때문이 아니라 듀크 유니폼을 입고 한 마지막 경기였고, 그동안 모든 열정을 다 바쳤기에 못내 아쉬웠던 것이다. 벤치에 오는 그를 안아 주었다.

"사랑한다, 크리스. 정말 잘했어."

투병생활로 시즌에 불참했을 때의 전적은 13승 18패. 이듬해는 18승 13패의 성적을 거두었다. 크리스의 열정이 한몫을 했다. 그는 듀크대가 재기하는 데 중요한 역할을 했다. 열정과 배짱 그리고 영감을 팀에 불어넣었던 것이다. 그의 열정은 우리가 NCAA에 진출하는 데뿐만 아니라 다음 해에 펼쳐진 리그 챔피언십 우승에도 큰 도움이 되었다. 그는 학교를 떠났지만 두 명의 후배, 스티브와 트레이전이 그의 본을 따라 팀의 기둥 역할을 물려받았다.

TIPS

· 감정과 의욕에 눈이 멀었을 때 곁에서 조언해 줄 수 있는 사람이 있어야
  한다.

· 자기 자신을 돌봐야 할 때도 가끔 있다.

· 이겼을 때보다는 졌을 때 생각이 더 깊어진다.

· 극단적으로 치닫게 될 때 조심하라. 평상심이 깨지고 급기야는 자기밖
  에 모르는 치졸한 사람으로 전락할 수 있기 때문이다.

· '성공 급행열차'도 가끔은 정차해야 여행을 제대로 즐길 수 있다.

· 자신이 가르치는 것은 더 잘하게 된다.

· 거절하라고 귀띔해 줄 사람이 주변에 있어야 한다.

· 팀에 일이 생겼다면 책임을 져야 한다. 실수를 인정하고 문제를 해결하라.

· 스스로에게 '네 본분이 뭔지는 알고 있어?'라고 물어보라.

· 자신의 역량을 갈고 닦으라.

· 의사의 말은 꼭 들으라.

에필로그
Epilogue

한순간도 어머니를 잊을 수가 없다.

—— *Coach K* ——

1995년 장기 치료를 받기 직전의 어느 날, 나는 사무실에 앉아 곧 맞붙을 팀이 녹화된 비디오를 보고 있었다. 그때 어머니께서 전화를 하셨다. "얘야, 너를 귀찮게 하거나 시간을 뺏고 싶은 마음은 추호도 없다만……."

"아니에요, 어머니. 제가 언제 귀찮아한 적 있었나요? 언제라도 말씀하세요."

무슨 말씀을 하셨는지 잘 기억나진 않는다. 다만 전화를 끊고는 내내 울었던 기억이 난다. '멍청한 놈, 여든셋인 어머니께서 왜 그런 말씀을 하셨겠어?'라며 자책했다.

사람들에겐 관심이 많으면서 나 자신에겐 그렇게 매정했다. 또한 사랑하는 가족들과 오붓하게 시간을 보낸 적도 없이 그저 승부욕에만 눈이 멀었다. 그래서 그들과의 관계는 더욱 멀어져 갔다. 나는 혼자였다. 정말 어리석었다.

어머니께선 쉰이 다 되어 가는 내가 지금까지 배운 것 중에서 가장 값진 교훈을 알려 주셨다. 어머니는 내 관심을 끌기 위해 팀을 대동할 필요도 없으셨고 "귀찮게 하고 싶지 않다"고 말씀하셨다. 어머니를 '귀찮게 해 드릴' 생각은 전혀 없었다. 짐 발바노도 세상을 떠나기 전에 그런 말을 한 적이 있다. "마이크, 너무 무리하지 말게."

지금은 그렇게 무리하지 않지만 그땐 그랬다. 어머니는 날 그런 멍청이로 키우진 않으셨다. 다시는 그런 어리석은 짓은 저지르지 않을 것이다. 토너먼트 경기를 치르고 있는 지금, 게임이 끝나면 다 같이 호텔에 모여서 그들의 눈을 바라보며 이야기할 것이다. 승패를 떠나 항상 상대방의 눈을 응시해야 최대의 결과를 얻을 수 있다는 점을 명심해야 한다.

"얘들아, 여기 내일 일정표가 있다. 경기가 끝나면 사인해 달라고 떼를 쓰는 팬들과 부딪히겠지? 하지만 가장 소중한 사람들에게 감사의 마음을 전하기 전엔 팬들을 만나지 말거라. 어머니를 찾아 안아 드리고 곁에 안 계시다면 전화를 걸어라. 어머니나 아버지와 그 순간의 감격을 함께 나누어라. 가족과 함께 시간을 보내라는 얘기다."

귀감이 될 만한 교훈이다. 이를 가르쳐 주신 어머니가 계셔서 정말 감사했다. 그때부터 나는 어김없이 가장 소중한 시간을 가족들과 함께 보낸다. 그러나 그것이 어머니가 남긴 마지막 교훈이었다는 사실이 한편으로는 마음아프다.

그리고 얼마 후 형이 전화를 했다. 형은 자식이라면 누구나 언젠가는 알게 되는, 그렇지만 알고 싶진 않은 소식을 전해 주었다. 암으로 고생하시던 어머니가 갑작스레 위독해지셨다는 소식이었다. 시카고행 비행기를 타고 어머니께 달려갔다. 다행히 어머니 머리맡에서 일주일을 함께 보낼 수 있었다. 내내 주무셨지만 잠을 깨셨을 때 우린 울고 웃으며 이야기를 나눴다.

나는 암이 제거되기를 기도했다. 어머니가 암 때문에 돌아가시리라고는 상상도 하지 못했다. 결국 어머니는 세상을 떠나고야 말았다. 지금도 내 마음 한편엔 채워지지 않는 빈자리가 있다.

한순간도 어머니를 잊을 수가 없다. 그분은 가장 행복한 분이셨다. 인생을 즐길 줄 아셨고, 돌아가시기 전까지도 농담을 하셨다. 재산이 넉넉하지도 않았고, 집은커녕 자동차도 없으셨지만 행복만큼은 잃지 않으셨다. 멋진 인생을 살다 가셨다. 늘 자부심을 가지셨고, 사람들로부터 존경도 받으셨다. 이보다 더 큰 성공이 어디 있으랴?

어릴 때에는 부모님이 당연히 아실 거라 생각하고 그분들을 얼마나 사랑하는지, 얼마나 중요한 분들이신지 말씀드리지 못했다. 아버지는 내가 어렸을 때 돌아가셨다. 그러나 다행히도 어머니께는 미루지 않고 돌아가시기 전에 사랑을 고백할 수 있어서 하나님께 감사하다.

듀크대의 감독생활이 한창이던 즈음, 어머니께서는 몇 주 동안 농구캠프장에서 우리 팀을 도우시면서 함께 지내셨다.

어느 날 우린 현관문에 나란히 앉아 있었다. 딸 제이미가 어머니의 무릎에 앉아 있었다.

"마이크, 일은 잘 되어 가니?"

"예, 잘 되어 가요."

"듀크대 농구감독이 됐다고 텔레비전에 나오던데 어떻게 된 거니?"

"어머니 덕분이죠, 뭐."

"호호호, 얘는, 원."

"어머니 덕분이에요. 어머니가 보여 주신 그대로 하면 저도 성공할 수 있을 거예요."

"호호호, 그런 소리 말거라."

"사실인걸요. 어머니께서 형과 저뿐만 아니라 가족에게 쏟으셨던 열정을 따라가지는 못하겠죠. 절대 그럴 수는 없겠지만 사람들이 어디서 그런 열정이 생기냐고 물으면 어머니가 가르쳐 주셨다고 말해요. 아무런 조건도 없이 팀을 서포트할 수 있는 비결이나 실패를 두려워하지 않는 비결을 물어도 역시 어머니로부터 배웠다고 말하고요. 어머니, 제가 사랑하는 거 아시죠? 어머니가 저 때문에 얼마나 고생하셨는지 잘 압니다. 어머니가 계시지 않았다면 지금의 저도 없었을 거예요. 감사드리고 싶어요."

어머니는 잠시 나를 바라보다가 눈물을 글썽이더니 이내 침묵을 깨셨다.

"마이크, 그만하라니까."

세상을 떠나신 지 몇 주가 지났을 때 형이 상자 하나를 건네주었다. 유품을 정리하다가 발견한 것이었다. 거기서 수첩을 하나 발견했는데 형은 그걸 내가 갖고 있는 게 좋겠다고 했다.

어머니는 우리 팀의 경기목록을 빠짐없이 친필로 기록해 놓으셨다. 20년 동안 치른 경기가 모조리 적혀 있었다. 웨스트포인트에서의 첫 경기부터 최근 경기까지 상대 팀명과 최종 스코어, 승패까지도 적혀 있었다. 어머니가 경기에 관심이 있으신 줄은 생각도 못했다. 그 상자에는 어머니의 묵주도 들어 있었다.

요즘은 경기 전에 그 묵주를 심장과 가장 가까운 곳인 셔츠 윗주머니에 넣어 둔다. 선수들이 코트에서 워밍업을 할 때나 혼자 있을 땐 묵주가 든 주머니에 손을 얹고 어머니를 생각하며 기도한다. 하늘에 계신 그분께서 어머니를 잘 보살펴 주시길. 그리고 또 기도한다.

"하나님, 최선을 다할 수 있도록 도우소서. 정신을 차리고 마음과 정성을 다해 지도하게 하소서."

overtime

연장전
2004년 가을

지금도 어머니를 잊을 수가 없다. 어렸을 적에 어머니는 나의 강력한 후원자였다. 나는 폴란드촌의 지역센터 영향을 받으며 자라 현재는 노스캐롤라이나 주 더햄에 살고 있는데, 더햄 서쪽 지방에는 국적과 소득 수준이 다양한 이민자들이 정착하여 고향의 분위기가 물씬 풍긴다. 그래서 지역센터를 설립하기엔 그쪽이 최적이라 생각했고, 어머니의 이름을 쓰기로 했다.

남녀노소를 막론하고 꿈과 희망을 전하며 이를 실현시킬 목적으로 '에밀리 슈셉스키 센터Emily Krzyzewski Family Life Center'를 설립코자 계획했다. 처음 몇 년 동안은 기획과 자금조달에 어려움이 없었기에 2003년 8월에 착공에 들어갈 수 있었다.

그러나 센터를 설립하겠다는 취지를 발표한 지 얼마 되지 않아 다른 지역센터 관계자들과 마찰이 빚어졌다. 그래서 각 센터 대표단과

회의를 갖고 그들과 공조하고 싶다는 우리 계획을 밝혔다. 결국 서로 간섭하지 않는다는 원칙하에 센터건립을 추진할 수 있었다. 처음엔 반응이 대단히 좋을 거라는 생각뿐이었다. 그러나 곰곰이 생각해 보니 인간이 변화를 두려워하는 것은 어쩌면 당연하다는 결론에 이르게 되었다.

변화

농구감독이 된 후 자주 변화에 부딪힌다. 지난 5년간 대학농구는 큰 변화를 겪었고, 지금도 급격히 진화하고 있다. 무빙워크를 옆에 두고 걷고 있다는 느낌이 들 때가 간혹 있다. 변화는 무빙워크를 탄 듯 나보다 빨리 지나가 버린다. 좀 더 빨리 걷거나 달려야만 겨우 따라잡을 수가 있다. 무빙워크에 서둘러 타지 않는다면 변화는 나를 뒤에 남겨 둔 채 멀리 지나가서 따라잡을 수가 없을 것이다.

그렇다면 대학농구는 어떻게 변하고 있을까? 첫째, 개인플레이가 심화되고 있다. 농구의 매력은 선수들 간의 공조체제를 전제한다는 데 있다. 그래서 공동의 목표를 달성하고자 서로 협력 체제를 구축해야 하는 것이다. 그것이 바로 팀워크다. 농구는 아주 멋진 팀스포츠다. 그 예로 선수들끼리 연결 가능한 농구 플레이는 패스 말고도 여러 개가 있다. 게다가 복수대명사를 쓸 일이 많은 스포츠이기도 하다.

"우리의 컨디션은 어떤가?"

"우리의 최대 장점은 뭘까?"

"우리 팀이 좀 더 좋은 결과를 얻으려면 어떻게 해야 할까?"

그러나 요즘 사람들은 그 어느 때보다 단수 대명사를 선호한다. 또한 매스컴은 NBA에 진출해서 받는 거액의 연봉을 게재함으로써 선수들이 대학을 조기에 떠나도록 부추긴다.

"그가 프로팀에 입단할 수 있을까?", "그가 드래프트에서 어디까지 올라갈 수 있을까?", "그의 연봉은 얼마나 될까?" 같은 질문이 쇄도하는가 하면, 젊은 대학선수들조차도 언제쯤 자기가 프로선수가 될 수 있을지, 연봉은 얼마나 될지 감독에게 묻는다. 대학 교육은 관심 밖으로 벗어난 지 오래다. 그들에게 대학팀에 들어온 진짜 속셈은 애당초 따로 있다. 이타적일 때 가장 아름다운 농구라는 스포츠가, 전대미문의 이기적인 환경 인자를 배양하고 있는 셈이다.

이 책이 첫 출간된 후 5년 동안 듀크대의 성적은 매우 좋았다. 우리는 ACC 챔피언십 결승전 4회 진출, NCAA 토너먼트엔 5회 진출했다. NCAA에서는 5회 모두 16강 진출, 2회 4강 진출, 한 번의 우승을 이뤄 냈다. 그러면서 우리는 대학농구의 지각변동에 크게 영향을 받아 왔다.

두 가지만 예를 들어 보자면, 우선 선발제도가 눈에 띄게 달라졌다. 고등학교 농구경기엔 대학 감독보다는 NBA대표단이 참석하는 경우가 비일비재하다. 또한 프로선수의 규정은 대학부와는 상당히 다르다. 예를 들면 대학소속 감독은 다른 감독이나 선수, 혹은 부모와의 대화가 일절 금지되고 지정된 좌석에만 앉아야 한다. 그러나 프로팀 감독은 누구와도 대화할 수 있으며 앉고 싶은 자리에 앉을 수 있다.

NBA감독은 선발 시기도 딱히 정해 놓지 않는다. 그러나 대학 감독들은 특정 시기에만 선수를 선발해야 한다. 그뿐만이 아니다.

2004년 5월과 6월에는 노스캐롤라이나 주립대, 노스캐롤라이나대학 그리고 듀크대학에서 고등학교 토너먼트 대회가 펼쳐진다. 캐머론 실내경기장에서도 경기가 있으나 NCAA 선발규정에 따라 NBA감독은 관람할 수 있고 우린 그럴 수가 없다.

학생들이 '닉스Knicks'라든가 '레이커스Lakers,' '스퍼스Spurs' 혹은 다른 팀의 로고를 보게 된다면 아무래도 영향을 받을 수밖에 없다. 고교 졸업 후 프로팀에 입단하지 않아도 그 영향력은 대학 4년 동안 무의식중에라도 고스란히 남아 있을 것이다. 이런 점들을 감안해 볼 때 대학농구의 이름값이 점점 떨어지고 있는 것 같다.

시즌 막바지에 이르렀을 때 선수 한 명 혹은 그 이상이 느닷없이 NBA에 진출하게 되면 공백을 보충할 수도 없다. NCAA 선발규정에서 이를 금지하고 있기 때문이다.

2004년 시즌 말, 실제로 그런 일이 벌어졌다. 당시 우리에겐 독보적인 재능을 가진 선수는 없었으나 팀원들 모두가 팀원으로서 각자의 역할에 충실했다. 그러나 2004년 4강전에 진출했을 땐 '주먹'이 느슨하게 펴지면서 더 이상 '팀'이 아닌 '개인들의 모임'으로 전락하고 말았다. 1학년 에이스 루올 뎅이 NBA 드래프트에 참가하겠다고 밝힌 것이다. 그리고 1년간 수고해 온 숀 리빙스톤 역시 프로로 진출하겠다는 뜻을 내비쳤다. 두 선수가 있었다면 아마 프리시즌 여론조사에서 탑을 차지하고 2005년 내셔널 챔피언십 우승을 점칠 수도 있었을 것이다. 하지만 당장 4학년이었던 주장, 크리스 듀혼마저 졸업하면 곧 팀을 떠나야 했다. 남은 선수가 열에서 여덟로 줄어들자 팀은 전혀 예측하지 못했던 난관에 부딪혔다.

챔피언십 우승을 차지했던 2001년처럼 지금도 화려한 플레이를 선보일 수 있을지 의문이다. 우리가 일궈 왔던 가족적인 분위기는 이런 변화에 물들어 왔다. 20년 전보다 가족이 모이기가 더 힘들어진 것을 감안해 보면 농구계의 변화가 사회상을 반영한다고 해도 과언은 아닐 것이다.

신입생부터 졸업생에 이르기까지 선수들이 골고루 구성되었을 땐 균형감이 있어 앞으로 죽죽 뻗어 나갔다. 또한 후배들을 가르치고 팀을 이끄는 선수들이 다수 배출되면서 신뢰감이 더욱 돈독해졌고 커뮤니케이션도 원활해졌다. 모든 선수들에게 높은 자신감을 심어 줄 수도 있었다. 후배들과 선배들은 사이가 가까워서 친형제처럼 지냈다. 예를 들면 퀸 스나이더는 조니 도킨스와 단짝이었고, 크리스 콜린스는 그랜트 힐과, 크리스 듀혼은 셰인 베티에와 형제처럼 지냈다. 이런 가족문화는 팀에 많은 것을 가져다주었다.

그러나 '형들'을 잃고 난 후 후배들은 선배들에게 더 이상 의존할 수 없게 되었다. 훌륭한 선수라면 본을 보일 줄 안다. 또한 윤리의식과 희생정신, 그리고 모범적인 생활태도를 통해 팀을 이끌어 가며, 훌륭한 성품을 주변 사람들에게 심어 준다.

리더는 이길 방법을 반드시 찾아야 한다

비즈니스 용어를 빌려 말하자면 환경이 변한 탓에 투자에 비해 수익이 적어진 것이다. 4년을 채우는 선수가 거의 없기 때문에 선수들의 득점상황이나 리바운드가 저조해졌고, 선수들 각자가 팀에 기여하는 수준도 전보다 미흡하다.

그럼에도 듀크대는 지난 5년간 NCAA 토너먼트 16승을 포함하여 미국 내에서만 통산 152승을 차지했다. 또한 같은 기간 여론조사에서 1위에 랭크된 적도 있었다. 뿐만 아니라 최근 6년 동안 대학농구 RPI 1순위로 마감한 시즌이 세 번이나 되었고, 지난 5년 동안 NCAA 토너먼트 1번 시드를 네 번이나 확보했다.

내가 듀크대학에서 24년을 코칭하면서 랭크에 들지 못했던 때보다 1순위를 차지했을 때가 더 많았다는 통계자료를 내보이는 사람도 있다.

듀크대학이 한결같이 경쟁력을 확보할 수 있게 된 방법이 뭐냐고 기업가들은 늘 묻는다. "환경이 급속도로 변하는데도 '넘버원'이 될 수 있는 비결은 뭡니까?"

대답은 의외로 간단하다. 환경과 함께 자신도 변할 것인지 그냥 도태될 것인지, 선택은 당신에게 달렸다는 것이다. 리더는 이길 수 있는 방법을 찾아야만 한다.

문제는 변화를 추구해야 하느냐 마느냐가 아니다. '어떻게 변화해야 하느냐'다. 또한 '무엇을 해야 하느냐'도 중요하다. 이런 변화를 전에 겪어 본 적이 없었던 탓에 우리에겐 확고히 정립된 로드맵이 없었다. "이런 변화에 어떻게 대처하셨습니까?"라며 전 감독에게 찾아가 물을 수도 없는 형편이었다.

농구라는 스포츠는 아직 개척되지 않은 미지의 땅과도 같다. 그러니 여러 가지 다양한 방법을 동원해서 열심히 노력하는 수밖엔 없었다. 다시 말해 시행착오를 거쳐야 했다. "옳거니! 정말 안전한 방법을 찾았다!" 하며 중도에 멈춰서는 안 된다. 말도 안 되는 소리이기 때문이다. '도깨비 방망이'나 '완벽한 묘안'과 같은 절대적인 비법은 없다.

변화를 시도하려면 눈높이도 낮춰야 한다. 또한 학업에 열중하고,

잘 가르치며, 가족과 같은 유대감과 인격을 형성한다는 코칭의 기본적인 가치관까지 다르게 바꿔선 안 된다는 것도 명심하자. 뿐만 아니라 '팀워크'라는 기본 콘셉트나 '주먹(커뮤니케이션, 신뢰, 공동책임, 관심, 자부심)'의 필수요소도 그대로 두어야만 한다.

위의 몇 가지 주요 원칙이 굳게 자리 잡은 채 환경변화에 적응할 수 있도록 우리는 문화를 바꾸기 시작했다. 그래서 지난 5년 동안 '인간관계', '신뢰구축' 그리고 '직접통제'라는 세 가지 영역에 집중하기로 했다.

인간관계

4년이 채 안 되어 선수들이 빠져나갈 게 확실하기 때문에 이제 나는 선수들과의 인간관계를 과거보다 좀 더 일찍, 좀 더 깊이 다지려고 노력한다. 우선 앞으로 선발될지 모를 학생들과 이런저런 이야기를 하며 많은 시간을 보낸다.

이전엔 우리와 계약한 선수들이 모두 주장이 되란 법은 없다고 생각했으나 지금은 팀에 리더십을 보여 주는 3, 4학년 학생들을 전략적으로 찾아다닌다. 팀원들을 세심하게 챙겨 주고, 나무보다는 숲을 보며, 경솔하게 행동하지 않는 선수들을 포섭하려 한다. 자기가 속한 팀의 주장, 혹은 관심사가 남다른 선수들이 대다수다. 리더십을 갖춘 고등학생을 선수로 기용함으로써 비록 하급생이긴 하나 코트 위에서 만큼은 주장 못지않은 면모를 볼 수 있게 되었다.

NBA나 유럽에 진출하여 프로선수가 되고 싶은 마음은 누구에게나 있다. 그래서 애초부터 프로의 꿈을 인정하고 이를 실현할 수 있도록 그들을 도우려고 노력한다.

"우리가 도와주겠다. 제이슨 윌리엄스와 카를로스 부저를 프로선수로 키운 경험을 살려 너희들도 프로선수가 될 수 있도록 지도하겠다. 그러니 함께 열심히 노력하자꾸나."

4년 만기 계약으로 학생들을 묶어 두지 않고 1년마다 갱신한다는 조건으로 바꾸었다. 그렇다 해도 계약 기간에 너무 얽매일 필요는 없다고 일러둔다. 그리고 속마음을 털어놓으라고 부탁한다.

"여기는 계약이 연장된 모텔이 아니다. 이곳을 너희들 집이라 생각하고 열심히 해 주길 바란다. 자기만의 경주에서 최선을 다하란 얘기다. 엘튼 브랜드는 2년을, 셰인 베티에는 4년을 꿋꿋이 앞만 보고 달렸기에 같은 팀에 있으면서 '올해의 선수'에 뽑힐 수 있었다."

또 계약한 선수들을 이른 시기에 팀에 합류시킴으로써 조기에 소속감을 가질 수 있도록 한다. 물론 NCAA의 규정 때문에 말처럼 쉽지만은 않았다. 예를 들어 고등학교 선수들과는 전화연락을 할 수 없다. 또한 4학년 학생들과는 주당 한 번만 통화가 가능하다. 그래서 효과를 극대화하려면 사전에 계획을 치밀하게 짜야 했다.

일단 전화를 걸면 최근 듀크대가 이긴 팀이나 당시의 득점 차 같은 사소한 이야기에 시간을 전부 쏟아서는 안 된다. 따라서 자신감을 끌어올릴 요량으로 특정선수를 거론하면서 그들과 호흡을 맞춘 코칭스태프를 소개하기도 한다.

"내년엔 자네도 그렇게 될 수 있을 거야. 그렇다면 자넨 어떻게 해야겠나?" 혹은 "자네 팀도 그렇게 될 수 있으니 감독과 좀 더 가까워지도록 하게. 그래야 여기 와서도 잘 적응할 수 있을 거야."

대학농구가 급변하기 전엔 그럴 필요가 없었으니 시도해 본 적도 없던 일들이다.

신뢰

현격하게 나타난 변화 중 하나는 후배 선수들에 비해 선배들이 줄어들고 있다는 것이다. 과거엔 주장이었던 셰인 베티에게 후배들에게 키포인트를 가르치라고 하면 그는 "그렇게 하면 안 되지. 그 이유와 방법을 알려줄 테니 잘 봐. 감독님이 하신 말씀은 이거야."라고 일러 줬다.

셰인은 내가 특별히 지시하지 않아도 곧잘 후배들을 챙겨 주었다. 그래서 내 말을 신뢰하면서도 자기 소신을 분명히 밀고 나가는 4학년 주장이 있으면 팀의 신뢰를 다지기가 훨씬 수월해진다. 선배만 한 선수가 또 어디 있겠는가?

서로의 관계가 가까워지려면 시간이 필요하다. 선수들이 4년을 꼬박 채울 땐 해를 거듭할수록 신뢰감이 단단해지기 때문에 인간관계가 더욱 돈독해질 수 있다. 그러나 그건 옛날 일이 되었다. 요즘은 짧은 시간 동안 유대감을 형성해야 한다. 집을 지으려면 1년이 소요되는 건축업자에게 아직 숙련되지 않은 젊은 인부들을 고용해서 6개월 동안에 완성하라고 주문하는 것과 같다.

여기서 흥미로운 두 가지 문제가 제기된다. 경험이 부족한 리더가 어떻게 신뢰를 쌓을 수 있을까? 그걸 3년, 2년 혹은 1년 동안 해낼 수 있는 방법은 무엇일까?

리더십의 성패는 '일대일 커뮤니케이션'에 달려 있다고 생각한다. 따라서 코칭스태프는 선수들과 함께 지내는 시간을 전략적으로 늘렸다. 덩달아 선수출신인 부감독 셋의 역할이 더욱 중요해졌다. 조니, 스티브 그리고 크리스는 듀크대 프로그램에서 4년을 함께 일해 왔으니 의당 리더다. 그들은 선수시절 자신의 경험을 서로 나누었을 뿐만 아니라 후배들을 가이드 해 주고, 그들과 의견을 교환하기도 했다. 어떤 의미에서 우리에게 부족한 '4학년 맏형' 혹은 '선도부장' 노릇을 톡톡히 하고 있다.

예를 들면 조니 도킨스는 모든 선수들이 주당 한 번 참여하는 선수계발프로그램을 이끌고 있다. 그와 스태프들은 선수들과 단합대회를 갖거나 회의와 토의 일정을 계획한다. 또한 학기가 시작되거나 여름방학이 되면 정기적으로 선수들에게 전화를 건다. "어떻게 지내?", "별일 없지?" 그렇게 관심을 표현함으로써 인간관계는 더욱 가까워지며, 피드백을 할 수 있는 기회도 생기게 된다.

젊은 부감독들과 선수들의 커뮤니케이션이 원활해진다면 마음에 담고 있는 문제를 털어놓을 수 있게 된다. 학생들과 나이 차이가 얼마 안 나는 조니, 스티브, 크리스는 선수들이 쉽게 이해할 수 있도록 명쾌하게 해결책을 제시할 수 있을 것이다. 스태프들의 참여 기회가 늘어남에 따라 선수들 사이에선 주인의식이 더욱 고취된다. 또한 선수들끼리 서로 깊은 관심을 갖게 되는데 이는 그들 사이에 유대감이 형성되었다는 증거다.

과거에도 그랬듯이 지금도 직접 선수들과 만나 여러 가지 이야기를 나눈다. 2004년 시즌엔 4학년 크리스 듀혼, 3학년 다니엘 유잉, 2학년 J. J. 레딕 그리고 1학년 루올 뎅을 모아놓고 리더십을 가르친 적도 있다. 내 저서 중 몇 장을 읽게 하고는 정기적으로 만나서 토론을 벌였다. 이러한 과정들을 통해 서로의 관계가 더욱 가까워졌기 때문에 4강에 진출할 수 있었던 것이다.

직접 통제

대학환경이 달라진 후 가장 두드러지게 나타난 현상은 후배 선수들이 준비가 되기도 전에 리더의 역할을 감당하게 된다는 것이다. 실전에서 비교적 어린 선수들에게는 플레이방식을 일일이 가르쳐 준다. 그러면 연습 때와 마찬가지로 흠잡을 데 없는 플레이를 선보인다. 그러나 상대팀 방어선 앞에서는 뜻밖에도 몸이 굳어버린다. '어? 골까지는 어림도 없겠는걸. 어쩌지?'라며 두려워할지도 모른다.

베테랑 플레이어였다면 수비의 허점을 노리거나 일부러 만들어서라도 알아서 득점으로 연결했을 것이다. 그들은 일단 기회를 포착하기만 하면 절대 놓치는 법이 없다. 애초에 주문하지 않은 전략을 써서라도 점수를 따고야 만다. 내가 바라는 게 바로 그것이다. 경기를 풀어 나갈 땐 창의적으로 돌파구를 마련해야 한다. 선수들에게 내가 주문하는 플레이도 기본에 충실하라는 것이다.

리더십이란 급변하는 환경 속에서도 경기를 이끌어 나가기 위해 상황에 자발적으로 대응하는 능력이라 할 수 있다. 1, 2학년 선수들은 너무 어린 탓에 순간적으로 대응하지 못한다. 경험이 부족하기 때문에 자신감이 없는 것이다. 그러나 4학년인 크리스찬은 조금도 주저하지 않는다. "여기로 패스해!" 그랜트 힐과 셰인 베티에가 볼을 잡았다 하면 관중들은 탄성을 질렀다. 베테랑 플레이어들은 때로는 감독이 허락하지 않아도 자유자재로 플레이를 구사해도 된다고 생각한다.

선수들의 경험이 부족하기 때문에 코칭스태프는 직접적인 통제력을 발휘해야 한다. 자기 소신껏 밀고 나가라고 요구하기도 하고 플레이 요령을 직접 지시할 때도 있어서 균형이 이뤄진다. 말하자면 경기 중엔 자주 슛을 던지라고 말하면서 추가적인 사항을 일일이 주문하기도 하는 것이다. 결정적인 순간에는 타임아웃을 요청하고 선수들에게 이렇게 이야기한다.

"좋아, 연습 때처럼 그렇게 몰고 가는 거야, 알았지?"

감독이 상황을 통제하면 팀의 경험은 다소 부족하더라도 자신감을 갖게 된다. 성공적으로 경기를 풀어 갈 수 있다는 믿음을 주기 때문이다.

강의실에서도 마찬가지다. 선수들의 학업을 지도해 준다면 그들은 학교를 졸업할 수 있다는 자신감을 갖게 될 것이다. 또한 우리는 특정기간이 되면 농구는 제쳐 두고 대학이 어떻게 돌아가는지 가르치기도 한다.

우리는 기초를 탄탄히 세우기 위해 1학년이 시작되기 전인 여름방학 때 선수들을 기용한다. 그렇게 하면 선수들은 학업에 집중하여 첫 단추를 잘 끼울 수 있고, 새로운 환경에 잘 적응하도록 사회성을 배운다. 또한 고등학생 티를 벗고 대학생에 걸맞은 체력강화프로그램에 참여해 선수다운 면모를 갖추기도 한다. 물론 NCAA 규정이 농구기술을 가르치는 것을 허용했다면 달라졌을 수도 있다.

신입생들은 첫해 여름, 두 개의 강좌를 수강한다. 그런 다음 1학년 내내 다른 강좌 8개를 듣고 나서 여름 계절학기 때는 앞서 들었던 강좌에 2가지를 더 추가할 수 있다. 그러면 두 번째 여름이 끝나 2학년에 진학하는 선수들은 이미 12개의 과목을 이수하게 된다. 결과적으로 졸업 최소학점의 3분의 1은 수강한 셈이 된다. 그래서 학교를 일찍 떠나도 졸업은 가능하다.

그런데 내가 늘 잊지 않으려는 것이 있다. '선수들은 선수이기 이전에 학생'이란 사실이다. 선수들의 농구실력만 성장시킨다면 그들을 기만하는 것이다. 팀에 일찍 합류시키는 까닭은 선수프로그램에 도움이 되어서이기도 하지만 학기가 본격적으로 시작되면 거기서 학생들이 신입생이 알아야 할 지식을 습득하기 때문이기도 하다. 무엇보다도 서로의 관계가 이미 가까워진다는 게 가장 고무적인 일이다.

2003년 시즌에는 핵심 선수 셋이 NBA에 진출함으로써 팀에는 1학년만 여섯이 있었다. 결과적으로 코칭스태프는 기존의 팀을 완전히 뜯어고쳐야 했다. 그러나 오히려 좋은 결과로 이어졌다. 상황을 재점검하고 깊이 생각해 본 후에 차근차근 바꿔 나갔다. 그러면서 서로의 관계도 더욱 가까워졌다. 우리는 조직편성표를 던져 버리고 '대수술'을 실시했다. 사실은 해야 할 일을 했을 뿐이다. 그리하여 2년 동안 최상의 결과를 달성하기 위하여 끊임없이 접근법을 달리 했다.

그렇게 하다 보니 진작 변했어야 했던 것도 몇 가지가 눈에 띄었다. 결국 여러 가지 방법을 모색하는 가운데 우리는 더 훌륭한 리더로 거듭나게 되었다.

크리스 듀혼

선수들이 4학년을 채우기 전에 NBA에 진출하면 솔직히 마음이 편치는 않다. 소속이 달라지는 건 문제도 아니다. 앞으로 서로의 관계가 소원해진다는 게 내심 걱정되는 것이다. 친구를 잃었을 때의 느낌이 밀려온다. 그러나 4년의 세월을 가치 있게 보낸 훌륭한 선수들이 곁에 있다는 데 위안을 느낀다. 크리스 듀혼이 그랬다.

2001년 내셔널 챔피언십 결승에 진출했을 때 신입생이던 그는 셰인 베티에나 네이트 제임스와 같은 든든한 선배들이 보여 준 리더십에 큰 영향을 받았다. 그러나 2003년, 3학년이었던 그는 1학년 선수 여섯을 챙겨야 했고, 주변에서도 그에게 큰 기대를 하고 있었다. 프리시즌 때 그는 '올해의 선수' 후보 중 하나였다. 사실 크리스는 NBA로 떠나는 선수들을 목전에서 지켜봤다. 1999년 엘튼 브랜드와 두 명의 선수가 떠났을 때도, 셰인과 네이트는 팀에 남아 있었다. 그러나 2003년엔 크리스 혼자만 팀에 남았다.

그에게 가해지는 부담이 이만저만이 아니었다. 결국 그는 모두의 기대에 부응하지 못한 채 일 년을 마감해야 했다. 리더로서의 사명감이 그를 짓눌렀고 이를 받아들이기엔 너무 일렀다. 스물여섯 경기 모두 16강에 진출했지만 사람들의 시선이 그리 곱지만은 않았다. 리더로서의 임무가 너무 막중한 나머지 경기를 잘 풀어 나가지도 못했다. 그는 자신감을 잃기 시작했다.

그해 여름, 코칭스태프들은 선수들과 상당 시간 함께 어울렸다. 우린 코트 안팎에서 다니엘과 레딕 그리고 루올과 함께 이 책의 원고를 읽고 토론할 때도 리더십에 대해 이야기했다. 뿐만 아니라 깊은 생각들을 이끌어 내는 읽을거리도 나누며 함께 토론했다.

헌신의 의미는 무엇일까? 남들에게 헌신할 수 있는 방법은 무엇일까? 이런저런 이야기를 심도 있게 나누었다. 그리고 크리스를 심리치료사에게 보내는가 하면 그의 어머니인 비비안 하퍼와도 연락했다. 우린 서로를 믿고 크리스가 재기할 수 있도록 도왔는데, 어머니의 역할이 무엇보다 중요했다.

최강팀으로 거듭나려면 1년은 어림도 없다. 오븐에 넣고 45분을 구우면 "짠!"하고 나타나는 케이크와는 차원이 다르다. 최강팀으로 거듭나기 위해서는 오븐 안에 넣고 더 오랫동안 구워야만 한다.

챔피언십 우승타이틀을 차지하려면 적어도 풀시즌을 두세 번은 겪어야 한다. 2003년 시즌에 구조를 완성한 후, 2004년 들어 형태가 잡히기 시작했다. 비로소 '주먹'을 쥐기 시작하자 크리스는 시즌의 전설이 되었고, 코트 위에서 나의 분신 노릇을 톡톡히 해냈다. 선수들과 호흡을 맞추며 리더다운 모습으로 결정적인 순간엔 신들린 경기력을 펼쳐 보였던 것이다.

크리스는 플로리다 주립대와의 홈경기에서 36초를 남겨 두고 따로 지시하지 않았는데도 팀원들이 슛을 망설일 때마다 과감히 3점포를 터뜨렸다. 나는 오히려 레딕이나 다니엘에게 슛을 주문했지만 플로리다의 철벽수비에 막혀서 경기가 수월하게 풀리지는 않았다. 그러나 크리스가 기회를 틈타 경기를 주도하면서 경기는 듀크대의 승리로 끝을 맺었다.

일주일이 지난 후 노스캐롤라이나와의 홈경기에서는 동점상황에서 10여 초가 지나면 연장전도 끝날 판국이었다. 이때에도 크리스는 골밑에서 인바운드 패스를 받아 내며 드리블로 상대방을 따돌렸다. 그러고는 경기 종료까지 2, 3초를 남겨 두고 멋진 역레이업 슛으로 팀에 승리를 안겨 주었다.

크리스는 NCAA의 전설적인 인물이기도 하다. 그는 메릴랜드와의 ACC 챔피언십 결승전에서 흉부에 심한 부상을 입었다. 전속력으로 루스볼에 몸을 던지다가 미끄러지는 바람에 카메라 스탠드에 몸을 부딪친 것이다. 열광하던 관중석에 침묵이 흘렀다. 크리스는 라커룸으로 실려 갔고 재투입 여부는 아무도 알 수 없었다. 그런데 의료진이 응급치료를 실시한 뒤, 그가 코트에 있던 나에게로 달려왔다.

"전 괜찮습니다, 감독님."

그러고는 재투입되어 자신의 기량을 마음껏 발휘했고, 승리의 주역이 되었다. 크리스는 4학년 주장에게 기대하는 바를 성실히 이행했다. 변명하지 않고 일단 몸으로 부딪쳤다. 팀을 도울 수 있는 일이라면 무엇이든 할 준비가 되어 있었던 것이다.

4강전이 진행되고 있던 첫 2주 동안은 연습을 할 수가 없었던 탓에 매스컴의 주목을 받기도 했다. 매스컴들은 "크리스 선수, 준비되었는가?", "통증 앞에서 무너지는가?", "주장이 빠진 듀크대!"라는 제목으로 헤드라인을 수놓았다. 결국 크리스는 투입되었고 다른 팀원보다 늦게까지 코트 위를 누볐다. 통증을 감내하면서까지 플레이하는 선수는 감독생활 30년 동안 처음이었다. 그는 지역 챔피언십 우승신화를 일군 최고의 수비수로 손꼽히기도 했다.

당시 우리가 상대했던 제비어에는 '숫돌이'로 통하는 선수가 둘이나 있었기 때문에 나는 그에게 둘을 번갈아 가면서 마크하라고 주문했다. 그런데 누구든지 크리스 앞에만 서면 맥을 못 추었다. 철통수비 덕분에 우리는 챔피언십에서 우승했고 4강전에 무난히 진출했다.

그의 앞에 놓였던 먹구름은 더 이상 나타나지 않았다.

"감독님, 참을 만해요. 뛰는 데는 지장이 없습니다."

크리스는 팀에 모범이 되었다. 크리스의 강인한 정신력은 타의 귀감이 되었을 뿐만 아니라 나에게도 큰 감명을 주었다. 서른한 번의 승리와 4강 진출의 일등공신 역시 크리스였다. 그의 열정이 없었다면 지금의 성적은 어림도 없을 것이고, 우승의 기회도 사라졌으리라 믿어 의심치 않는다.

크리스는 이타적인 선수인 동시에 화려한 전적을 가진 선수이기도 하다. ACC 역사상 1,000득점, 800어시스트, 400리바운드, 300스틸을 초과한 선수는 크리스밖에 없다. 듀크대에서는 통산전적 301스틸로 부동의 1위, 어시스트는 통산 819개로 2위(1위는 NCAA 기록보유자 바비 헐리)를 달리고 있다. 2004년 '올해의 선수' 부문 중 '미국대표 파이널리스트'로 지명되기도 했다. 또한 그가 투입돼서 이긴 경기는 123번, ACC 2순위를 차지했다. 그의 성공신화는 어린 선수가 4년 동안 어떻게 선수답게, 리더답게 그리고 사람답게 성장할 수 있는지를 보여 준다.

크리스와 나는 시즌 마지막 경기를 마치고 라커룸에서 몇 분을 껴안고 있었다. 둘 다 눈물로 얼굴을 적시고 있었다. 4년을 한결같이 헌신했던 젊은이와 할 말은 그리 많지 않았다.

"넌 최고였어. 그리고 팀에 가장 보탬이 되었다는 것도 잊을 수 없을 거야."

"사랑합니다, 감독님."

더 이상 말이 필요 없었다.

저 높은 곳을 향하여

2004년 여름, '단합'을 주제로 팀이 모였다.

"우린 서로의 도움이 절실히 필요하다."

내가 선수들에게 말했다. 모임이 끝난 후 며칠 뒤, 곧 3학년이 되는 쉘든 윌리엄스가 내 책상에 쪽지를 남겼다. 사무실에 돌아왔을 때 "쉘든이 감독님을 찾는다."는 말을 들었다.

'무슨 문제라도 있는 건가?' 문득 그런 생각이 들었다. "제가 바라는 건⋯⋯", "제가 왜 그래야 하죠?" 등등 그가 '저'라는 단수를 써 가며 내게 말할 것이 뻔하다고 생각했다. 나는 쪽지를 읽어 보기 전에 그를 불렀다.

"무슨 문제라도 있나, 쉘든?"

"아닙니다. 문제가 있어서 그런 게 아닙니다. 정예선수들 몇몇이 NBA로 진출해서 전력이 떨어질 거라고 주위에서 난리입니다. 그래도 우린 잘 해내리라 믿어요. 그리고 내년 계획 몇 가지를 쪽지에 정리해서 감독님 책상에 두었습니다."

그 말을 들으니 절로 함박웃음이 지어졌다. 쉘든이 '우리'라고 말했다. 내가 가르쳤던 것을 잊지 않고 있었던 것이다.

"감독님, 2학년인 제가 주제넘게 이런 말씀을 드리는 게 내키진 않습니다만⋯⋯." 그가 말을 이었다.

"괜찮으니 말해 보렴."

사무실로 찾아온 쉘든과 나는 마음을 터놓고 오랫동안 대화를 즐겼다. 선수들과의 대화는 내 기분을 '업'시키며, 이는 마치 아드레날린 주사를 한방 맞은 느낌이다.

리더만이 팀원에게 의욕을 고취시켜야 한다는 법은 없다. 때로는 그 반대의 경우도 생길 수가 있다. 리더가 스스로에게 동기를 부여해야 할 때도 있겠지만 리더십이라는 막중한 책임감을 혼자만 안고 있다면 고독하고 힘겹기만 할 것이다.

리더의 역할을 균형 있게 소화할 수 있는 방법에 대해 묻는 사람들이 많다. 매일, 혹은 매년 신속하게 일을 처리하고, 공과 사의 균형을 맞출 수 있는 방법은 무엇일까? 첫째, 건강이 매우 중요하다. 고관절 이식수술을 두 차례나 받고 허리수술을 받은 후 나는 식사습관을 바꿨다. 또한 하루도 거르지 않고 운동하려고 노력한다. 과거엔 농구와 달리기를 했고 지금은 경보와 스트레칭을 하고 있다. 주당 두 번은 긴장이 풀리지 않도록 라켓볼을 즐긴다. 건강을 유지하면 열정이 넘칠 뿐만 아니라 생각도 긍정적으로 바뀌게 된다.

관심사를 다양하게 갖는 것도 공과 사의 균형을 잡는 방법이 될 수 있다. 어느 조직의 일원이 되면 딴생각이 들지 않는다. 리더라면 홀로 사색에 잠기는 시간이 대부분이라고 생각할지 모르나, 정말 그렇다면 사람들과의 접촉은 끊어지고 말 것이다. 수준 높은 리더십을 발휘하려면 사람들을 이해해야 하는데, 다양한 조직에 합류한다면 사람을 좀 더 알아 갈 수 있다.

1년 전에는 푸쿠아 경영대학원에 조직리더십 윤리센터를 설립했다. 현직 중역의 이름을 빌린 것을 영광스럽게 생각한다. 나는 센터에서 초청 명사에게 강연을 부탁하는가 하면, 리더십 트레이닝과 과제를 도와주고 있다. 이 프로젝트에 뛰어든 까닭은 지적욕구를 충족시키고 싶어서다. 대학과 공조함으로써 연중행사인 '비즈니스 컨퍼런스' 때 많은 기업가들과 만날 수 있으니 기분이 들뜨지 않을 수 없다. 마치 공장에서 나만의 리더십 스타일을 시험대에 올려놓고 좀 더 나은 스타일을 찾으려고 노력하는 것 같다.

여러 자선기관 행사에도 참여하고 있는데, 이는 내가 가진 것을 사회에 환원하고 선행을 베풀 수 있는 좋은 방법이라 생각한다. 지미

재단의 이사회 회원으로서 듀크어린이병원과 암종합센터 및 뇌종양 클리닉에서 봉사하며 그 밖에 대학과 지역사회가 요구하는 여러 활동에 참여하고 있다. 시간을 쪼개서라도 참여하는 게 중요하다. 선수들에게도 늘 팀과 지역사회의 발전을 위해 자신의 시간을 헌신하라고 강조한다. 모범을 보이는 것이 곧 리더십이다. 그리고 말과 행동이 일치해야 함은 두말할 필요도 없다.

나는 요즘 에밀리 슈셉스키 센터에 큰 관심을 갖고 있다. 어머니를 기념할 뿐만 아니라 지역사회에 중요한 역할을 할 거라 확신하기 때문이다. 청소년과 성인을 위한 민원상담이나 프로그램들 모두가 주민들의 필요에 따라 제작되었고, 화합을 도모하고자 만들어졌다. 시카고북부센터가 나와 많은 사람들에게 도움을 주었듯이, 에밀리센터도 더햄 주민들에게 큰 힘이 되길 바란다.

흥미로운 사실은 다양한 프로그램에 깊이 빠져들수록 나 자신을 발견하게 된다는 것이다. 센터 설립 계획이 반대에 부딪혔을 땐 사람들에게 내가 위협적인 인물로 비추고 있다는 사실을 깨닫게 되었다. 전에는 생각해 본 적도 없었으나 그 일을 계기로 나 자신을 반성하게 되었다.

성공궤도에 올라 있다 보니 사람들이 나를 가까이 다가갈 수 없는 존재로 여겼던 것이다. 지금까지 나 혼자서는 그들과 다를 바 없는 평범한 사람으로 생각했지만 다른 사람들의 생각은 그와 다르다는 것을 깨달았다.

잠시 객관적으로 나를 바라보니 특히 젊은 선수들이 어려워하는 인물이 아니었나 싶다. '팀'을 강조하지만 성공할수록 팀과는 거리감이 생기다니 참 아이러니하다.

리더들 중 상당수는 상황을 그저 관망하기만 한다. 지금의 위치와 앞으로 조직 내에서 성취하고픈 꿈과 희망의 차이를 극복해 보려 하지 않는 것이다. 그들은 인간관계를 개선하기 위해 사색의 상아탑을 벗어나기는커녕 고작 이메일 한 통 보내는 것으로 만족한다. 그러나 리더라면 거리감을 극복하려고 애를 써야 한다. 나는 대학에 입학하기 전 여름에 선수들을 초대해서 나를 알아 갈 기회를 주고 있다. 그렇게 하면 시즌이 시작될 때쯤엔 거리감이 완전히 없어진다.

급변하는 환경에서 살아남기 위해서는 리더십을 갖추는 것이 무엇보다 중요하다고 생각한다. 리더는 변화를 예측하고 이에 자신의 스타일을 맞춰 나가려고 노력한다. 물론 모든 일을 예측한다는 것은 불가능하다. 그러나 변화하는 환경에 적합한 문화를 창출하고 그에 따라 적절한 조치를 취할 수는 있을 것이다.

그럴 수만 있다면 높은 리더십 점수를 딸 수 있다. 형편없는 리더는 계획대로 밀고 나가지만 환경이 달라지면 제자리에서 옴짝달싹 못한다. 그러고는 "어째 계획대로 되는 일이 없을까? 난 할 수 있는 건 다했어."라며 변명을 늘어놓을 것이다.

그러나 탁월한 리더는 변화를 예상하고 그에 따라 적절히 대처한다. 팀원들에게도 변화에 소신껏 맞서라고 말한다면 그들 또한 이를 새로운 기회로 여길 것이다.

계획만 가지고는 효과적인 리더십을 발휘할 수 없다. 환경이 요구하는 계획으로 조정해 가야 한다. 경험으로 터득한 자신감과 리더십 수준이 높아졌다면 본능에 자신을 맡길 수 있어야 한다.

이는 스포츠에도 적용된다. 농구의 매력은 팀워크에 있다. 그러나 요즘엔 팀워크만 강조하다 보면 문제가 생기기 십상이다. 대학농구 환경이 바뀌고 있는 탓에 그와 보조를 맞추어 우리도 변해야 한다. 그렇다고 듀크대만 발전해야 한다는 것이 아니다. 대학농구 전체가 그래야 한다는 뜻이다.

리더십은 혼자서 얻을 수 있는 게 아니다. 또한 NCAA는 NBA와 함께 스포츠의 발전을 꾀해야 한다. 대학에는 스포츠와 관련하여 중요한 결정을 내릴 수 있는 조직이 없다. 그러니 책임의식을 가진 감독이 드물고 솔선하여 나서는 사람도 없는 것이다. NCAA측도 모든 스포츠를 동일하게 취급하고 있다. 경기를 관장하는 데 필요한 의사결정기구가 없는 탓에 우리가 현 상황과 전혀 맞지 않는 규정을 지키고 있다는 것은 어쩌면 당연한 일인지도 모른다.

이젠 변해야 한다. 의사결정권한을 지닌 통제기구가 있어야 한다는 데 적극 찬성한다. NCAA 산하기구로서 NBA와의 긴밀한 공조 하에 대학농구가 '21세기형 스포츠'로 거듭날 수 있는 계획을 수립해야 한다.

2004년 여름, 대학에 남을지 NBA에 진출할지를 선택하라는 제의를 받았다. 프로농구팀 중 가장 화두가 되고 있던 로스앤젤레스 레이커스는 천문학적인 연봉을 제시하며 감독 자리를 제안했다. 내 인생에서 가장 흥미진진한 순간이었다. 시즌이 끝날 때마다 나는 누구인지, 어디에 있는지, 앞으로 무엇이 되고 싶은지 깊이 생각해 보곤 한다. 예전엔 '러브콜'을 받으면 다짜고짜 뿌리치곤 했으나 요즘은 그렇게 하지 않는다. '내 나이 쉰일곱, 듀크대엔 24년이나 있었지. 아마 레이커스의 말을 들어 봐야 할지도 몰라.'라고 생각한다.

관계자와의 미팅 전에 대학총장인 리처드, 선수관리자인 조와 이야기를 나눴다. 둘은 기회를 살려 보라고 흔쾌히 조언해 주었다. 그

후 코칭스태프와도 만나서 자초지종을 이야기했다. 곧, 레이커스 관계자들이 찾아왔다. 그들의 계약조건에 솔직히 놀랐으나 잠시 생각해 보았다. 계약만 성사되면 이젠 대대로 돈 걱정은 안 해도 될 것이다. 하지만 돈 때문에 쉽사리 결정을 내린 적도, 새 출발을 꿈꾼 적도 없다.

고민 끝에 가족의 조언을 듣기로 했다. 특히 아내는 내 말을 잘 들어 주고 내 생각을 모두 받아 주었다. 일단 감독이라는 직책에 회의를 느끼고 있진 않은지 자문해 보았다. 상당히 고무적인 생각이 들었다.

'그래, 앞으로도 오랫동안 선수들을 지도하고 싶다.'

대학농구 감독의 길을 계속 가기로 다시금 결심했다. 공동의 목표를 위해 팀과 함께 뛴다는 게 얼마나 흥분되는 일인지 모른다. 마음으로 이끌어야 한다고 믿는다면 그것이 이끄는 대로 따라가야 한다고 생각했다. 마음으로 이끌고 그에 따라 행동해야 했기에 잠시 긴장을 풀었다.

성인이 되어 미 육군과 듀크대학 그리고 대학농구와 인연을 맺었다는 데 감사한다. 이 셋은 다른 어떤 조직보다 우월했고, 그곳에서 많은 것을 배웠다. 지난 24년 동안 내 마음 속엔 듀크와 대학농구뿐이었고, 대학의 일원이라는 소속감을 늘 느끼며 살아왔다. 그 가치는 돈으로는 따질 수가 없는 것이며 돈으로 따져서도 안 된다.

감독과 교육자, 리더로서 내가 있어야 할 곳은 듀크대다. '나는 학교와 대학농구를 정말로 사랑하는구나.' 하는 생각이 들었다. 레이커스 감독 자리는 사랑보단 무게감이 더 컸다. 결국 나는 '대학과 농구'를 선택함으로써 듀크대에 남기로 결정했다.

농구보다 더 높은 무언가에 집중해야 할 때도 있다. 나에겐 사람들과 인생 그리고 가족이 중요하다. 최근 입단한 선수들이 20년 전 선수들과 다르지 않느냐는 질문을 자주 받는데, 전혀 다르지 않다. 열심히 뛰고, 배우며, 서로를 신뢰하고, 사랑하길 바라는 마음은 그때나 지금이나 똑같다. 문화는 변할지 모르나 선수들은 한결같다. 그들의 성장배경이 다를 뿐이다.

내가 감독의 품위와 인성을 갖출 수 있었던 건 선수들의 노고 덕분이었다. 그들에게 전인교육을 실시하기만 한다면 그들 역시 지덕체가 균형을 이루고 학식 또한 풍성해질 것이다. 그러면 사회 전체에 도움이 된다.

수년 동안 우린 부모와 친구, 혹은 형제처럼 지낸다. 우린 한 가족이다. 우리의 도움이 필요한 곳이면 어디든지 달려가야 하기 때문에 나는 대학을 떠난 선수들과도 친밀한 관계를 유지하려고 노력하고 있다.

그게 왜 중요하냐고 묻는다면 그것이 바로 '우리가 존재하는 이유'이기 때문이라고 말해 주고 싶다. 우리에게 주어진 재능은 최대한 계발해야 한다. 그러나 혼자서는 살아갈 수 없듯 재능도 혼자 계발할 순 없다. 부모와 친구, 교사, 감독들의 도움에 힘입을 때만 성취할 수가 있는 것이다. 우리는, 팀이기 때문에 해낸다.

TIPS

· 환경과 함께 자신도 변할 것인지 그냥 도태될 것인지, 선택은 당신에게 달렸다. 리더는 이길 수 있는 방법을 찾아야 한다.

· '도깨비 방망이'나 '완벽한 묘안'과 같은 절대적인 비법은 없다.

· 변화를 시도하려면 눈높이도 낮춰야 한다. 또한 기본적인 가치관까지 새롭게 바꾸어선 안 된다는 것도 명심하라.

· 팀원들과 깊이 있는 인간관계를 일찍부터 쌓으라.

· 팀에 리더십을 보여 주는 사람들을 찾으라.

· 서로의 관계가 가까워지려면 시간이 필요하다는 것을 명심하라.

· 리더십의 성패는 '일대일 커뮤니케이션'에 달려 있다.

· 팀원들의 경험이 부족하다면 리더는 직접적인 통제력을 발휘해야 한다.

· 자신감은 경험에서 비롯된다.

· 상황을 재점검하고 심사숙고하여 변화에 적응해 가야 한다. 또한 최상의 결과를 달성하기 위해 끊임없이 접근방법을 바꾸라.

· 리더만이 팀원에게 의욕을 고취시켜야 한다는 법은 없다. 때로는 그 반대의 경우도 생길 수 있다.

· 나만의 리더십 스타일을 시험대에 올려놓고 좀 더 나은 스타일을 찾으려고 노력하라.

· 내 생각과 사람들의 생각이 다를 때도 가끔 있다.

· 지금의 위치와 앞으로 조직 내에서 성취하고자 하는 꿈 사이의 차이를 극복하기 위해 노력하라.

· 급변하는 환경 속에서 살아남기 위해서는 리더십을 갖추라.

· 변화하는 환경에 적합한 문화를 창출하라.

· 본능에 자신을 맡기라.

사슴을 이끄는
사자의 리더십

초판 1쇄 발행 2022년 4월 18일
초판 2쇄 발행 2024년 8월 20일

지은이 마이크 슈셉스키
옮긴이 유지훈
발행인 권윤삼
발행처 도서출판 산수야

등록번호 제2002-000278호
주　소 서울시 마포구 월드컵로165-4
전　화 02-332-9655
팩　스 02-335-0674

ISBN 978-89-8097-562-4 (03320)

값은 뒤표지에 있습니다. 잘못된 책은 바꿔드립니다.

www.sansuyabooks.com
sansuyabooks@gmail.com
도서출판 산수야는 독자 여러분의 의견에 항상 귀 기울입니다.